AF559038

Anton Leist

Lebensdinge

Alltagsphilosophische Zugänge

Meiner

Bibliographische Information der Deutschen Nationalbibliothek

Die Deutsche Nationalbibliothek verzeichnet diese Publikation in der Deutschen Nationalbibliographie; detaillierte bibliographische Daten sind im Internet über ‹http://portal.dnb.de› abrufbar.
ISBN 978-3-7873-4575-5
ISBN eBook 978-3-7873-4576-2

 Satz: mittelstadt 21, Vogtsburg-Burkheim. Druck und Bindung: Plump Druck & Medien, Rheinbreitbach. Umschlaggestaltung: Stefan Adamick. Gedruckt auf holzfreiem Papier, hergestellt aus 100 % chlorfrei gebleichtem Zellstoff. Printed in Germany.

Inhalt

Vorwort: Warum so viele Fragen?

Das existenziell Alltägliche

Es ist nicht unwahrscheinlich, dass die erste Reaktion auf Titel und Untertitel dieses Buchs gespalten ausfällt. Während man beim Wort ›Lebensdinge‹ neugierig werden kann, mag die Erwähnung von Philosophie irritieren. Philosophie bedeutet Abstraktion, Leben bedeutet Konkretion. Leben ist alltäglich, lärmt, riecht, ängstigt oder verführt. Philosophie sucht Wahrheit, eine für alle gültige Wahrheit. Das Leben ist individuell und persönlich, und auch seine Wahrheit ist individuell und persönlich. Philosophie übertritt eine Grenze, wenn sie etwas zum persönlichen Leben sagen will. Das Leben sollte leicht, aktiv, spielerisch, sinnlich sein. Die Philosophie hingegen ist Disziplin, Ideal, Zweifel, Paradox, Nichtwissen, Denken. Wie sollen diese Welten zusammengehen? Philosophie zerrt ihren Anhänger aus seinem Leben, und ist das Leben einmal aufgelöst in Fragen und Antworten, ist es kaum mehr wiederzuerkennen. Zutiefst will die Philosophie auch gar nicht wiederkehren in das unbefragte Leben. Eher erklärt sie das Denken zum eigentlichen Leben.

Die Gründe sind bekannt. Das reale Leben ist durchzogen von Mängeln. Das alltägliche Reden ist notorisch unklar, tägliche Entscheidungen sind irrational, Absichten egoistisch, die Nächsten einander fremd, Wirtschaft aufgelöst in Krieg, die Zukunft angsteinflößend. Um gegenüber den Mängeln eine Antwort zu finden, ist der Sprung in Idealisierungen zwingend. Die Sprache muss präzisiert werden, Entscheidungen in rationale Form gebunden, Moral gerechtfertigt, die anderen als Rollen wahrgenommen, Kriege als Politik verstanden, die Zukunft planbar geformt. Wer kann sich solchem Streben völlig entziehen, weg von den Mängeln?

Der Sprung ist aber tatsächlich ein Sprung und zieht deshalb zwei Probleme nach sich. Auf welcher Basis erreicht man die ideale Welt, abhängig davon, wie ideal sie eigentlich sein soll? Und angenommen, man wüsste eine ideale Welt, wem in der realen Welt sollte sie nahegebracht werden und mit welchen Mitteln? Es reicht nicht, auf die nachteiligen Folgen eines Kriegs selbst für den Sieger hinzuweisen, wenn derjenige, der den Krieg betreibt, in einer anderen Welt lebt. Das mag als ein besonders negatives Beispiel gelten, aber zwischen allen realen Verhaltensweisen und der idealen Welt herrscht eine Kluft. Die reale Welt ist eine des Wollens und Tuns und nicht eine des Fragens und Denkens.

Manche Philosophen sagen daraufhin: umso schlimmer für die Handelnden, umso schlimmer für die reale Welt. So sollten wir aber nicht reagieren, sondern vielmehr so: Lasst uns die reale Welt im Denken nicht verlieren! Aber was genauer ist die reale Welt? Unter den Merkmalen ›alltäglich‹, ›gewöhnlich‹, ›normal‹, ›durchschnittlich‹ bleibt offen, was in sie fällt und was nicht. Vor allem geht mit diesen Prädikaten ein Verdacht der Naivität, der Angepasstheit, der Trägheit, der Banalität, wenn nicht der Dogmatik und der Selbstverblendung einher. ›Die‹ alltägliche Welt gibt es doch gar nicht, der Alltag ist zerrissen von Meinungen und Interessen und viele Konflikte rühren daher, dass man sich auf einen gemeinsamen Alltag überhaupt nicht einigen kann.

Meines Erachtens sind das Einwände, die man besser so deutet, dass solche Erfahrungen Teil eines durchschnittlichen Alltags sind. Nichts am Begriff Alltag drängt dazu, eine geordnete, harmonische, kristallklare oder sonst wie qualifizierte Welt zu unterstellen. Der Alltag ist beides, entlastende Routine wie hintergründige Gewohnheit. Die Oberfläche des Alltags nenne ich im Folgenden das ›Gewöhnliche‹, sein Problematisches das ›Ungewöhnliche‹. Der Alltag ist nicht vollständig vertrauenswürdig, eben weil das an ihm Gewöhnliche bereits im Wort auf das Ungewöhnliche verweist, auch wenn sein Ausmaß oft gut versteckt ist. Ein mögliches, aber nicht besonders erhellendes Merkmal des Abstands beider ist die Häufigkeit: Das Ungewöhnliche ist weniger häufig als das Gewöhnliche. Die ereignislose Fahrt ist gewöhnlich, der Unfall ist ungewöhnlich. Der Unterschied in der Häufigkeit sagt aber nichts zur Bedeutung des Ungewöhnlichen. Innerhalb des Alltäglichen sollte es unterschiedlich Bedeutendes geben, und die Häufigkeit ist dafür noch kein Hinweis.

Im Gewöhnlichen und Ungewöhnlichen, im Häufigen und Besonderen steckt ein Teil des Alltäglichen, den ich das ›existenziell Alltägliche‹ nennen will. Wenn das durchschnittliche Leben sowohl zähe Wiederholung wie überraschende, gute und schlechte, Momente umfasst, dann benennt das existenziell Alltägliche diese letzteren Momente. Weil für viele Ohren Alltägliches gleichbedeutend ist mit Routine, sind eine Geburt oder ein Tod nicht alltäglich. Nach einem anderen Verständnis sind sie alltäglich, wir akzeptieren sie als Teil des normalen Lebens, wenn auch nicht des täglichen. In dieser Ambivalenz entscheide ich mich für die zweite Variante, die eben mit dem Wort ›existenziell‹ betont wird. Das Besondere wird noch vertieft durch Heideggers Unterscheidung zwischen ›existenziell‹ und ›existenzial‹. Die existenziellen Dinge sind die ein menschliches Leben prägenden und real erlebten, die existenzialen sind die tiefer begriffenen. Die existenziellen sind Teil des gelebten Alltags, die existenzialen sind die in ihnen verborgenen Bedeutungen. Wichtig für dieses Verständnis von ›alltäglich‹ ist die Verankerung in Erfahrungen, auf die man am Ende vertraut und aus denen heraus man allen Sinn bezieht. In der modernen Philosophie ist dies die Sicht der Ontologie und des Existenzialismus.

Das existenzial Alltägliche bedeutet eine Auswahl innerhalb des gewöhnlichen Alltags, allerdings in erfahrungsmäßiger Nähe zu ihm. Nun gibt es in der Philosophie auch eine andere Art der Distanzierung, die der modernen Tradition mehr entspricht als die des vermuteten Tiefengrunds: die rein erkenntnismäßige. Solche Philosophen unterscheiden im Alltag nicht danach, was in ihm wichtiger und unwichtiger ist, sondern danach, was erkennbar und was Illusion ist. Ein solcher Philosoph hat eigentlich kein Interesse am Alltag, sondern nur am Erkennen, und er gehört zu denen, die Anlass für die eingangs geschilderte Irritation beim Wort ›Alltagsphilosophie‹ sind. Ein ungewöhnlicher Vertreter dieser Tradition ist jedoch

Stanley Cavell, der zahlreiche Erscheinungen des modernen Lebensalltags gerade aus der Problematik des Skeptizismus zu erklären versucht.

Für Cavell ist das Gewöhnliche im Alltag ›unheimlich‹. Seine Anknüpfungspunkte sind Freuds Unbewusstes, das Unheimliche von Geistergeschichten und generell der philosophische Skeptizismus. Er bringt mühelos das Sichverlieben in eine Automatenfrau (E. T. A. Hoffmann) und die Thematik der Unergründlichkeit der Mitmenschen in ein Lebensgefühl, das sich in anhaltender Skepsis gegenüber dem Alltäglichen ausdrückt. Wie alle modernen Philosophen will er den Skeptizismus zwar vermeiden, aber dazu wählt er eine andere Arbeitsebene, als die Ontologen es tun, nämlich Sprache und Erkenntnis. In den Essays dieses Buchs kann der Konflikt zwischen diesen beiden Herangehensweisen, der ontologischen und der erkennenden, nicht wirklich ausgetragen werden. An einigen Punkten wird sich aber zeigen, dass die Tendenz, den Alltag zu verlieren, gerade durch den Skeptizismus und die ihm entsprechende Beschränkung auf Sprache und Erkennen viel mehr gefördert als beruhigt wird.

Ein Mann besucht am Weihnachtstag seine frühere Familie, seine frühere Frau und seine beiden bei ihr lebenden Kinder. Er bringt Geschenke. Die Situation ist entweder gewöhnlich, dann ist die Kommunikation floskelhaft, bemüht freundlich und korrekt, aufflackernde Gefühle werden unter Kontrolle gehalten, mit der Zeit stellt sich eine Stimmung der Bedrückung und Trauer ein. Oder die Situation ist ungewöhnlich, die Familie wird kurzfristig in lebhaften Gefühlen wiederentdeckt, die familiäre Vertrautheit stellt sich im Schenken und in der Freude überraschend neu her. Von hier aus könnte die Geschichte ganz verschieden weiter verlaufen, auch wenn sie auf die Situation vor dem Besuch des Mannes zurückfällt und der Alltag wieder seinen üblichen Lauf nimmt.

Was bleibt uns anderes, als solche Brüche im Alltag besser verstehen zu wollen? Vielleicht entsteht in ihnen der Eindruck der Unwirklichkeit, ein Hinweis auf etwas Unheimliches im Hintergrund. Aber sich damit zu beschäftigen wird doch nur über die existenziellen Bestandteile möglich sein, sie sind es, in denen die Situation überhaupt besteht. Nicht die ganze Situation wird unheimlich, nicht die Fremdheit ist allumfassend, nicht alle könnten auch Zombies sein – das sind abgehobene Fantastereien. Interessant ist einzig, warum solche Situationen sein müssen, warum sie so sind, wie sie sind, und ob es in ihnen eine Tür nach außen gibt.

Andererseits ist der Tradition von Cavell zuzugestehen, dass es eine schwere und eigenständige Aufgabe ist, die Situation zu erkennen, dass das richtige und falsche Erkennen ein Schlüsselmoment darstellt und das Gewöhnliche das Erkennen eher nicht erleichtert. Kurzum, es gibt ein Problem des Erkennens.

Das transzendent Alltägliche

»Schwimmen zwei junge Fische des Weges und treffen zufällig einen älteren Fisch, der in der Gegenrichtung unterwegs ist. Er nickt ihnen zu und sagt: ›Morgen, Jungs. Wie ist das Wasser?‹ Die zwei jungen Fische schwimmen eine Weile weiter, und schließlich wirft der eine dem anderen einen Blick zu und fragt: ›Was zum Teufel ist Wasser?‹« Diese Parabel von David Foster Wallace erneuert den anfangs eingeführten Konflikt zwischen Philosophie und Leben. Die Existenz der Fische hängt vom Wasser ab, dennoch kennen sie Wasser nicht. Was unsere Existenz alltäglich trägt, ist schwer zu erkennen und leicht zu übersehen. Lebenswichtige Tatsachen setzen wir voraus und ignorieren wir. Das klingt zunächst harmlos, denn wenn sie lebenswichtig sind und wir leben, mögen sie weiter ihre Wirkung entfalten, wozu sollen wir sie erkennen? In dieser Hinsicht ist die Parabel irreführend, das Wasser trägt die Fische, ob sie es wissen oder nicht. Menschen leben weniger von Wasser oder Luft, als vielmehr von ihren geistigen Fähigkeiten, die lebensnotwendigen Tatsachen stecken in den Voraussetzungen dieser Fähigkeiten. Weil die Umwelt ein Spiegelbild ihrer geistigen Fähigkeiten ist, verstecken sich die Tatsachen auch in der Umwelt, also im Alltäglichen. Diese zu erkennen, das Lebensnotwendige vom nicht Notwendigen unterscheiden zu lernen, ist für Erkennende wichtiger als bei Fischen.

Gleichzeitig zeigt das Beispiel der Fische, worin ein Problem steckt. Wie soll man das, was Teil der persönlichen Welt ist, erkennen, und wenn man es erkennt, wie soll man dazu eine kritische Haltung einnehmen? Wenn ich es bin, der erkennt, und ich mein Erkennen erkennen soll, bringe ich mich dabei ja immer schon mit. Das Ergebnis ist dann doch eher ein Übersehen als ein Erkennen. Was lebenswichtig ist in meiner persönlichen Welt, scheine ich nicht erkennen zu können, denn als lebenswichtig blendet es aus, dass ich es als von mir unabhängig als Gegenstand wahrnehme.

Sie können einwenden, aber meine Nahrung kann ich doch erkennen und die ist lebenswichtig. Der Einwand zeigt, dass eine Unterscheidung nötig ist. Die Nahrung hält mich am Leben, wie sie alle biologischen Organismen am Leben erhält. Sie ist eine Voraussetzung, aber keine direkte Hilfe für mein menschliches Leben, für die Art und Weise, wie ich mein Leben leben soll. Man kann es auch so ausdrücken: Die Nahrung trägt nichts zu meinem Erkennen bei und nur über das Erkennen kann ich mein Leben menschlich leben. Gut Kochen und Essen ist Leben, aber keine Hilfe im existenziellen Alltag. Nahrung ist lebenswichtig, allgemein gesprochen, aber nur eine Voraussetzung, keine Hilfe für das *Wie* des Lebens.

Damit kehren wir insofern zum Konflikt zwischen Leben und Philosophie zurück, als sich mit der Fischparabel die Fragwürdigkeit des Alltäglichen erweitert. Die Anekdote des geschiedenen Familienvaters illustriert eine gewöhnliche Alltäglichkeit, wie sie im durchschnittlichen Leben immer vorkommt, manchmal sogar gehäuft bei Situationen der Krankheit, des Verlusts, des Versagens oder der Demütigung. Diese Situationen empfehlen oder zwingen uns, die gewohnte Lebensweise zu überdenken und Entscheidungen zu treffen. Die Rezepte sind aber wiederum gewöhnliche, eine nachgeholte Ausbildung, eine endgültige Trennung, eine Therapie. Auch wenn wir Teile unserer Lebenswelt verändern, ändern wir wenig an der Bedeutung dieser Teile selbst, wir verändern bestenfalls die Gewichte. Und wir halten uns an eine Strategie, die von den unmittelbaren Schmerzen und Bedürfnissen vorgegeben wird. Wenn auch persönlich notwendig, verläuft diese Selbstbefreiung immer noch innerhalb der Grenzen des Gewöhnlichen. Der geschilderte Zirkel der Selbsterkenntnis wird nicht durchbrochen, wenn der dominante Antrieb die herrschenden Gefühle und Ansichten sind. Aber lässt sich der Zirkel überhaupt durchbrechen?

Nicht prinzipiell, aber graduell. Die philosophische Methode unterscheidet sich von einer therapeutischen dadurch, dass sie keine persönliche Betroffenheit voraussetzt, von ihr nicht geleitet wird und dass sie durchweg diskursiv vorgeht. Der, auf den ersten Blick ärgerliche Beginn bei dieser Methode ist das kontextlose Fragen, besonders das Fragen gegenüber existenzialen Tatsachen, das sind Tatsachen, derer wir uns meist nicht einmal als Tatsachen bewusst sind. Eine bestimmte Art von Fragen macht sie bewusst. Solche Fragen sind beispielsweise: Warum überhaupt fragen (statt es lassen), warum überhaupt etwas tun (statt nichts zu tun), warum etwas glauben (statt zweifeln), warum lieben (statt träumen), warum leben (statt zu sterben)?

Was man von diesen Fragen halten soll, ist nicht klar. Sie erstrecken sich von einer allgemeinsten Fragerichtung hin zu einer konkreteren, alltäglichen. Die allgemeinste Richtung zeigt sich dann, wenn man sie so aufnimmt, dass sie nichts voraussetzen. Dann sind es, könnte man sagen, ›transzendente‹ Fragen, sie transzendieren das, was wir gewöhnlich annehmen. Vertrauter werden sie, wenn man sie in einen uns bekannten Rahmen stellt. Auch dieser Rahmen kann noch sehr allgemein sein, allgemeiner als unsere Alltagssorgen, aber doch auf diese rückbezogen. Diese zweite Kategorie könnte man ›immanente‹ Fragen nennen. Bei den transzendenten Fragen wissen wir in der Regel nicht, ob und wie wir sie beantworten können. Sie bleiben tendenziell offene Fragen, bleiben immer etwas rätselhaft, sind eher Weisen der Mahnung als des Fragens. Die immanenten Fragen verstehen wir als Fragen mithilfe dessen, wonach sie fragen, wir können aber oft mehrere Antworten auf sie geben. Bei diesen Fragen sind wir uns sicherer, zögern aber meist zwischen verschiedenen Ansichten, Gewissheiten und Lösungen.

Um diese abstrakte Unterscheidung zu illustrieren: ›Warum überhaupt etwas tun?‹ ist als transzendente Frage eine, bei der man unser menschliches Selbstverständnis völlig verlassen müsste. Dazu müssten wir uns in eine Existenz hineindenken, die in keiner Weise zum Handeln in der Lage ist, wie etwa meditative Bäume oder der Ozean in Lems *Solaris*, von dem nicht klar ist, ob er handelt. Da man auf diese Weise mit einer Grenze zu tun hat, kann man jenseits und diesseits der Grenze spekulieren, und der Drang dazu, diesseits zu bleiben, also im Rahmen unserer menschlichen Eigenart, ist offensichtlich. Allerdings treibt uns das Bedürfnis, auch die transzendenten Fragen zu beantworten, dazu, sie in immanente Fragen umzudeuten. Anstatt uns selbst die Kategorie des Tuns fiktiv vollständig zu verweigern, versteht man die Frage dann etwas mäßiger so, ob nicht ein Leben der Trägheit und Faulheit besser wäre als ein aktives. An diesem Beispiel zeigt sich: Wenn wir irgendeinen praktischen Sinn von diesen Fragen gewinnen wollen, dann müssen wir sie immanent lesen; wenn wir dabei aber nicht vorschnell auf unsere gewohnte Lebensart zurückfallen wollen, müssen wir die transzendente Version dennoch im Spiel lassen. Tun wir das nicht, landen wir bei einer öden Hausapotheke der Lebensweisheit.

Vor allem die Kategorie der transzendenten Fragen wirft ihrerseits die Frage auf, wann eine Frage sinnvoll ist. Dass sich diese Fragen an der Grenze unserer Lebensart bewegen, heißt ja auch, dass sie ein Jenseits ansteuern und deshalb nicht nur nicht beantwortbar, sondern auch nicht sinnvoll sein könnten. Wie schnell sich das Weltall ausdehnt, ist sinnvoll zu fragen, auch wenn man keine Methode kennt, wie man es ermitteln soll. Transzendente Fragen sind darin anders, dass sie keinen menschlichen Standpunkt voraussetzen (wie hier mit dem Begriff Schnelligkeit), von dem aus man einen sinnvollen Zugriff auf die Frage hätte. Will man sie dennoch verstehen, so nur als fiktive Endpunkte immanenter Fragen. Die Handlungslosigkeit von Bäumen kann ich mir als extreme Passivität vorstellen, ohne alle Konsequenzen zu überblicken, die mit völliger Passivität verbunden wären. Ähnlich geht es uns bei kongenitaler Blindheit oder Taubheit, bei Menschen mit Locked-in-Syndrom oder Ähnlichem. Nähert man sich einer Grenze von einer Seite und ist es tatsächlich eine Grenze im Sinn des Gegensätzlichen, dann hat man aufgrund des Gegensatzes immer noch eine Ahnung, was jenseits der Grenze gelten könnte, auch wenn man keine Sachverhalte formulieren kann, die jenseits der Grenze zutreffen. Im Bewusstsein dieses Grenzproblems sind transzendente Fragen immer noch sinnvolle Fragen.

Nicht nur für transzendente, auch für immanente Fragen gilt, dass sie nicht einfach mit ja oder nein beantwortet werden können. Deshalb folgt in diesem Buch der kurzen Antwort auf eine Frage, die wo möglich mit ›ja‹ oder ›nein‹ beantwortet wird, immer eine lange Antwort, die das Ja oder Nein (oder ein Jein) erklärt. Auch für immanente Fragen gilt, dass die Qualität einer Antwort nicht einfach in der Wahrheit oder Falschheit des Ja oder Nein liegt, sondern nur in deren Erklärung. Eine Frage versteht man, wenn man den erfragten Sachverhalt versteht. Man versteht ihn besser oder schlechter, je nachdem, wie umfangreich oder analytisch befriedigend die Erklärung ist.

Immanente Fragen bewegen sich in unserer Lebensart und benötigen unsere Lebenserfahrung. Sie sind damit in Gefahr, deren Vorurteile und Ungenauigkeiten zu übernehmen. Das Frage-Antwort-Spiel muss in die Fragen selbst hineinführen, solche Fragen zu beantworten bedeutet in der Regel, sie zu verändern und genauer zu stellen. Weil es dabei kaum je eine einzig mögliche Erklärung gibt, liegt die Qualität der Antwort meist darin, dass sie das Argumentationsfeld der Fragen und Antworten in seinen Umrissen aufdeckt. Dann sollte jemand, die mit der Antwort nicht zufrieden ist, auch eine für sie selbst finden können. Oder auch eine besser gestellte Frage finden – die beste Antwort auf eine Frage ist manchmal eine andere Frage. Immanente/transzendente Fragen sollten generell weniger zu einer Antwort führen, als vielmehr zu einem Raum der Nachdenklichkeit, den man – ein wenig gerüstet – erst einmal zu betreten lernt.

Der Wind des Denkens

Transzendente Fragen führen zu keinen konkreten Lebensratschlägen. Sie sind nicht unmittelbar, aber indirekt praktisch, insofern sie das verhärtet Alltägliche erschüttern. Sie ärgern ernste Menschen und prallen an der Zufriedenheit mit dem Alltäglichen leicht ab. Die Nützlichkeit von transzendenten Fragen liegt nicht auf der Hand, häufig bleiben sie mysteriös und vieldeutig. Sie sind keine Handlungsanleitung, sondern ein Anstoß zur Vorsicht. Denn sie machen klar, dass unser Leben einen Untergrund hat, den wir selbst nicht kontrollieren können. Wir sind abhängig, ohne zu wissen, wovon. Diese Fragen sind ein Anstoß zum Denken, denn sie sind, bis zum Widerlegen des Gegenteils, einerseits sinnvoll, aber zugleich irgendwie versperrt. Jemand, den diese Kombination irritiert, ist für das Denken möglicherweise zu gewinnen.

Während ich bei der Fischparabel vom Zirkel des ›Erkennens‹ gesprochen habe, fällt jetzt das Wort ›Denken‹. Die Unterscheidung geht insbesondere auf Kant zurück, der zwischen Erkennen und Denken streng getrennt hat. Erkennen geschieht in Abhängigkeit vom Wahrnehmen, Denken hingegen ist vom Wahrnehmen unabhängig und operiert auf dem (vermeintlich) Erkannten. Das Denken ist die Kontrollinstanz des Erkennens. Hannah Arendt hat die Folgen dieses Unterschieds plastisch geschildert. »Denn das Hauptmerkmal des Denkens ist, dass es alles Tun unterbricht. ... Tun und Leben ... behindern auf jeden Fall das Denken.« Denken ist nicht nur nicht wahrnehmen, sondern ein Rückzug vom Wahrnehmen, der Gegenstand des Denkens wird ein geistiger Gegenstand. In lebhafter Gegenwart eines anderen können wir über ihn nicht gut nachdenken: Über ihn nachdenkend, sagt Arendt, müssen wir uns von ihm trennen, als wäre er nicht mehr anwesend. Daraus lässt sich auch folgern, dass Leben und Handeln mit dem Denken in fortwährendem Konflikt stehen, und das Denken mit ihnen. Das Denken benötigt immer eine Distanz zum Handeln und im ernsten Fall eine Auszeit.

Nur zu handeln ist eine Umschreibung für das Gewöhnliche. Die vorhandenen Bedeutungen werden dann akzeptiert und es wird gehandelt. Nur zu denken ist ebenso wenig empfehlenswert, denn auf die Dauer geht dabei das Erkennen verloren und wird durch gesteigerte Abstraktionen ersetzt. Eine solche Tendenz zeigt sich an Teilen der Philosophie, soweit sie sich mit Begriffen anstelle von Erfahrungen beschäftigt. Begriffe sind der Kerninhalt des Denkens, und mit ihnen beginnt nicht zufällig das Denken. Alle Dialoge von Sokrates zielen auf Begriffe, die als unverstanden entlarvt werden, aber sich auch im kollektiven Versuch (Sokrates und seine Gesprächspartner) nicht befriedigend definieren lassen. Es ehrt Sokrates, dass er in seinem Denken zu keinem Ergebnis kommt und in diesem Sinn ›weiß, dass er nichts weiß‹, wie es andererseits ein kritisches Licht auf Platon wirft, der meint, Sokrates übertreffen zu müssen, und eine philosophische Theorie entwickelt. Gerade darin folgen die meisten Philosophen bis heute Platon und nicht Sokrates. Die bessere Konsequenz wäre, die Lösungen nicht in den allgemeinen Begriffen zu suchen, sondern eine Etage tiefer im Umgang mit existenziellen Lebensproblemen.

Liegt der Fehler mit dem sich verstetigenden Studium der Begriffe also in deren Allgemeinheit und darin in der Abtrennung vom realen Leben? Und genügt es, zu den konkreten Themen des Lebens zurückzukehren oder den Kontakt mit ihnen nicht zu verlieren? So einfach ist es nicht, weil eben vor den Themen des Lebens die Mauer des Gewöhnlichen steht, und das Gewöhnliche hat ebenfalls die Eigenschaft des Allgemeinen. Beides, die philosophische Begriffsallgemeinheit und das alltägliche Allgemeine, haben gemeinsam, dass sie unpersönlich sind. Unpersönlich zu sein hat in bestimmten Kontexten Vorteile, etwa im Recht oder in der Wissenschaft. Aber unser je individuelles Leben sollte persönlich und nicht allgemein gelebt werden. Wird es allgemein, also gewöhnlich, gelebt, wird es eigentlich nicht gelebt. Und wie wir oft entdecken, ist das durchschnittliche Leben nicht automatisch persönlich, sondern tendiert vielmehr automatisch dazu, unpersönlich zu sein. Wir glauben gern, was die anderen glauben, tun dasselbe, übernehmen eine ganze Welt, wie sie vor uns entstanden ist und sich uns zu unseren Gunsten aufdrängt. Unter diesen Bedingungen persönlich zu werden, bedeutet eine Anstrengung.

Zuallererst eine Anstrengung des Denkens. Wenn das begrifflich Allgemeine dabei keine Hilfe ist: Prinzipien, Gesetze, Gebote, denen man vertrauen kann; und wenn das Konkrete vom Gewöhnlichen überlagert ist, die alltägliche Erfahrung von Klischees, Stereotypen, Wiederholungen durchzogen ist, woran soll man sich dann halten? Das vielleicht beste Stichwort dazu ist ›Genauigkeit‹. Genauigkeit richtet sich aus am Gegenstand, und wenn man den Gegenstand genau ansieht, entdeckt man seine verborgenen Eigenschaften. Diese Eigenschaften erzeugen meist weitere Fragen, die Lebensdinge lassen sich nicht endgültig erkennen oder definieren. Darin teilen sie das Los der offenen Enden in Sokrates' Dialogen. Und nur weil sie offene Enden haben, können sie persönlich sein. Ein persönliches Leben ist eines, in dem die Lebende eine eigene Haltung zu den existenziellen Dingen einnimmt, also eine, die sich vom Gewöhnlichen unterscheidet.

Um einem Missverständnis vorzubeugen: Das Denken kann das Erkennen, die Erfahrung und das abenteuerliche Leben nicht ersetzen. Denken kann kein Brot backen und kein Medikament herstellen. Deshalb, nichts gegen das Erkennen und die Tatkraft, nichts gegen Brot und Medikament. Nur eben, im Erhalt des Lebens allein liegt nicht der eigentliche Sinn. Der Sinn ist auch nicht gewöhnlich vorgegeben, sondern muss gefunden werden. Das zu tun ist nicht zwingend, aber empfehlenswert. Arendt vergleicht es mit dem Wind, dem man sich anschließen kann: »Der Wind des Denkens offenbart sich nicht in Erkenntnis und Wissen, sondern in der Fähigkeit, Richtiges vom Falschen, Schönes vom Hässlichen zu unterscheiden. Und damit mögen in der Tat Katastrophen verhindert werden, zumindest für mich selbst – in jenen seltenen Augenblicken, in denen alles auf dem Spiel steht.«

Im Spiegel

Kann man die Frage nach dem Sinn des Lebens ernst nehmen?

KURZE ANTWORT: ja, indem man an Zwiebeln riecht.

LANGE ANTWORT: Es ist nicht klar, ob es überhaupt jemanden gibt, der sich für die Frage nach ›Lebenssinn‹ im Allgemeinen interessiert, abgesehen von manchen Philosophen. Sicher, man kann über den Lebenssinn nachdenken, wenn die Tage langweilig und öde sind. Aber eigentlich interessiert man sich doch dafür, warum gerade diese Tage langweilig und öde sind. Vielleicht stößt man auf die Frage, wenn man vor einer gefährlichen oder folgenreichen Entscheidung steht. Aber auch dann flirrt die allgemeine Frage, wenn überhaupt, eher am Rand dessen, was einen eigentlich bewegt: das Risiko, die Folgen, die Alternativen, die Vorgeschichte. Wie bin ich eigentlich hier hineingekommen, und was mache ich jetzt? Auf keinen Fall ist es generell sinnlos, sich in Gefahr zu begeben, wie es auch nicht schon sinnlos ist, Langeweile zu kennen, ja in Langeweile zu schwelgen. Kurzum, die Frage nach dem Lebenssinn ist ein eigenartiges Tier unter den vielen Dingen, die uns so bewegen. Sie spricht sich leicht aus, aber ist sie sinnvoll?

Ein nicht zu übersehender Hinweis auf die Sonderlichkeit der Frage ist natürlich auch, dass sie häufig zu einem Gegenstand der Komik wird. Das liegt einfach nahe, wenn man die Frage an das menschliche Leben ganz allgemein richtet, sie nicht aus einer Lebenskrise heraus stellt, sondern spielerisch auf der Leinwand oder im Kinosessel. Dann ist die persönliche Betroffenheit ausgeblendet und es wird ein Spiel, dessen Komik unvermeidbar ist. Die Antwort des Supercomputers Deep Thought aus *Per Anhalter durch die Galaxis*, der Sinn des Lebens sei 42, geht dann leicht von der Hand. Freilich gibt es Perspektiven, in denen die Frage nicht ganz so komisch erscheint. Das sind aber nicht alltägliche. So etwa bei einem Blick auf ein konkretes ganzes Leben aus der Sicht eines Biographen oder, in Tolstois Schilderung, vom Todesbett Ivan Iljitschs aus. In dieser Perspektive erscheint die Frage überfordernd und lässt einen hilflos. Nur als Gegenstand der Komik können wir die Frage also nicht abtun.

Die Antwort ›42‹ ist insofern aufschlussreich, als sie mit ihrer Albernheit, vielleicht sogar gewollt, die Unmöglichkeit der Frage selbst andeutet. Die Frage ›Ist das Leben sinnvoll?‹ ist nämlich zweifach falsch gestellt. Einmal, insofern sie einen Sinn erfragt, der für alle Menschen gleich sein sollte. Dass es einen solchen Sinn gibt, abgesehen von Banalitäten wie dem Erfüllen der elementarsten Bedürfnisse, würde das Diktat einer externen Macht voraussetzen, etwa einen Gott, der allen Lebewesen einen Sinn zuteilt. Manche erfinden einen Quasi-Gott, etwa die Nation oder die Evolution, aber das sind schlechte Erfindungen. Derselbe Fehler kann sich aber auch im individuellen Fall wiederholen, indem auch nach Einführen eines Akteurs mit Blick auf sein Leben, wie bei Ivan Iljitsch, die Erwartung besteht, der Lebenssinn müsse irgendwie von außen kommen, nur eben informativer als 42. Sicher, in irgendeinem dünnen Sinn muss die Antwort von außen kommen, wenn man sie noch nicht hat. Doch was heißt dann außen? Selbst angemessenere Antworten unterliegen noch der Gefahr, die Situation dessen, der da fragt, auszublenden.

Das zeigt sich auch an den Beiträgen von Susan Wolf, die unter den akademischen Philosophinnen heute die ausführlichsten Bemerkungen zu dieser, von der Zunft sonst gern gemiedenen Frage macht. Wolfs Vorschlag lautet: Lebenssinn entsteht durch eine aktive Beziehung zu wertvollen Dingen. Klärend ist dabei, wie sie vorweg Lebenssinn vom Glück unterscheidet. Glück ist ein Erfolgszustand, ein zu erreichendes Gutes, während Sinn eine Voraussetzung dafür ist, Glück erreichen zu wollen und zu können. Sinn ist die Hoffnung für ein ganzes, irgendwie geordnetes Leben, Glück ist eine Zugabe, etwas, das sich vielleicht einstellt, das aber nicht ganz kontrollierbar ist. Manche Aufgaben und Pläne können sogar sinnvoll sein, obwohl sie Unglück nicht klar vermeiden: einen Mächtigen kritisieren, einen Berg besteigen, in den Krieg ziehen.

Manche Absichten können gerade darin sinnvoll sein, dass sie zum eigenen Unglück führen müssen: ein Kind bei Todesgefahr retten, den Diktator töten. Manche Lebensumstände lassen Glück nicht zu, störten den Sinn, wenn man bequem das Glück wählte. Auch wenn Glück wunderbar ist, lebensnotwendig ist Sinn. Ein wenig plakativ wird das illustriert durch die Figur Winston in Orwells Dystopie *1984*. Winston hat unter der Folter seinen Glauben an Wahrheit verraten und damit sich selbst. Er wird im Café der lebenden Leichen als bereits gestorben geschildert.

In der neueren Philosophie, in einer Sparte des Existenzialismus, wurde nahegelegt, dass dieser Zustand uns alle betreffen könnte. Der berühmte Urheber dieses Verdachts war Albert Camus, der während des Zweiten Weltkriegs das menschliche Leben als generell ›absurd‹ zu schildern versucht hat. Absurd zu sein, zieht Sinnlosigkeit nach sich. Im normalen Leben erscheint etwas als ›absurd‹, wenn es im Kontrast zu einem höheren Anspruch steht. Es scheint absurd zu sein, wenn ein Metzger eine Petition zum Tierschutz unterschreibt. Absurd ist dann die Handlung aufgrund der Lücke zwischen dem Ziel oder Wert und dem sich bemühenden Menschen. Die Lücke belegt die Vergeblichkeit des Unterfangens. Camus hat seine Diagnose der generellen menschlichen Absurdität durch Schilderungen eines bleiernen Lebens und tiefer Teilnahmslosigkeit sowie einiger Argumente zu belegen versucht. Merseault, die Hauptfigur in *Der Fremde*, ist einerseits teilnahmslos gegenüber dem Leben, seinem eigenen und fremden, vergleichbar einer gesteigerten Depression, ohne diese Teilnahmslosigkeit selbst zu erkennen. Er hält seine Apathie für den normalen Zustand aller. Angesichts der Todesstrafe für den von ihm willkürlich begangenen Mord greift er dann auch zu Argumenten. Die entsprechenden Gedanken kennen wir meist aus eigener Erfahrung. Thomas Nagel schildert sie in einem bekannten Essay ›Das Absurde‹ ausführlicher: Alles, was wir tun, ist beliebig, wir sind leicht ersetzbar, bedeutungslos angesichts der Geschichte, nur ein Fünkchen unter Milliarden anderer Menschen, usw. Das einzelne Leben erscheint absurd, weil und wenn es unter einem sehr großen Maßstab gesehen wird.

Dieser Kontrast zwischen Merseaults zunächst unbewusst verloren gegangenem Sinn und seinen expliziten Argumenten für Sinnlosigkeit ist erhellend, denn er verweist auf zwei Ebenen des Sinnverlusts, die persönliche und die allgemeine. Entgegen seinem Versuch, allgemeine Argumente für Sinnverlust anzuführen, ist Merseaults Problem doch ein persönliches. Keine philosophischen Argumente könnten ihn aus seinem Weltverlust herausführen. Zeitbedingt versucht im Roman nicht ein Philosoph, sondern ein Priester ihn im ›Namen Gottes‹ vom Gegenteil zu überzeugen. Aber auch ein Philosoph hätte nicht mehr Erfolg, denn er müsste ihm die Fragwürdigkeit der Kontrastvergleiche, also einer Voraussetzung seiner Argumente, vor Augen führen. Wie kann man das aber, wenn jemand die Perspektive der guten Dinge des Alltags verloren hat? Der Sinn ist von Haltepunkten abhängig, und ohne Haltepunkt scheint die Perspektive des Universums ebenso möglich wie diejenige des bisherigen, offen gewordenen Einzellebens. Wenn alles beliebig wird, gibt es mit Gründen keinen Ausweg. Lebensrelevante Gründe setzen einen Ansatzpunkt im Leben bereits voraus, ohne ihn greifen sie nicht mehr. Merseaults Argumente sind eine hilflose Verteidigung gegenüber dem Priester, durch die weniger die Romanfigur als vielmehr Camus selbst spricht. Als Romanfigur ist ihm mit Argumenten nicht zu helfen, es sei denn, sie gingen in sein Innerstes, in dem vielleicht noch ein wenig konkreter Lebenssinn versteckt ist.

Der Zustand einer ins Extrem getriebenen Teilnahmslosigkeit, wie Merseault sie im Roman repräsentiert – und er hat in der Trivialliteratur in Gestalt der beliebten Serienmörder viele Nachfolger –, ist ein pathologischer Zustand, der nicht durch Überzeugungen, sondern nur durch Therapie zu behandeln wäre. Ihn als philosophische Diagnose aufzufassen, ist ein erstaunlicher Irrtum, der die Wirkung und Reichweite von rationalen Überlegungen grotesk überschätzt. Entsprechend unplausibel sind auch die Folgerungen, die aus ihnen gezogen werden. Camus erwägt in seinem Werk erst dramatisch den Selbstmord, entscheidet sich aber dann zu einem rebellischen ›Trotzdem‹. Sisyphos ist nach ihm der Held des Absurden, weil er seine sinnlose Aufgabe, den Stein den Berg hinaufzurollen, zu einem Lebensgenuss uminterpretiert. Ähnlich äußert sich der alte Fischer in Hemingways berühmter Erzählung über einen erfolglosen Fischfang nach aufopferungsvollem Kampf mit dem Fisch. Nagel entscheidet sich in seinem Essay zum Absurden für eine entspannende Ironie. Beide Folgerungen – das kämpferische ›Dennoch‹ angesichts völliger Sinnlosigkeit und das ignorierende ›Nun mal halblang‹ – sind beim generellen Sinnverlust nicht einleuchtend. Zur Rebellion neigt man nur, wenn man unter Sinnverlust leidet; leidet man, hat man immer noch Sinn. Leid setzt einen positiven Kontrastzustand voraus, der ohne destruktive Lebensverweigerung sinnspendend sein muss. Und Ironie setzt Sinn voraus, der wiederum nicht nur ironisch sein kann. Ein Kind daran hindern, in den Mixer zu greifen, benötigt keine Ironie, und es zu tun ist sinnvoll. Wenn das sinnvoll ist, so vieles andere auch.

Die bessere Folgerung aus der Camus-Lektüre ist vielmehr: Das ganz allgemeine Bedenken unserer Lebenssituation, das Philosophen manchmal betreiben, kann uns bestenfalls in Nachdenklichkeit versetzen, und darüber hinaus in Dankbarkeit gegenüber unserem konkret aktuellen Standpunkt. Das allgemeine Denken vermag hingegen nicht, die allerunterste Ebene dieses Standpunkts selbst zu gewinnen, wenn sie verloren ist, oder sie aufzugeben, wenn man sie hat. Ein leicht entstehendes Missverständnis dessen, was das allgemeine Bedenken vermag, prägt auch die weitere Diskussion der Diagnose von Susan Wolf. Wie geschildert, entsteht der Lebenssinn nach Wolf durch eine ›aktive Beziehung zu wertvollen Dingen‹. Wolf selbst, und andere nach ihr, haben den Blick auf diese zwei Angelpunkte gerichtet, ›aktive Beziehung‹ und ›wertvolle Dinge‹. Aus einer typischen Voreingenommenheit stürzen sich Philosophen dann lieber auf das Verständnis der wertvollen Dinge als auf die Qualität der aktiven Beziehung. Ihre Hauptfrage ist meist: Welches sind die wertvollen Dinge, die ein Leben sinnvoll machen? Völlig abwegig ist das natürlich nicht, denn der Zweifel am Lebenssinn im Kleinen entsteht gerade so. ›Ist das jetzt sinnvoll, was ich mache?‹, fragt eine alleinerziehende Mutter. ›Konzerte oder Reisen?‹ fragt ein Pensionär angesichts ungewohnt neuer Freizeit. Das Interesse an wertvollen Dingen ist verständlich.

Diese konkreten Fragen ins Allgemeine zu heben, führt aber zu einer bedauerlichen Verwirrung. Eine Enzyklopädie der ›guten Dinge‹ (wozu der Theoretiker leicht neigt) ist unmöglich, während eine Theorie der Möglichkeit von Werten, also ›dem Wertvollen‹ an Dingen für sich, uninteressant wird. Am Ende ginge es dabei nur um eine technische Rekonstruktion, wie Wert generell zustande kommt, die niemandes konkretes Leben zu erhellen vermag. Interessant sind vielmehr gerade die Begleiterscheinungen des Strebens nach wertvollen Dingen. Es gibt Werthierarchien und damit bessere und schlechtere Leben, sogar sinnlose Leben. Das ist offensichtlich. Gibt es dann auch schlechtere Leben, die unfreiwillig sind, wie bei einer körperlichen oder geistigen Behinderung? Das ist die eigentlich interessante Frage, weil sie schnell zu sozialen Folgen führt. Bevor man zu ihr etwas sagt, sollte man sich mit dem anderen Ende, der ›aktiven Beziehung‹, also dem subjektiven Standpunkt gegenüber den wertvollen Dingen, beschäftigen.

Dann zeigt sich, dass er der Zugangsschlüssel auch für die wertvollen Dinge ist. Mit dem Reden von einer ›aktiven Beziehung‹ kommt eine Denkweise ins Spiel, die dem Verdacht der Sinnlosigkeit völlig entgegengesetzt ist. Der Existenzialismus hat zwei Fraktionen, die idealistische von Camus und die realistische von Sartre. Die erste versucht den Sinn zu lesen und zu finden, die zweite versucht ihn herzustellen, die erste ist passiv, die zweite aktiv, dem Problem des Sinns steht das Problem der Freiheit gegenüber. Die aktive Beziehung, ist sie bis auf den Grund aktiv, ist keine, die Sinn sucht, sondern eine, die frei handelt. Während die eine leicht verzweifelt, weil sie den allgemeinen Sinn nicht findet, sieht sich die andere immer unter dem Zwang, eigenständig und verantwortlich zu handeln. Diese beiden Diagnosen der menschlichen Lebenssituation liegen nahe beieinander, sind aber nicht identisch. Das Dennoch von Camus erscheint weniger willkürlich und beliebig, wenn deutlicher wird, dass das Leben sinnvoll ist, wenn man sich das Ausmaß seiner Verantwortung für es genügend klar macht – und das innerhalb einer gegebenen Situation, die man nur stückweise verändern kann. Man sucht dann keinen allgemeinen Sinn, sondern handelt konkret. Das ist die realistische im Unterschied zu einer uferlos werdenden idealistischen Einstellung.

In der Konsequenz plädiere ich dafür, die Frage nach dem Lebenssinn begrenzt ernst zu nehmen. Man muss sich davor hüten, der Neigung zum idealen Standpunkt im Universum nachzugeben, einen Sinn von ganz außen herleiten zu wollen. Nur so vermeidet man Komik oder pompösen Existenzialismus à la Camus. Die wiederkehrenden Gefühle des Sinnverlusts bekämpft man besser damit, die einfachsten Haltepunkte im eigenen Leben ausfindig zu machen, denn sie zeigen ja, dass nicht jeder Sinn verloren und vielmehr ein neues, bisher nicht bekanntes Handeln möglich ist. Wie erkennt man den Unterschied zwischen dem ›All is lost‹ und einem möglichen Haltepunkt? Man legt einige reife Tomaten und grüne Zwiebeln vor sich auf den Tisch und schließt die Augen. Wenn der Geruch beider eine Wirkung hat, ist das Leben nicht sinnlos. Nicht im Allgemeinen und nicht in meinem verzweifelten Fall.

2

Warum etwas tun, obwohl es vorhersehbar keine Wirkung hat?

KURZE ANTWORT: Weil man sich leicht darin täuschen kann, wie die Wirkung entsteht.

LANGE ANTWORT: Die Frage ist natürlich berechtigt, denn wüsste ich bereits sicher, dass ich den verlegten Schlüssel in der Wohnung nicht finden werde, würde ich keine Zeit darauf verschwenden, ihn zu suchen. Der Arzt würde ein Medikament nicht verordnen, wäre er über dessen Nutzlosigkeit im Bilde. Unser ganzes Handeln ist seinem Wesen nach darauf ausgerichtet, in der Welt etwas zu bewegen, meist etwas zu unseren Gunsten. Wenn das auch grob gesehen stimmt, stimmt es nicht uneingeschränkt.

Im Kontrast zu den direkten Verhältnissen zwischen Handlung und Wirkung stehen bereits diejenigen, in denen die Wirkung nur wahrscheinlich oder nur nicht völlig unmöglich ist. Den Liebesbrief schreibe ich, weil ich hoffe, dass er eine Wirkung erzielt, wenn auch ungewiss. Der Impfung unterziehe ich mich, weil die Wahrscheinlichkeit steigt, dass ich dadurch gesund bleibe. Das Gebet spreche ich, weil ich hoffe, dass ein Gott es hört. Den Lottoschein gebe ich ab, weil ich nicht ausschließen kann, dass ich Millionär werde. In jedem dieser Fälle ist eine erwünschte Wirkung meiner Handlung zu erwarten, irgendwo im Kontinuum von hoch bis minimal wahrscheinlich, ja bis nicht unmöglich. Einen Liebesbrief zu schreiben in Kenntnis dessen, dass die angesprochene Person nicht existiert, wäre dagegen sinnlos. Sich einer Impfung zu unterziehen, die man für wirkungslos, ja gefährlich hält, wäre irrational. Ob eine Wirkung in Aussicht steht, scheint also ein praktikables Sinnkriterium für Einzelhandlungen zu sein. Nun gibt es aber eine wichtige Zahl von Fällen, in denen gerade diese Forderung nach der Wirkung zu Problemen führt: ›kollektive Handlungen‹.

Mit diesen Handlungen ist nicht die Handlung eines Kollektivs gemeint, sondern die Handlungen einzelner Akteure innerhalb eines Kollektivs. Die Beispiele dafür sind zahlreich und berühren die sozialen Grundlagen unseres Zusammenlebens, vor allem in den modernen, zahlenmäßig großen Gesellschaften. Die zwei vielleicht wichtigsten Beispiele zeigen sofort, dass ohne die aktive Beteiligung vieler Teilnehmer in Kollektiven schlimme, ja chaotische Lebensverhältnisse einträten. Das betrifft aber Handlungen, deren singuläre Wirkung zweifelhaft oder sogar klar nichtexistent erscheint. Was wir mit den eben geschilderten Beispielen als unbedingt nötig erwiesen haben, scheint bei diesen Handlungen nicht gegeben zu sein. Weil wir als Handelnde so typisch immer auf eine Wirkung schielen, bleibt dieser Aspekt den meisten Menschen leicht verborgen. Wie sich zeigt, ist das für alle sogar vorteilhaft. Weniger klar ist jedoch, ob es sinnvoll und rational ist. Ein nachdenklicher Akteur könnte sich verweigern und die zunehmende Verweigerung bei kollektiven Handlungen würde die ganze Gesellschaft gefährden. Weder der naive Glaube an die Wirkung noch die sozial destruktive Wirkungsagnostik sind stabile Lösungen.

Die beiden heute sozial wichtigsten Fälle kollektiven Handelns sind die Beteiligung an einer demokratischen Wahl und das Umweltverhalten. Helfe ich als Dritter mit, einen Schrank zu tragen, den meine Freunde ohne mich nicht über die Treppe bekämen, ist meine Teilnahme ersichtlich sinnvoll. Wähle ich unter Millionen einen Parteikandidaten, so hat meine Wahl keine direkte Wirkung, denn den Fall, dass eine einzelne Stimme in einer solchen Wahl über den Kandidaten entscheidet, gibt es praktisch nicht. Selbst in den USA, wo das ›Winner-takes-it-all‹-System in den letzten Jahren zu sehr knappen Wahlentscheidungen führte, waren es immer noch viele Tausende, deren Stimme am Ende ausschlaggebend war. Im Fall der Parteiendemokratie kommt noch hinzu, dass ich selbst dann, wenn der Kandidat nur durch allein meine Stimme gewählt würde, nur einen Repräsentanten, nicht seine effektiven Entscheidungen bestimmen könnte. Von einer tatsächlichen Wirkung durch meine persönliche Wahl bin ich deshalb durch einen mehrstufigen Filter gründlich abgehalten.

Ausgeschlossen wird die individuelle Wirkung auch dort, wo sie am heftigsten gebraucht würde: beim Klimawandel. Wie relevant kann mein Handeln als einem von über 8 Milliarden Verursachern sein, der heutigen Weltbevölkerung? Schon bei einer erheblich geringeren Zahl, wie den Bewohnern einer Region, ist die Wirkung Einzelner vernachlässigbar, weil die Umwelteinträge meist nach Schwellenwerten gestaffelt sind und damit direkte Ursache-Wirkungs-Beziehungen ausfallen. Das Emittieren von CO_2 und anderen Treibhausgasen verläuft in der Wirkung nicht nach dem Muster des mit Öl verseuchten Weihers, selbst wenn die meisten Umweltschützer aufgrund dieser Vorstellung handeln. Wenn ich auf die Wirkung meines einzelnen Umwelthandelns blicke, dann muss ich also, werde ich mir nur der Größe des Problems und meiner verschwindend geringen Rolle darin bewusst, am Handeln verzweifeln. Der reine Agnostiker wird deshalb schnell dazu neigen, nicht zur Wahl zu gehen und sich über das Umweltverhalten lustig zu machen. Gibt es darauf noch eine Antwort? Da die individuelle Wirkungslosigkeit nicht zu bestreiten scheint, drängt sich auf: Warum etwas tun, obwohl es keine Wirkung hat?

Antwortete man jetzt einfach mit ›Moral‹, dann wäre das keine gute Antwort. Sicher ist meine Beteiligung an einer kollektiven Handlung eine Frage der Fairness, etwa wenn ich den Nutzen der Handlung in Anspruch nehmen möchte, mich aber auf der Kostenseite entziehe. Als Kriegsgegner nicht zum Militär zu gehen, ist respektabel; die Vorteile der Kriegswirtschaft einstreichen, aber gleichzeitig Pazifist sein, weniger. Allerdings ist auch unsere moralische Motivation grundsätzlich an der Wirkung orientiert, und gerade ein bewusst moralisches Handeln wäre vom Einwand der Wirkungslosigkeit betroffen. Nicht nur bei der Triage oder der Ernährungshilfe, bei allen Arten des Helfens und Rettens suchen wir eine möglichst effektive Wirkung zu erzielen. Deshalb ist es mit einem pauschalen Hinweis, wonach die Moral ein rein ideelles Motiv liefert, nicht getan. Die Moral ist nach unserer üblichen Praxis zwar nicht völlig, aber doch so weit wirkungsorientiert, dass die drohende Wirkungslosigkeit auch sie in ihrem Sinn erfasst. Wer absichtlich ohne Wirkung helfen will, gilt normalerweise als Heuchler.

Eine andere Variante des Verweisens auf Moral ist das, was man die ›Standardantwort‹ auf unser Problem nennen könnte. Die Standardantwort lautet: ›Aber stell Dir vor, jeder würde sich enthalten!‹ Ich bin einer von vielen, und wenn ich mir das Enthalten für mich herausnehme, sollte ich es auch allen anderen zugestehen – und dann gibt es keine Demokratie und keine Rettung vor der Klimakatastrophe! Das aber kann ich nicht wollen, weil es auf mich zurückschlüge. Diese Antwort kommt meist wie aus der Pistole geschossen. Aber hilft sie bei dem Problem?

Unmittelbar jedenfalls nicht, wenn man auf die beiden Alternativen schaut: dass niemand zur Wahl geht oder dass viele zur Wahl gehen. Wenn niemand zur Wahl ginge – und das ist der vorgestellte Grund (›wenn jeder das täte?‹) –, machte es keinen Sinn, dass ich gehe, denn eine Wahl gäbe es dann überhaupt nicht mehr. Wenn viele zur Wahl gehen, dann habe ich ebenfalls selbst keinen Grund, denn die Entscheidung wird so oder so ohne die belanglose Wirkung meiner Stimme getroffen. Zwischen meinem Handeln und der Mehrheitswirkung im Kollektiv besteht kein direkter Zusammenhang. Die Folgen werden als tatsächlich gegeben angenommen, und die Wirkung seitens aller kann ich nicht beeinflussen. Die Wirkung meiner eigenen Handlung ist im Kollektiv bedeutungslos und ich bin wieder am Ausgangspunkt.

Etwas stimmt jedoch nicht mit der gerade gegebenen Antwort auf den Standardeinwand. Dass dies nicht so leicht zu erkennen ist, liegt daran, dass bereits die Standardantwort zwischen zwei Gedanken oszilliert, dem Aufrufen eines Ideals und dem hypothetischen Vorstellen realer Szenarien und Verläufe. Die eben geschilderte Reaktion auf den Standardeinwand wirft sich nur auf die zweite Art des Gedankens, die als real gegeben anzunehmenden Folgen, und bleibt damit innerhalb der Logik der unbeeinflussbaren Wirkung. Damit wiederholt sie aber nur das ursprüngliche Problem, denn dass mein individuelles Handeln bei den kollektiven Gütern ›demokratische Wahl‹ und ›Klima‹ nichts bewirkt, ist ja bereits zugestanden.

Weil die Standardantwort aber selbst undurchsichtig mehrdeutig ist, wird man von dieser Reaktion auf sie leicht überrumpelt. Vielleicht wird man auch leicht überrumpelt, weil das Aufrufen eines Ideals mysteriös erscheint. Woher soll es kommen, warum soll ich ihm folgen? Das ist nicht so leicht zu sehen.

Der Eindruck des Mysteriösen wird noch dadurch verstärkt, dass zwischen Idealen und Folgen gedanklich schnell ein ausschließlicher Gegensatz aufgebaut wird und Ideale mit Moralisten oder Idealisten, Folgen mit Egoisten verbunden werden. Idealisten folgen Idealen auch ohne Wirkung, Egoisten sehen nur auf die Wirkung unabhängig von Idealen. Auf dem Boden dieser Debatte geht es um die Frage, ob das Handeln zugunsten von Idealen nicht irrational wäre. Das scheint es dann zu sein, wenn einzig einer ›Idee‹ genüge getan wird, entweder ohne irgendwelche Folgen oder sogar mit negativen Folgen. Sparsam zu sein, wenn Geld keinen Wert mehr hat, ist ähnlich sinnlos, wie sich an Verkehrsregeln zu halten, wenn man der einzige Verkehrsteilnehmer ist. Die Antwort auf den Standardeinwand folgt teilweise diesem Rezept. Wenn niemand zur Wahl geht, dann ergibt meine Stimmabgabe keinen Sinn. Wenn eine größere Zahl zur Wahl geht, dann entstehen auch ohne mich Ergebnisse, die ich nicht beeinflussen kann, so dass meine Stimmabgabe ebenfalls sinnlos ist. Worüber diese Darstellung aber hinwegtäuscht, ist die reale Bedeutung – nämlich Wirkung – des Ideals. Die Täuschung kommt nur zustande, wenn man eben einen Gegensatz von Ideal und Wirkung unterstellt.

Dass dieser Gegensatz nicht besteht, sieht man eher, wenn man unser Problem *nicht* aus der Sicht des Einzelnen, sondern vom Kollektiv her betrachtet. Aus Sicht des demokratischen Kollektivs ist die Wahl durch alle Einzelnen dringend erforderlich und in ihren Folgen insgesamt vorteilhaft. Indirekt ist sie damit auch vorteilhaft für den Einzelnen. Eine Verbindung des Einzelnen mit dem großen Kollektiv geht nur über ein Ideal oder über Normatives. Das muss kein Ideal des Kollektivs sein, wie beim Nationalismus, sondern kann ein Ideal des Erhalts der Lebensbedingungen sein. Das Ideal steht nicht im Gegensatz zur Wirkung, denn wenn genügend Mitglieder im Sinn des Ideals handeln, dann hat die Beteiligung der Einzelnen auch einen wirkungserfüllten Sinn, weil eine Wirkung über das Kollektiv auch auf sie zurückstrahlt.

Aus Sicht des Kollektivs zeigt sich, dass ein Handeln zugunsten eines Ideals nicht nur nicht sinnlos ist, sondern wünschenswerte Folgen zeitigt. Ohne Verfolgen eines Ideals bleiben die vorteilhaften Folgen aus. Was die Antwort auf den Standardeinwand ausgeblendet hat, ist die Möglichkeit einer zweistufigen Motivation: zunächst aus dem Ideal heraus und dann über das Ideal zugunsten guter Folgen. Der Einwand, wonach einem Ideal zu folgen sinnlos sei, weil ohne Wirkung, beruht auf einem Irrtum. Tatsächlich verhält es sich gerade umgekehrt: Eine Ansammlung von Menschen, die sozial nur zugunsten direkter Wirkung handeln, trägt zum Zusammenbruch des Kollektivs bei. Sie erkennen nicht, dass die Wirkung nur indirekt über Ideale erzielt werden kann. Vielleicht sollte man deshalb die Verweigerer im kollektiven Handeln weniger als Egoisten, sondern als kurzsichtig bezeichnen? Die große Zahl der Nichtwähler bei einer Wahl leidet nicht nur unter einem egoistischen, sondern auch unter einem kognitiven Defizit. Sie verstehen einfach nicht, wie eine Gesellschaft funktioniert, weil sie am gewohnten Bild der unmittelbaren Wirkung ihres einzelnen Handelns kleben bleiben, während die auch für sie vorteilhafte Wirkung indirekt über Ideale entstünde.

Das Sichbeteiligen an einem großen Kollektiv, wie besonders dem des Kampfs gegen den Klimawandel, ist also nicht schlicht sinnlos, weil die einzelne Akteurin keinerlei Wirkung erzielte. Die einzelne Akteurin erzielt eine Wirkung, wenn man sie von der Gesamtwirkung des Kollektivs her berechnet. Sicher, wenn sie auf die individuelle Wirkungsperspektive, verbunden vielleicht mit einem Egoismus, zurückfiele, dann könnte sie das bereits durchgespielte Argument wieder erneuern. Aus dieser Perspektive ist das kollektive Gut nicht zu erringen. Ist es nicht zu erringen, dann hat das Folgen auch für die egoistische Akteurin, wenn auch nur gefiltert über die realen Verhaltensweisen aller anderen. Eine egoistische Akteurin kann sich dann überlegen, ob ihr die Beteiligung an der Demokratie oder am Kampf gegen den Klimawandel nicht doch etwas wert ist. Ohne eine Identifikation mit der Demokratie oder mit dem Kampf, also mit dem Kollektiv unter dem einen oder anderen idealen Konstrukt, ist das kollektive Problem nicht zu lösen. Sich so zu identifizieren, erfordert allerdings, sich von der egoistischen Einzelperspektive zu trennen, sich als Teilnehmerin am Kollektiv zu verstehen. Dabei sollte helfen, dass diese Teilnahme nicht wirkungslos idealistisch ist, sondern beides zusammen, ideal und wirkungsvoll.

Angenommen, man folgt dieser Überlegung, müsste dann die Polemik zu Beginn, wonach viele Akteure ihre Einzelwirkung naiv überschätzen, nicht revidiert werden? Haben sie nicht dennoch recht, wenn man sie als Teile von Kollektiven betrachtet, die nur insgesamt wirkmächtig sind? Ist nicht auch der pauschale Verweis auf die Moral richtig, wenn man die Moral als *System* und darin als Ausdruck von Kollektiven betrachtet? Was die Leute in der Gesellschaft wirklich denken, kann letztlich nur eine soziologische Analyse herausfinden. Die tatsächlichen Motivationen sind sicher ein Amalgam der verschiedensten Motive: neben demokratischem Bewusstsein und Eigeninteresse auch Gewohnheit und Konformismus. Gerade wenn Wähler gegen ihre Regierung mit ihrer Stimme protestieren wollen, rechnen sie aber offensichtlich mit einer individuellen Wirkung. Die hier angestellte Überlegung ist eine ›rationale Rekonstruktion‹, die sich mit den realen Einstellungen nicht unbedingt deckt. Wenn sie eine ›tiefere Weisheit‹ vieler Menschen ›im Volk‹ ausdrückt, dann schon eine sehr tiefe, weil ihre interne Widersprüchlichkeit den meisten wohl eher nicht bewusst ist. Diese tiefere Weisheit, also die rationalen Möglichkeiten, zu kennen, ist dennoch wichtig, weil sie eine Art Rettungsanker für diejenigen bildet, die nachdenken.

3

Soll unser Leben eine Einheit haben?

KURZE ANTWORT: Ja, die Einheit von Vergangenheit und Gegenwart.

LANGE ANTWORT: Gibt es eine Essenz, einen roten Faden, ein Identisches, an dem man festhalten sollte im Leben – neben einer allzu offensichtlichen Einheit, nämlich an mir selbst? Reicht das nicht als Antwort, dass ich es bin, der oder die mein Leben lebt, und ich durchweg der- oder dieselbe bin in diesem Leben? Es reicht deshalb nicht, weil Lebende und Leben nicht dasselbe sind. Wir fragen nicht, ob ich immer derselbe bin, sondern ob mein Leben durchgängig eines ist.

Natürlich lässt das einige Rätsel zu, was da gefordert werden könnte, und einige Möglichkeiten sind abwegig. Beispielsweise, wenn man das Leben in völliger Trennung vom Lebenden ansähe und dann nach einer Einheit fragte. Denn in diesem Fall würde man, die Person ausgeblendet, auf die Stufe der Biologie oder der äußerlichen Geschichte zurückgehen. Menschlich über das Leben zu reden, macht nur Sinn in Verbindung mit und aus der Sicht des Lebenden, der sein Leben leben muss. Der mögliche Zweifel, der sich unter dem Stichwort ›Einheit‹ ausdrückt, richtet sich gerade auf dieses Verbindungstück: Bin ich in diesem Leben richtig drin, ist es tatsächlich mein Leben?

Hat das Leben mich gelebt oder ich das Leben? Für ernste Menschen, deren Leben in klaren Bahnen der Konvention verläuft, scheint das eine unsinnige Frage. Waren und sind sie nicht fortwährend anwesend in dem Geschehen, das man dann ihr Leben nennt? Könnte man nicht eine Kamera fortwährend mitlaufen lassen, so dass die Identität von Leben und Lebendem, Ereignissen und Subjekt, zweifelsfrei bewiesen wird? Das wäre wiederum der Rückfall in einen Realismus, biologisch oder historisch. Mit der Kamera – oder der Beobachtung der Mitmenschen – kann man eine psychophysische Identität belegen.

Über die Qualität und Art des Lebens lässt sich so aber nichts herausfinden. Der erfolgreiche Firmengründer ist da in keiner besseren Lage als der schizophrene Obdachlose, beide erscheinen im Film als mit sich identisch. Nur: in welcher Qualität? Und nur die Qualität der Verbindung von Lebendem und Leben entscheidet darüber, ob der Lebende sein Leben lebt oder ob es sich selbst lebt.

Eine nächste Antwort ist vermutlich, dass das Leben möglichst aktiv zu leben den Unterschied ausmacht. Nicht wenige halten ihr Leben für gelungen, wenn es viel und viel Verschiedenes zum Inhalt hat. Aber die reine Menge ist nicht sonderlich aussagekräftig. Die jeweiligen Umbrüche können erzwungen sein, die Entscheidungen willkürlich oder fremdgesteuert, die einzelnen Phasen chaotisch, eine Ansammlung herzloser Engagements, das Leben zerstreut. Der bloße Aktivismus belegt das Leben noch nicht als authentisch und die äußere Ereignislosigkeit widerlegt es darin nicht. Irgendwie liegt die Eigenart des authentischen Lebens tiefer als in so einfach zu kategorisierenden Verhaltensweisen wie aktiv/passiv. Wie kommen wir aber dieser Ebene näher?

Einen Hinweis erhält man dadurch, dass man das authentische Leben als eines beschreibt, in dem der Lebende der ›Autor‹ ist. Das sollte nicht wörtlich so genommen werden, dass jeder von uns – wie beim Roman der Schriftsteller – sein Leben vollständig erfinden müsste. Angesichts der immer vorhandenen äußeren Widerstände ist das unmöglich. Auch die Romanautorin erfindet das Leben ihrer Protagonistinnen immer innerhalb von Widerständen, so dass das Autorsein immer im Bewusstsein von Grenzen verläuft. Die Tätigkeit der Romanautorin – etwas zu erzählen – legt aber einen möglicherweise geeigneten Blick auf die Erwartung nahe, das eigene Leben zu leben: dass man das eigene Leben *erzählen* kann. Der Vergleich reicht etwas tiefer, denn zwischen aktivischem und passivischem Leben ist damit nicht entschieden, auch ein ereignisloses Leben kann man erzählen. Dabei entlastet die Perspektive des Erzählens nicht von einigen nötigen Unterscheidungen, auch biologisch-realistisch kann man erzählen. Es steht also in Frage, wie man das Leben der Person erzählt, die zu einem Leben gehört. Ist für ein Leben überhaupt zwingend, dass es erzählt werden kann, insbesondere, dass es eine Vergangenheit hat?

Möglicherweise hilft uns bei diesen Fragen der Blick auf einen aktuellen philosophischen Disput, bei dem es um die Möglichkeit geht, dass ein Leben auch ganz ohne ein gehaltvolles Zeitbewusstsein gelebt werden könnte und ganz ohne Erzählen auskäme. Angestoßen wird dieser Disput durch ein älteres, auf John Locke zurückgehendes Problem, worin eigentlich die ›Identität‹ einer Person besteht. Personen sind sich selbst bewusste Wesen, so dass die Identität der Person das Bewusstsein ihrer selbst in der Zeit erfordert. Und überraschenderweise erweist es sich als erstaunlich schwierig, ein Kriterium für die vertrauenswürdige Erinnerung einer Person von sich anzugeben, über die sich ihre Identität beweisen würde. Die Philosophin Marya Schechtman beantwortet dieses alte Problem damit, dass sie es auf eine alltagsnähere Stufe hebt, nämlich die Identität einer Person über die Erzählbarkeit ihres Lebens zu erklären. Damit erweitert sie das traditionelle Erkenntnisproblem – wie kann sich eine Person in der Zeit als dieselbe Person erkennen? – zugleich zu einem Versuch, die Qualitäten des erinnerten Lebens herauszustellen. Dieser ›narrativen‹ Position Schechtmans ist allerdings mit Galen Strawson ein Opponent erwachsen: Strawson bestreitet rundweg die rätsellösende Tragfähigkeit des Erzählens. Er votiert dafür, dass ein angemessenes Lebensgefühl auch völlig präsentisch sein kann, völlig in der Gegenwart ruhend und desinteressiert an der eigenen Vergangenheit.

Alltagsdenkend sind wir sicher der Meinung, dass das eigene Leben zu erinnern wichtig ist. Aber andererseits kennen wir auch das präsentische Lebensgefühl. Wir müssen Strawson dankbar sein für die Einführung dieser Kategorie, ganz ungeachtet ihrer Tauglichkeit zur Wiedergabe eines ganzen Lebens. Liebesgeschichten beginnen präsentisch, keiner weiß viel vom anderen. Schwere Kränkungen in einem Streit versuchen wir manchmal zu übergehen, einfach zu vergessen, um eine harmonische Vergangenheit fortzuführen. Eine schmutzige Scheidung wird als belanglos übergangen, um die frühere Beziehung aufs Neue zu beginnen. Viele Fälle von Schuld und Trauma versuchen wir zu verdrängen, um die Gegenwart lebbar zu machen.

Auch den normalen Alltag leben wir überwiegend präsentisch, im Hier und Jetzt, und nicht in der Vergangenheit. Die Gegenwart ist zu anspruchsvoll, um die Vergangenheit fortwährend im Bewusstsein mitlaufen zu lassen; sie kann nur präsentisch bewältigt werden.

Alle diese Beispiele zeigen freilich, dass es auf das Ausmaß ankommt, in dem man präsentisch lebt. Die Weltreise des 20-Jährigen ohne Bindung an ein Früher oder Später ist eines, ein lebenslanger Zustand dieser Art etwas anderes. Die typischen Phasen der Gegenwartspräsenz sind entweder solche der Konzentration auf eine Aufgabe, der Euphorie über die erlebte Gegenwart oder der Verdrängung. Die eigenartige Kombination dieser Anlässe und Ursachen von präsentischem Leben verweist nüchtern darauf, dass es entweder nicht von Dauer sein kann oder dass ihm ungute Zwänge zugrunde liegen. Der euphorische Beginn der Liebesgeschichte wird von der Vergangenheit eingeholt und dadurch immer abgeschwächt. Die Wiederheirat kann schnell erneut zum selben Punkt führen, an dem die erste Ehe gescheitert ist. Deshalb kann man neugierig sein, mit welchen Argumenten Strawson, der sich als ›Präsentist‹ des Durchschnittslebens bekennt, uns die Möglichkeit eines andauernden hippieartigen Gegenwartsgefühls schmackhaft machen will. Strawson hält diese Lebensweise zwar nicht für zwingend, aber immerhin für eine Option; und er verteidigt sie als eine Wiedergabe seiner eigenen Geschichte. Angesichts der angedeuteten realen Erfahrungen kann man diesbezüglich eher skeptisch sein.

Um nicht allzu offensichtlich gegen die Fakten des Alltags zu verstoßen, führt Strawson die Unterscheidung zwischen zwei Erscheinungsweisen normaler Menschen ein, der Person und dem Selbst. Die Person ist das bereits erwähnte, der öffentlichen Beobachtung zugängliche Wesen, dessen Spur in der Welt über seinen Körper identifizierbar ist. Das Selbst hingegen ist das subjektive Erlebniszentrum, das der Person in der intimen Lebensgeschichte entspricht. Für das Leben der Person ist die Erinnerung von erheblicher praktischer Bedeutung. Wenn ich meine Tochter von der Kita abhole, hole ich nicht ein beliebiges Kind ohne Vergangenheit ab. Wenn ich ohne Winterreifen fahre, ist nicht schlecht, noch zu wissen, wie es vor Jahren ohne Winterreifen ausging. Juristische und moralische Verantwortung, Wiedergutmachung, Handlungsklugheit sind normative Bereiche des Alltags, die ohne Erinnerung nicht bewältigbar wären.

Um das präsentische Lebensgefühl zu verteidigen, ist es deshalb nötig, die bei diesen Vorgängen beteiligte Erinnerung als möglichst emotionslose, faktenbezogene Erinnerung einzuordnen. Wären nämlich in der Erinnerung Emotionen im Spiel, dann könnte man zweifeln, ob dabei nur die Person und nicht auch das Selbst beteiligt ist. Und tatsächlich ist es schwer, diese Trennung so durchzuhalten, wie Strawson das möchte. Dafür, dass ich mein Auto auf dem Parkplatz in Besitz nehme und dabei einem Polizisten eine Auskunft geben muss, mag ausreichen, dass ich mich daran erinnere, dass ich der Besitzer bin, ohne damit bestimmte Emotionen zu verbinden. Die Qualität des Umgangs beim Abholen des eigenen Kinds von der Kita ist hingegen nicht neutral gegenüber der emotionalen Erinnerung an die Geschichte mit diesem Kind, mit seiner Geburt usw. Emotionen müssen beim Handeln nicht präsent sein, sie schlummern aber im Hintergrund und können jederzeit wachgerufen werden. Die Qualität der sozialen Beziehungen hängt erheblich vom Bewusstsein ihrer Geschichte ab und kann darin nicht ersetzt werden; wer das Gegenteil behauptet, ist entweder sozial blind oder geblendet von einer rigorosen Ansicht.

Was könnte den Präsentisten dazu gebracht haben, die in begrenzter Form allen bekannte Erfahrung des präsenten Erlebens so zu generalisieren, dass daraus eine generelle Lebensphilosophie wird? Im Fall von Strawson liegt das wohl auch daran, dass er die alltäglichen Formen des Präsentischen in ihrer Zwiespältigkeit überhaupt nicht zur Kenntnis nimmt und seine Zentralkategorie völlig abstrakt als Begriffsalternative einführt. Soweit er sich an Beispielen orientiert, sind es solche aus der Literatur, wie insbesondere die Schilderung einer Regression in die absolute Gegenwart anhand der Figur Roquentin in Sartres Roman *Der Ekel*. Darüber hinaus bezieht er Nahrung aus der Fragwürdigkeit aller Versuche, das Leben biographisch zu erzählen.

Gegenüber aufwändigen Versuchen, das eigene Leben zu erzählen (oder erzählt zu bekommen), ist tatsächlich Vorsicht angebracht. Erzählungen kann man nicht einfach vertrauen und solchen über einen selbst am allerwenigsten. Auf die Trennung von Person und Selbst zurückgreifend lässt sich beobachten, dass die besonders dicken Biographien überwiegend nicht vom Selbst, sondern von der sozial leicht zugänglichen Person handeln. Das Selbst, das subjektive Erleben und damit die aus der Sicht des Lebenden entscheidende Perspektive, bleibt dabei im Großen und Ganzen ausgeklammert oder wird rein spekulativ hinzugefügt. Schreibt hingegen jemand seine Biographie selbst, dann liefert er entweder eine andere Variante der Personenbiographie, die auch ein Ghostwriter liefern könnte; oder er unterliegt der Versuchung, sich geschönt darzustellen. Häufig ist der Verfasser durch sein soziales Umfeld dazu gezwungen, seinen Lebensweg als erfolgreich zu schildern.

Man kann dieser Kritik insoweit zustimmen, dass Biographien, und besonders Autobiographien, nicht in der Lage sind, das tatsächliche Leben wiederzugeben, vielmehr aufgrund der nötigen Auswahl und Verdichtung immer Interessen verfolgen, unter denen das Leben beleuchtet wird. Biographien sind deshalb stets Geschichten, die von einem realen Leben inspiriert werden, es aber nicht abbilden. Sie bleiben immer an der Oberfläche und dienen meist dazu, zu täuschen. Wie bei jeder Erfahrung gibt es aber auch bei dieser historischen ein mehr oder weniger großes Bemühen um Objektivität und Distanz gegenüber der Verzerrung durch Interessen. Rousseau bietet das berühmte Beispiel des historisch gesehen ersten Versuchs, sich in seiner Autobiographie nicht nur vorteilhaft darzustellen. Was für den Kritiker des Erzählens aber als ungewöhnlicher Fall von Glaubwürdigkeit gilt, ist kein Sonderfall der Erinnerung von Vergangenheit, sondern der übliche Wirrwarr hinter jeder Erfahrung, einschließlich derjenigen in der Gegenwart. Die als solche berechtigte Kritik an der Objektivität des Erzählens reicht nicht hin, um das Erzählen generell als untauglich, überflüssig oder täuschend einzustufen und damit die Gegenwart epistemisch aufzuwerten. Warum sollten Aussagen über sich selbst in der Gegenwart vertrauenswürdiger sein als solche über die Vergangenheit?

Das präsentische Erleben am Beginn der Liebesgeschichte

oder der Wiederheirat geht notgedrungen nach einiger Zeit in eine Phase über, in der die Erinnerung zunehmend eine Rolle spielt. Erinnerung ist einfach nicht auszuklammern, weil wir uns in der Zeit entwickelnde Wesen sind. Wird sie gewaltsam ausgeklammert, dann entstehen dadurch große Probleme des Misstrauens und der Unsicherheit. Eine rigorose Trennung von Person und Selbst kann gegenüber den umfangreichen Bedürfnissen, die Vergangenheit zu erinnern, natürlich nicht einspringen. Fälle der Wiedergutmachung und Klugheit zwingen dazu, die Vergangenheit aufzusuchen, einschließlich der fernen Vergangenheit. Der misshandelte Mitschüler, die verlassene Freundin, die belogene Mutter, das Versagen aus Feigheit: Solche Episoden gefühlsneutral abbuchen zu wollen, wäre ein Anzeichen verzweifelter Verdrängung. Die Kindheit zu erinnern, ist unerlässlich für die Psychotherapie, und nicht nur für sie. Erklärungen durch die Kindheit sind zu Recht ein Alltagsbedürfnis.

Aber ganz abgesehen von solchen konkreten Anlässen: Gibt es ein allgemeines Motiv, der eigenen Vergangenheit zu begegnen? Von den eben geschilderten Anlässen abgesehen könnte es eine Unzufriedenheit mit der Gegenwart sein. Wie eingangs erwähnt, überfällt uns manchmal die Frage, ob man eigentlich noch sein Leben lebt, ob man eine eigene Geschichte hat oder in seinem Leben überflüssig geworden ist. Die einzige Weise, darauf zu antworten, ist wohl zu entdecken zu versuchen, wo man sein Leben ›verloren‹ hat: wo die Gewohnheiten, Träume, Erwartungen, Werte, Gefühle abhanden gekommen sind und man sich auf eine Bahn begeben hat, die von der früheren Lebensgeschichte wegführte – und sich nach einer befreiend gefühlten Phase zunehmend als einengend, öde oder sogar gefährlich erwiesen hat. Um das eigene Leben in einer solchen Situation wieder zu gewinnen, gibt es kein anderes Standardrezept als eben das, sich seiner Vergangenheit bewusst zu werden und eine Verbindung herzustellen zwischen dem Menschen, der man einmal war, und der Gegenwart. Nur mit und in einem Bewusstsein der Vergangenheit kann mein Leben auch wieder meines werden. Denn es verläuft nun einmal in der Zeit und muss deshalb erinnert und erzählt werden.

Der lebensphilosophische Präsentist blendet solche Formen der Sorge und der Verzweiflung völlig aus, weshalb seine Argumente den Anschein der Plausibilität erhalten. In ein neueres Buch, das eine Auswahl seiner Essays versammelt, hat Strawson nicht nur theoretische Angriffe auf das Erzählen aufgenommen, sondern auch einen Bericht über seine zweijährige Auszeit als Jugendlicher vor dem Studium, die ihn unter anderem als Anhalter in den Iran und in die Türkei führte. Diese von Drogen und Schwerelosigkeit geprägte Zeit kann auch als eine Illustration des präsentischen Lebens dienen, weshalb Strawson der Widerspruch in seiner Sammlung vielleicht nicht auffiel. Aber ein Widerspruch bleibt es, denn selbst angenommen, diese Auszeit hätte sein Selbstverständnis bis in die Gegenwart geprägt, würde er damit doch (unfreiwillig) demonstrieren, dass seine Vergangenheit Teil seiner Gegenwart ist und erinnert werden muss.

Ist ein Haus besser als eine Wohnung?

KURZE ANTWORT: Das Haus ist schöner im Traum, aber überholt in der Wirklichkeit.

LANGE ANTWORT: Wir nähern uns dem Wohnen aus der Wüste, aus dem Eis, dem andauernden Regen, der langen Wanderung über Felder. Aus dem Wald, in dem wir die Orientierung verloren hatten und einen Ausgang suchten. Natürlich ist da der Baum, unter dem man Schutz finden kann. Oder eine Höhle, die den Regen abhält, die man aber mit Tieren teilen muss. So oder so, das wusste Robinson schnell, braucht man ein Dach und stabile Wände, die das Dach tragen. Man braucht ein Gehäuse, in dem man zwischen den Jagden leben kann, und einen Schutz vor der Umwelt.

Gaston Bachelard beschreibt das Haus aus der Perspektive des Unbewussten und der Träume, in die sich die Erinnerung an die erste Geborgenheit in der Kindheit eingeprägt hat. (Spätestens an diesem Punkt sieht man: Es geht nicht um den Sinn von Bausparverträgen, sondern um Lebensbilder.) Manche erinnern sich an Tage schwelender Hitze, die sie als Kinder auf einem staubigen Speicher verbrachten. Für die vielen Menschen heute, die nicht in einem Haus, sondern in einer Wohnung, meist auch in verschiedenen Wohnungen in zeitlicher Abfolge aufwachsen, ist die Urerfahrung des Wohnens nicht an ein Haus gebunden, sondern etwas bescheidener an einige Räume, die über einen dunklen Flur und den Geruch aus der Küche miteinander verbunden sind, eingezwängt in ein Oben und Unten des Mietshauses. Zur Urerfahrung des Wohnens gehört in den Städten der Streit der Nachbarn, das wiederkehrende Singen einer Straßenbahn und das Klappern der Mülltonnen.

Das Urbild vom Haus lässt aber auch die Kinder nicht los, die in einer Wohnung ihren Weg in die Welt finden. Das war leichter in einem der älteren Häuser mit weniger Parteien, einem zugänglichen Speicher und Keller, in denen man den Geruch von beiden noch erfahren konnte, den trocken-staubigen auf dem Dachboden und den modrig-kalten in den Kellern. In denen auch die beiden Urelemente, Feuer und Wasser, noch näher waren als in den heutigen Häusern, bei denen die Heizung in Boden und Wände entschwunden ist, das Kochen in der Mikrowelle versteckt, das Wasser in Geräten verborgen bleibt. In den älteren Wohnhäusern vermittelte die blau fauchende Gasflamme, wie gefährlich Feuer sein kann, das Wasser zum Baden musste gesondert erhitzt und getragen werden. Wem in der Kindheit solche Eindrücke fehlen, der muss sie entweder durch andere ersetzen oder muss an ihnen ärmer bleiben. Vielleicht kann er dann später nicht mehr sagen, wie seine Kindheit eigentlich war.

Wenn wir, etwa aus der Sicht eines Lottogewinners, nach einem Hebel für die Frage suchen, ob Haus oder Wohnung besser wäre, dann helfen dabei nur solche anthropologischen Erinnerungen, soweit sie in uns verankert und von der individuellen Lebenserfahrung nicht vollständig überschrieben sind. Die Häuser, klein oder groß, sind die alte Erfahrung, die Wohnungen die neue. Bachelard nennt einige Unterschiede zwischen dem Haus und der Stadtwohnung. Im Haus identifiziert er unterschiedliche Niveaus der Intimität, entsprechend den einzelnen Stockwerken. Dasselbe verflacht in der vertikalen Wohnung. Das Haus grenzt sich ab gegen die umgebende Natur. Die Umgebung der Wohnung sind andere Wohnungen. Die Bedrohung durch Gewitter und Sturm ist kaum zu spüren, die Naturgewalten sind in die Ferne gerückt.

Unter diesen Hinweisen scheinen zwei am ehesten verfolgenswert: das Haus als Schutz vor der Natur und das Haus als Wirtschafts- und Familieneinheit. In beiden Hinsichten bringt die Wohnung eine große Veränderung. Das Haus steht stärker in der Natur als die Stadtwohnung. Das Haus hält das Bewusstsein von den Dachziegeln aufrecht, die bei heftigem Wind abheben können, dem Klappern der Fensterläden und den tropfenden Dachrinnen, neuestens den überschwemmten Kellern. In der Wohnung ist jede Bestandserhaltung an die anonyme Verwaltung delegiert und die einzige Sorge sind Sauberkeit und Ordnung. Im Haus verteilt sich die größere Familie hierarchisch, früher noch die Stände, Herrschaften und Dienstboten. In der Wohnung verteilt sich die Kleinfamilie nur für kurze Zeit rein räumlich, mit der Auflösung der Familie fallen die Wände und gerät die Wohnung zu einem einzigen Großraum. Diese Entwicklung kann das Haus ebenfalls mitvollziehen und tut es auch; aber aufgrund seiner Größe weniger leicht. Das Haus ist schwerer und träger gegenüber der sozialen Veränderung.

Welche Rolle spielen solche Unterschiede? Die Entwicklungslinie vom Haus zur Stadtwohnung, vom Schutzraum zum Aufenthaltsbehälter, vom Lebenszentrum zur Zwischenstation zielt auf das Ende des Hauses. Das Haus ist ein Anachronismus geworden, und zwar nicht nur aufgrund der Massenwanderung in die Städte. Die vielfältigen sozialen Strukturen gibt es nicht mehr, die sich im Haus räumlich abbilden konnten. Es gibt kein hierarchisches Oben und Unten in den Familien, weniger symbolische und repräsentative Räume, jeder ist überall und nirgends. Sofern es Kinder gibt, belegen sie die zentralen Plätze und nicht mehr die fernsten, verborgenen. Den früheren Aufenthaltsbedarf gibt es nicht mehr. Kinder sind ganztägig in der Schule und außerdem bei Freunden. Frauen arbeiten ähnlich lang wie früher Männer, und Männer arbeiten länger und entdecken ihren Stolz in anderen Dingen als dem Haus. Das Haus ist kein soziales Zentrum mehr, es ist ein Relikt, vielleicht noch ein Traum, aber entweder ein Erinnerungstraum altgewordener Kinder oder ein Wunschtraum an ein anderes Leben, das aufgrund der sozialen Enge immer weniger realisierbar ist.

Im Kontrast entwickelt sich die Stadtwohnung zum Camp, einer Art Zwischenlager beim Umstieg zwischen verschiedenen Arbeits-, Erziehungs-, Trainings- und Vergnügungsorten in der Stadt und – mehr und mehr – zwischen vielen Städten in der verkehrstechnisch erweiterten Umwelt. Auch die Wohnung ist nicht mehr ein kleines Haus, eine Ahnung vom Haus mit der strengen Ordnung für die Vier-Personen-Familie. Natürlich, für eine kurze Übergangszeit braucht es diese Ordnung noch, aber so schnell, wie die Reproduktionsphase eines Paars wieder zu Ende ist, ändern sich auch die Anforderungen an die Wohnung, sie besteht optimalerweise aus einem Behälter mit verschiebbaren Innenwänden und einer multifunktionalen Ausstattung, die von Büro, Medienzentrum, Kinderkrippe, Fitnessangebot vieles neben dem Schlafen, Essen und Waschen umfassen wird. Idealerweise stellt sich das alles von selbst her, wozu die Sprachbox mit elektronischer Steuerung von Geräten den ersten Schritt darstellt. In nicht allzu ferner Zeit wird zwischen einer neuesten Wohnung und einer Raumstation nur noch der Unterschied bestehen, dass der Sauerstoff nicht mitgebracht werden muss, sondern noch frei verfügbar ist.

Die Entscheidung zwischen Haus und Wohnung ist also eine zwischen Gestern und Morgen. Aus demographischen, ökonomischen, sozialen Gründen ist das Haus ein Auslaufmodell, auch wenn sich ländliche Regionen mit Häusern halten werden und auch wenn Gesellschaften mit starkem Besitzverständnis weniger leicht die immer kleiner werdenden Häuser in Wohnungen verwandeln. Das Haus wird nicht mehr gebraucht, eine Myriade von Bienenwaben in Städten dagegen schon. Das Haus wird immer mehr, und ist es bereits, ein Symbol des Landes und der Natur und zunehmend der Einsamkeit. Henry Thoreau hat die Entwicklung des Hauses, zu der er selbst mit seinem *Walden*-Buch (1854) mahnend beigetragen hat, wieder eingeholt. Aber auch auf dem Land wird das Haus ein Relikt, ebenso wie die dort noch ansässige Bevölkerung, die entweder täglich in die Stadt pendelt oder sich zumindest in die Stadt wünscht. Wie bei Thoreau wandert das Haus, fast 200 Jahre später, wieder tiefer in den Wald.

War das Haus zuerst ein Widerstand gegen die Natur, ist es jetzt ein Widerstand gegen die sich wandelnde Gesellschaft. Es konserviert die Vergangenheit und lässt sich nicht vergleichbar kneten wie die Wohnung. Immer wird es für sich stehen und Dach und Keller und Fundament haben. Und immer wird es einer Verwandlung in die Büchse, in ein rein technisches Ding mit Abteilungen, widerstehen. Deshalb dürften auf Mond und Mars zwar Wohnungen, aber keine Häuser gebaut werden. Eine radikale Verwandlung ist unmöglich, weil die Alternativen nur der Bunker (etwas für den Mond), der Ballon oder das Floß sind (etwas für die Erde). Es geht entweder in und unter die Oberfläche oder in die Luft oder auf das Wasser. Auf der Erde sind die Formen begrenzt, aber das ursprüngliche Bedürfnis nach Schutz vor Wind und Wetter bleibt auf ewige Zeit der Maßstab.

Muss oder will man sich zwischen Haus und Wohnung entscheiden, hängt es deshalb davon ab, was man sich leisten kann. Muss man die Gesellschaft nehmen, wie sie ist, dann muss man auch ihrem Entwicklungsgesetz in immer kleinere Wohnräume folgen und eine multifunktionale Box in der Stadt beziehen. Kann man, wie weiland Thoreau, die Stadt verlassen und in den Wäldern spazieren gehen, aber wer kann das schon, dann mag man sich an die Träume erinnern und in einem Relikt wohnen.

Ist mein Ich bodenlos?

KURZE ANTWORT: Nein, es ist mir nur manchmal nicht gut genug bekannt.

LANGE ANTWORT: Angenommen, die Frage ist ernsthaft gestellt: Was meint man, wenn man von einem bodenlosen Ich redet? Wie könnte man, nicht spielerisch dahingesagt, zu einem solchen Eindruck kommen? Am ehesten im Rahmen einer schwierigen persönlichen Entscheidung. Man sucht dann, wieder metaphorisch, in sich einen Halt, findet ihn aber nicht. Will ich ein Vater, eine Mutter werden oder will ich nicht? Will ich es jetzt oder später, oder überhaupt? Will ich dieses Land wirklich verlassen? Will ich ihn wirklich heiraten? Sicher, die theoretische Zugangsweise gibt es auch, indem man die Frage nach dem ›Boden in mir‹ spielerisch aufwirft und dann erkennt, dass sie so leicht nicht zu beantworten ist. Das mag daran liegen, dass die Frage zu allgemein gestellt wird. Denn als Ganze sind wir uns undurchsichtig. (Eine interessante Beobachtung für sich – immerhin haben wir unser Leben über vor allem mit einer Person zu tun: mit uns selbst. Intuitiv hätten wir vielleicht das Gegenteil gedacht, begleiten wir uns doch häufig, na ja, praktisch immer. Aber offensichtlich garantiert das nichts.)

Was macht solche Situationen aus, in denen man mit der eigenen Identität konfrontiert wird? Dabei geht es um Entscheidungen, von denen die eigene Zukunft, das Selbstverständnis und die Art, wie man von anderen gesehen werden wird, auf dem Spiel stehen. Die Frage, ob man Vater werden will, ist ein gutes Beispiel. Warum sind solche Entscheidungen schwierig? Klar, einmal, weil sie das weitere und vielleicht das ganze Leben betreffen. Damit sind sie folgenreich, warum aber sind sie schwierig? Deshalb, weil es Entscheidungen sind. Wir müssen ein wenig über Entscheidungen nachdenken, über Entscheidungen im Allgemeinen. Das ist nötig, um dem Persönlichen in ihnen seine Bedeutung anzuzeigen.

Mit Entscheidungen ist eine Bürde verbunden, weil sie kein Erkennen sind und durch Erkenntnis, soweit sie möglich ist, nicht erzwingbar sind. Würde ich erkennen, dass ich meinem ›Wesen‹ nach ein Vater bin, wäre mir eine Last abgenommen, auch wenn ich die Folgen vielleicht nicht begrüßte. Ich wäre mit keinem zusätzlichen Problem belastet. Wenn ich weiß, dass ich krank bin, fühle ich mich befreit und lege mich selbstvergessen für ein paar Tage ins Bett. Wenn ich erkenne, dass eine Beziehung nicht zu retten ist, gebe ich den Kampf auf und blicke mit Trauer, aber auch erleichtert auf sie als eine kuriose Geschichte zurück. Das eigene Schicksal zu erkennen, bringt Trauer und Bedauern mit sich, aber auch Entspannung, Neugier und Freude. Hingegen erzeugt sein Schicksal entscheiden müssen Unsicherheit und Angst. Aber ist das richtig beschrieben?

Der Gegensatz von Erkennen und Entscheiden in schicksalshaften Situationen ist nicht so schwarz und weiß, wie die Begriffe es nahelegen. Wie scharf der Gegensatz ist, hängt natürlich einerseits von dem Gegenstand der Entscheidung ab, selbst innerhalb der Kategorie der Identitätsfragen. Über seine Vaterschaft zu entscheiden ist etwas anderes als eine neue Brille zu wählen, mit der ich mich für einen persönlichen Stil entscheide. Es hängt aber auch, und vermutlich mehr, davon ab, wie sehr man sich in die Entscheidung vertieft. Was eine Entscheidung und nicht nur Routine ist, ist nicht vorgegeben, sondern wird durch sich steigernde Unsicherheit erschlossen. Für die meisten Menschen ist spürbar, dass bei lebensverändernden Folgen eine Entscheidung nötig ist und dass sie darin das bindende Erkennen transzendiert. Die Entscheidung tendiert zu einer vom Erkennen immer weniger unterstützen Entscheidung. In der Philosophie hat das vor allem Sartre gesehen, allerdings daraus eine etwas überzeichnete Dramatik des Entscheidens entwickelt. Sartres Grund für diese Überzeichnung war eine radikalisierte Freiheitsauffassung, der man nicht unbedingt bis ans absolute Ende folgen muss.

Viele Lebensentscheidungen liegen in einem Feld, in dem sich Erkennen und Entscheiden vermischen. Wir haben fast immer

Gründe für eine Entscheidung, aber die Gründe sind entweder allgemeine Gründe mit dem nachfolgenden Zwang ihrer persönlichen Inanspruchnahme; oder die Gründe haben Gegengründe und sind dann hinsichtlich ihrer Gewichtung offen. Die Rolle des Entscheidens kann in diesem Gemisch größer oder kleiner sein, teils so minimal, dass sie völlig übersehen wird. Der frühe Sartre erhob diese Rolle zum Extrem, er wollte das Erkennen völlig zum Verschwinden zu bringen. Der von ihm benutzte Spruch ›Die Existenz geht der Essenz voraus‹ drückt den entsprechenden, ausschließlichen Gegensatz aus. Der Spruch soll sagen, dass es nichts in und an Menschen gibt, das sie dazu zwingt, auf eine bestimmte Weise zu sein – vielmehr steht alles (wirklich alles) zu ihrer Wahl. Dieser Wahl können sie nicht entrinnen, denn sollten sie nicht wählen, wählten sie das Nichtwählen. Illustriert wird diese These mit dem bekannten Beispiel seines Schülers, der ihn bei der Entscheidung um Hilfe bat, ob er sich unter deutscher Besatzung entweder den französischen Streitkräften in England anschließen sollte oder seine kranke Mutter pflegen. Sartre will klarmachen, dass alle möglichen Gründe – Religion, Moral, Nationalismus – eine Entscheidung nicht ersetzen können, denn er muss sich jeweils auch für die Wahl der Gründe entscheiden. Das noch radikalisierend sagt er seinem Schüler auch, dass er grundlos wählen müsse im Sinn von Erfinden, ähnlich einem Künstler. Zusätzlich zu allen bereits gegebenen Gründen müsse er sie auf eine Basis setzen, die er selbst willentlich hervorbringt.

Sartre war selbst ein kreativer, in seiner frühen Phase theorieversessener Philosoph. Mit diesen Hinweisen stellt er die Situation so dar, als ob notwendig eine blinde Entscheidung alle Gründe überschatten und die Entscheidung am Ende immer willkürlich bleiben müsse. Alle Gründe werden selbst nur Gründe aufgrund einer von ihnen völlig unabhängigen Entscheidung. Damit beschwört er tatsächlich die Befürchtung herauf, dass unser Ich bodenlos, nämlich beliebig sei. Im Gegenzug betont er, die Dramatik noch etwas verschärfend, dass man immer die Verantwortung für seine Entscheidung übernehmen müsse. Im Einzelnen passen diese Stücke nicht zusammen und der Fehler, der sich eingeschlichen hat, ist offenkundig. Sartre liebte Extreme und verfiel deshalb der Gefahr der Dualismen. Gründe und Entscheidungen schließen sich nicht so völlig aus, wie er dachte: Es macht einen Unterschied, ob ich mich mit oder ohne einen Grund entscheide. Im Fall der Entscheidung ›mit Grund‹ brauche ich keine weitere grundlose Entscheidung, um einen Grund zu wählen. Ich brauche ihn deshalb nicht, weil ich den Grund erkenne und ihn nicht ohne Einsicht wähle. Und damit ist die begründete Entscheidung davor bewahrt, völlig willkürlich zu sein.

In seinen frühen Romanen schildert Sartre Situationen, in denen sich seine Akteure absichtlich mit einem Messer an den Händen verletzen. Damit geben sie eine Illustration eben dieser radikalisierten Situation: Sie wollen auf Beliebigkeit beruhende Freiheit beweisen, nämlich real demonstrieren, dass sie durch nichts, auch nicht durch Furcht und Schmerzen, an einer beliebigen Handlung gehindert werden. Derlei beweisen zu wollen, ist ein kindisches Ziel. Wollte man damit beweisen, dass man sich an seine körperliche Existenz nicht gebunden fühlt, ist dies ein vergeblicher Versuch; denn man ist an sie gebunden. Natürlich kann man sich willentlich verletzen oder töten, aber aufgrund des Ausgangs hätte man dennoch belegt, dass man nicht beliebig frei ist – ›frei‹ in einem biologischen Sinn, verschieden von menschlicher Freiheit. Menschlich freies Handeln setzt bei Menschen nun einmal körperliche Existenz voraus und die für Menschen mögliche Freiheit wird durch ihre Biologie weniger eingeschränkt als vielmehr ermöglicht. Es macht keinen Sinn, Freiheit von einem körperlosen Punkt aus beurteilen zu wollen, denn dieser Punkt wäre nicht menschlich. Die Biologie spielt nur in dem Übergangsfeld zur menschlichen Freiheit eine Rolle, in der es darum geht, nicht die Existenz, sondern die Bürden des Körpers zu bekämpfen. Wer sich gegen seine Migräne wehrt, kämpft gegen körperliche Unfreiheit; aber sich zu verletzen schafft nur neue körperliche Unfreiheit und verfehlt den Sinn der menschlichen Freiheit. Kurzum, findet man nicht den richtigen Blick auf die Bedingungen der Freiheit, klammert man die Biologie als Voraussetzung aus, missversteht man menschliche Freiheit. Das ergibt sich, wenn man auf Erkenntnis beruhende Gründe in Willkürgründe auflösen will, wie das Sartre versucht.

Die biologischen Tatsachen unseres Körpers verhindern Freiheit nicht, sondern ermöglichen sie – jedenfalls in der Regel. Ganz analog ist es mit kulturellen Gründen, wie solchen der Religion, Moral oder des Nationalismus. Sicher, diese Gründe entlasten einen nicht darin, zwischen ihnen wählen zu müssen; aber man muss nicht alle Gründe neu erfinden, wie auch der Künstler seine Objekte nicht völlig neu erfindet. Der Sinn, in dem er sich bei einer Entscheidung vorfindet, hat zwei Ebenen. Es ist allgemeiner Sinn, im Schüler-Beispiel nationale Verantwortung oder familiäre Verantwortung. Und es ist persönlicher Sinn, die persönliche Haltung gegenüber der Nation und der Mutter. Die Schwierigkeit bei allen Identitätsentscheidungen ist, dass die Gründe der ersten Ebene nicht als solche auch bereits eine persönliche Entscheidung erzwingen. Sie müssen mit den persönlichen Gründen erst verbunden werden. Was halte ich von meiner Nation oder von meiner Mutter? Was haben beide mir gegeben, was ich zurückgeben sollte? Sind mir beide gleich wichtig? Usw.

Sartre stellt die Situation wiederum so dar, dass zwar die Gefühle (bei ihm ›Instinkte‹) entscheidend seien, aber das Gefühl seine Bedeutung erst durch die tatsächliche Handlung erhält. Damit will er belegen, dass nicht ein Gefühl rational zu einem Handeln führt, sondern die blinde Entscheidung verpackt in die begleitende Handlung das Gefühl – oder jedenfalls das persönliche Gefühl – in seiner Wertigkeit erst hervorbringt. Erst wird gehandelt und im Nachhinein wählt man ein Gefühl, das durch die Handlung ausgedrückt wurde. Richtig ist daran, dass man Gefühlen, die zu keinen Handlungen führen, nicht trauen kann. Also ist eine effektive Handlung ein guter Beleg für ein Gefühl, und ja, die Handlung benötigt einen Willen, wenn das Gefühl erst bewiesen werden soll. Aber diese Verhältnisse belegen wiederum nicht die vollständige Abhängigkeit der Gefühle von grundlosen Entscheidungen. Ja, ein Gefühl muss auch gewählt werden, um ein echtes Gefühl zu sein. Ohne diese Wahl gibt es keine Hochzeit, keine Kinder, keinen Beruf, keine Liebe. Aber das Gefühl wirft auch seinen Schatten voraus. Wie mit dem Grund generell muss man sich mit dem Gefühl identifizieren, und dabei spielt es bereits eine Rolle. Die Verbindung von

Gefühl und Entscheidung ist stabilisierend und macht die persönliche Identität aus. Wenn sie fehlt, entsteht das willkürliche Handeln von Sartres sich selbst verletzenden Akteuren oder im realen Leben das Handeln von Borderline-Kranken. Umgekehrt, wenn wir unseren Gefühlen entsprechend konsequent handeln, bestätigen wir, dass wir als Fühlende und Handelnde sinnvoll und irgendwie ganz und identisch sein wollen.

Was Sartre richtig gesehen hat, und weshalb ich ihn einen ›realistischen Existenzialisten‹ nenne, ist seine Betonung des tatsächlichen Handelns und Engagements, der Gefühle gegenüber den Begriffen und Dogmen. Er hat richtig gesehen, dass der definitive Beweis des Charakters im effektiven Handeln liegt und dass von dieser Maxime aus ein erheblicher Gewissensdruck auf das durchschnittliche Verhalten ausgeht: ehrlich darin zu sein, dass das eigene Handeln aus dem Inneren folgt und nicht aus Konformismus. Konfrontativ hat Sartre seiner Zeit auch gesagt, dass Freiheit Amoralismus extremer Art nicht ausschließt, dass Freiheit im menschlichen Profil wichtiger ist als Moral. Diese Errungenschaften werden nicht dadurch entwertet, dass er Freiheit absolut setzt. Darin bleibt er widersprüchlich: Der realistischen Betonung des Handelns an einer Stelle setzt er die unrealistische absolute Freiheit an anderer Stelle entgegen.

Etwas Sinnvolles wird nicht erst dadurch sinnvoll, dass ich mich dafür entscheide. Sartre sagt an einer Stelle im berühmten Vortrag, es gäbe ›keine Zeichen in der Welt‹. Aber Elon Musk ist ein Zeichen und bleibt es auch, wenn ich ihm nicht nacheifere. Die Welt (außen und innen) ist voller Zeichen, in uns selbst sind Zeichen in Form von Gefühlen. Mit dem Gefühl kann man die Handlung begründen, auch wenn richtig ist, dass nur das effektive Handeln das Gefühl real werden lässt. Die Handlung selbst ist aber keine Begründung des Gefühls. Die Gründe zum Handeln werden nicht dadurch ›bessere‹ Gründe, dass sie zum Handeln führen, das Wollen macht sie nicht richtiger, sondern nur effektiv. Wir sind kognitiv und willentlich, erkennend und entscheidend gepolte Wesen. Aber nur unterschiedlich gepolt, nicht durch und durch gespalten, wie Sartre nahelegt. Sartre versucht beide Teile durch den Willensakt zu verbinden, indem er Willen und Freiheit geistlos an unterster Stelle postuliert. (Blinder Wille ist gleichsam Sartres ›Zirbeldrüse‹, die Verbindung der beiden Essenzen bei Descartes.) Realiter müssen wir uns hingegen immer im Kreis drehen, von den Begriffen zu den Gefühlen gehen und umgekehrt, von den Gefühlen zur Handlung und umgekehrt, und das endlos. Wenn diese Elemente untereinander in Balance sind, meist nur vorläufig, dann denken, fühlen und handeln wir richtig. Dieser Zustand ist ein Ideal. Der Kreis ist ebenfalls eine Art normativer Zirbeldrüse, in der sich Entscheiden und Erkennen vermischen, eben eine aufgegebene und nicht als real postulierte wie bei Descartes.

Ein Zustand der Bodenlosigkeit tritt also nie ein? Identitätsentscheidungen werden dadurch schwierig, dass man ihre Folgen nicht absehen kann und man im Rahmen des bisherigen Lebens keine Erfahrung mit ihnen hat. Wenn man noch nie Vater war, ist es nicht einfach abzusehen, was das Leben als Vater wirklich bedeutet. Erstaunlicherweise ist das für fantasievolle Menschen schwieriger als für fantasielose, weil sich bei ihnen Erfreuliches und Beschwerliches in größerem Umfang aufstapeln. Nachdenkliche Menschen gestalten ihr Leben schwerer als sozial konforme, die sich ohne Entscheidungsdruck genussvoll in ihre vorgegebenen Rollen fallen lassen können. Im Konflikt zwischen allgemeinen Ansichten und Gefühlen werden es, bewusst oder unbewusst, am Ende nur die Gefühle sein, die in die eine oder andere Richtung deuten, denn sie und nicht die Ansichten machen die Identität aus. Deshalb ist die Unfähigkeit zum Entscheiden nicht ein Anzeichen genereller Bodenlosigkeit, sondern ungenügender Kenntnis meiner selbst. Vielleicht schrecke ich vor der Verantwortung zurück und vielleicht bin ich ängstlicher, als ich dachte.

Es steckt bereits zu viel in meinem Ich, als dass es bodenlos sein könnte. Entweder bewusst, wenn ich im Kreislauf der Gründe und Gefühle beim Entscheiden zu einem Ergebnis komme; oder unbewusst, wenn ich in diesem Kreislauf ratlos bleibe. Eine Art logisches Dilemma, das uns bei persönlichen Entscheidungen über das Leben prinzipiell blockierte, kann es nicht geben, weil wir nicht nur erkennend entscheiden, sondern willentlich. Der Wille kennt kein Dilemma, wie es das Erkennen in Form von Widersprüchen sehr wohl kennt. Die blockierten Entscheidungen lösen sich auf, wenn man eines seiner Gefühle näher annimmt und dabei auch sich selbst. Wie das geht? Indem man sich mit dem Gegenstand des Gefühls beschäftigt. Zehn ›Sendungen mit der Maus‹ ansehen, das sollte eigentlich reichen, um zu entscheiden, ob ich Vater werden will. Oder man erinnert sich an das Kind, das man einmal war. Wenn man es nicht hasst, wenn man sich selbst nicht hasst, dann sollte man ein Kind gernhaben und also Vater sein können.

Habe ich einen Körper? (1)

Werner Kieser gewidmet

KURZE ANTWORT: Ich habe, aber das ist nicht die ganze Wahrheit.

LANGE ANTWORT: Vielleicht beginnen Sie diesen Text nur deshalb zu lesen, weil Sie neugierig sind, wie man daran zweifeln könnte, einen Körper zu haben. Die Frage so zu formulieren, ist ein trickreicher Versuch, ein Interesse für das Thema auch bei denjenigen zu wecken, die metaphysische Themen nicht unbedingt spannend finden. Was bezweckt jemand, der eine solche Frage stellt, auf die es eine offenkundige Antwort gibt: Ja, ich habe einen Körper, denn die Antwort wird von einer lebenden Person gegeben!

Die Frage wird ein Stück verständlicher, wenn man sie genauer betrachtet und dabei eine mögliche Problematik entdeckt. ›Etwas haben‹ geht normalerweise nicht damit einher, dass man es ist, sondern man besitzt es nur. Dass man etwas besitzt, unterstellt, dass man nicht mit ihm identisch ist. Habe ich eine Wohnung? Ja, aber ich bin nicht meine Wohnung. Habe ich – diese übliche Verwendung unterstellt – einen Körper, meinen Körper, dann bin ich nicht mein Körper, ich bin mit ihm nicht identisch. Das lässt aber die dumme Frage zu: Was bin ich dann, wenn ich nicht mein Körper bin? Immerhin enthält mein Pass ein Foto von mir, auf dem ein Körper zu sehen ist. Die Behörden gehen davon aus, dass ich mindestens teilweise mein Körper bin, und nicht, dass ich ihn vorübergehend gemietet habe, wie etwa meine Wohnung. Täuschen sich die Behörden damit völlig, oder sind sie Metaphysiker einer bestimmten Sorte? Ist mein Pass, was man ihm nicht ansieht, ein metaphysisches Dokument?

Dass ein Pass ein Bild enthält, könnte man auch damit erklären, dass es riskant ist, einen gemieteten Körper zu tauschen, oder dass es zwar gefahrlos, aber aus religiösen Gründen heraus unüblich ist. Dann wäre es immer noch nützlich, Menschen über Fotos zu identifizieren. Aber tatsächlich glauben wir, dass der Körper in keiner Weise etwas Äußerliches von uns ist, dass wir ihn nicht einfach tauschen oder vollständig umbauen können, ohne uns selbst damit zu verändern. Wir wissen, dass wir an diesen Körper gebunden sind, und das sicher während des ganzen leiblichen Lebens. Für nicht-religiöse Menschen erschöpft dieses Leben mit einem bestimmten Körper ihr Leben insgesamt. So oder so ist der Körper nichts von uns als Person Getrenntes, das wir ›haben‹ könnten, und dabei getrennt von ihm. Damit werden zwei sich widersprechende Erfahrungen sichtbar.

Die eine Reihe von Erfahrungen zielt in Richtung Besitzen und Nicht-identisch-Sein. Der Soldat verliert einen Arm, er verliert aber keinen Teil von sich als Person. Die Prostituierte verleiht ihren Körper, aber sie verleiht nicht sich. Napoleon war körperlich klein, aber ein großer Feldherr. Die Eigenschaften zerfallen klar in zwei Klassen, und das spricht für vollständige Trennung. Auf der anderen Seite sind die Eigenschaften verbunden, denn Körper und Person können keine getrennten Wege gehen. Der kleine Napoleon war genau der, der ein großer Feldherr war. Die Prostituierte verleiht nicht nur ihren Körper, sie verleiht auch sich, denn sie ist als Person mit anwesend, wenn ihr Körper benutzt wird. Allerdings wirft das nur weitere Fragen auf, denn auch wenn wahrscheinlich Körper und Person aneinander ›gefesselt‹ sind, bleibt offen, wie eng. Der Soldat mag darauf beharren, dass er selbst durch den Verlust des Arms nicht weniger geworden ist. Er ist immer noch, wird er sagen, ein vollständiger Mensch. Und die Prostituierte mag antworten, dass sie zwar ihr Körper ist, aber nicht jeder Teil davon zu jeder Zeit. Wie verhält es sich also dann genauer mit Haben und Sein beim Körper?

Zieht man jetzt Philosophen zurate, dann muss man das nicht deshalb tun, weil sie eine solide Antwort hätten – denn die haben sie nicht. Vielmehr deshalb, weil sie den historisch-kulturellen Hintergrund einigermaßen kennen, der in diese alltäglichen Konfusionen hineinführt. Wenn sie aus ihnen auch nicht klar herausführen können, so können sie doch die konfuse Situation besser beschreiben, als es andere können. Sie können es besser, weil sie selbst mitgeholfen haben, die Konfusion – oder neutraler gesagt, das Puzzle – noch tiefer oder schärfer zu machen, als es zunächst scheinen mag. Sie sind deshalb, wenn auch auf zwielichtige Weise, die einschlägigen Adressaten für das Problem.

Die Geschichte beginnt, wie bekannt, beim christlichen Glauben. Er hegt die Vorstellung von einer materielosen, von Gott verliehenen Seele, die den Tod des Körpers überdauert und irgendwann in der Zukunft wieder mit dem Körper verbunden sein wird. Der christliche Glaube verbindet Seele und Körper während der Zeit des irdischen und des zukünftigen Lebens. Für die Lebenden würde dann nicht gelten, dass sie einen Körper haben, sondern dass sie ein Körper wie eine Seele sind. Die Logik dieser Identität wird allerdings auf die Probe gestellt, wenn die Seele während der Nichtexistenz des Körpers erhalten bleiben soll und sogar Prüfungen oder Läuterungen wie dem Fegefeuer ausgesetzt wird. Logisch herausfordernd ist die Vorstellung, dass sich die Seele vom sterbenden Körper trennen kann, sie dasselbe aber beim lebenden Körper nicht vermag. Wie soll man das erklären?

In ihrer logischen Prägnanz war die vor dem Christentum liegende Philosophie Platons entschiedener. Platon nahm die Zweiteilung einer Geistseele vom Körper bei Descartes vorweg und verband sie ganz explizit mit der Annahme einer Unsterblichkeit der Seele über den toten Körper hinaus. In diesem Sinn beschwichtigt etwa Sokrates im Sterbedialog *Phaidon* – im Rahmen einer Suizidsitzung – seine nächsten Freunde. Platons (und also Sokrates') ›Argumente‹ für die Unsterblichkeit sind heute nur noch von historischem Interesse, an sie zu erinnern lebt von der großen Verehrung, die man diesen mythischen Gründerfiguren der europäischen Philosophie zollt.

Erst Descartes hat den Verhältnissen von Körper und Geist eine rationale Grundlage zu geben versucht. Er hat vermutlich stärker als jeder andere Anschauungen präzisiert, die jeder einmal hat, wenn er sich mit einem Anfall von Abscheu gegenüber seinem kranken Körper fragt: Diese matte Ansammlung von

Fleisch und Knochen, die hier herumliegt, das bin doch nicht ich? Descartes hat den Ausdruck ›Seele‹ auf ein begriffliches Nebengeleis geschoben und einen quasi-wissenschaftlichen Begriff ins Zentrum gerückt: ›Geist‹ – nicht ohne gleichzeitig eine Konvergenz mit dem religiösen Versprechen des ewigen Lebens anzudeuten, nur eben wissenschaftlich.

Ein eher schwieriges seiner verschiedenen Argumente lautet so. Im radikalen Zweifel kann ich an allem Materiellen, und so auch an meinem Körper, zweifeln. Hingegen kann ich nicht daran zweifeln, dass ich zweifle. Ein Stück Gewissheit bleibt mir also, und das ist eine Gewissheit über meinen Geist in Aktion. Also existiert mein Geist. Ob mein Körper existiert, erfahre ich nur durch Botschaften von ihm, wie etwa durch Schmerzen. Meist empfinde ich etwas, so dass der Körper wohl existiert. Aber das ist zufällig und nicht zwingend. Also *kann* der Körper existieren, während der Geist existieren *muss*. Man kann den Körper von mir wegnehmen, den Geist hingegen nicht. Also ist der Geist unabhängig vom Körper. Und deshalb kann er den Körper überdauern. Die Schwierigkeit in diesem Argument liegt darin, dass es vom Erkennen übergeht zu Annahmen über die Existenz. Das ist ein unklarer Übergang, den man bezweifeln kann. Wie immer man es genauer ansieht, es ist deshalb ein Argument mit Fragezeichen.

Die eigentliche Herausforderung liegt in einer anderen Formulierung, die er uns hinterlassen hat, dem Cartesianischen Dualismus. Wenn wir nicht bereits von den Vorstellungen Körper und Geist ausgehen wollen, deren Zusammenhang rätselhaft ist, können wir von Eigenschaften oder Teilen ausgehen. Die geistigen Eigenschaften und Dinge wiegen nichts und verdrängen kein Wasser. Die materiellen sind nicht geizig, heuchlerisch oder langweilig. Meine Handknochen sind nicht Teile meines Versuchs, ein Omelett zu braten, sie sind nur Teile meiner Hand, die ich beim Braten benutze. Meine Hand kann geschickt sein, aber die Knochen sind es nicht. Wenn meine Hand, ebenfalls Materie, geschickt ist, dann steckt wohl die Fähigkeit in ihr, sie richtig zu bewegen. Also meine ›lebendige‹ Hand ist sowohl Materie wie Geist. In dieser ›Beseelung‹ haben manche, wie Merleau-Ponty, eine Lösung im Sinn eines

›Leibs‹ gesehen, der Körper und Geist in sich bereits vereint. Das mag ein Stück weit auch helfen, aber wie die Knochen Teil meiner lebendigen Hand sein können, ist damit nicht erklärt. Es könnten lebendige Knochen sein, und vielleicht ist das ein Lösungsansatz, so weit aber bestenfalls ein Ansatz. Eine zusätzliche Auskunft ist nötig.

(Die Rede vom Leib im Deutschen benötigt eine Anmerkung. In der deutschsprachigen Literatur ist häufig die Rede vom ›Leib-Seele-Problem‹, worin Mehrdeutigkeiten enthalten sind. Das Deutsche ist gegenüber dem Französischen und Englischen darin einzigartig, dass es eine klare begriffliche Trennung von ›Körper‹ und ›Leib‹ kennt, während diese anderen Sprachen den Leib mit Qualifizierung innerhalb des Körperbegriffs benennen müssen: ›corps vecu‹ oder ›lived body‹. Die Trennung von ›Leib‹ und ›Körper‹ aber unterstellt, sind Leib und Seele nicht mehr gegensätzlich, was der Literatur offensichtlich entgeht, weil sie die phänomenologische Tradition ignoriert. Deshalb ist die angemessene Benennung des Problems, wie ›body-mind‹ im Englischen, die von ›Körper-Geist‹ im Deutschen.)

In einfachster Übersicht gibt es drei Arten von Antworten auf das Körper-Geist-Problem: die idealistische, die materialistische und die korrektive. Idealistisch würde man antworten, dass ich wesentlich mein Denken und Fühlen bin, der Körper vernachlässigbar ist. Radikal gedacht bin ich dann auch vom Körper nicht abhängig, denn wäre ich es, könnte ich mich von ihm nicht vollständig distanzieren. Diese Antwort scheint daran zu scheitern, dass die Abhängigkeit vom Körper allzu offenkundig ist, vielleicht weniger beim Tod, denn wie will man die Spekulation der entweichenden Seele widerlegen, als vielmehr bei allen durchschnittlichen Einflüssen des Körpers auf die Seelenzustände. In vielen Lebenslagen zeigt sich der Geist – das reale geistige Leben – als abhängig von Zuständen des Körpers. Wer möchte, davon ausgehend, da noch Vertrauen in die Unabhängigkeit des Geistes haben?

Also Materialismus. Das wichtigste Prinzip der Materialisten ist das der kausalen Geschlossenheit. Damit ist eine Voraussetzung für alle kausalen Beziehungen genannt, sie benötigen eine materielle Grundlage. Es gibt keine Telekinese. Wir können den Pfeil materialistisch nur fliegen lassen, wenn die Absicht, den Pfeil fliegen zu lassen, und der fliegende Pfeil in einem gemeinsamen materiellen System liegen. Die Absicht, den Pfeil fliegen zu lassen, muss eine neuronale Seite haben. Das einmal festgehalten, kämpfen die Materialisten jedoch mit dem Einwand, dass sie etwas unberücksichtigt lassen. Entgegen gehalten wird ihnen etwas, was jenseits des neuronalen Feuers zu liegen scheint: Bewusstsein.

Der Einwand wird so formuliert, dass es ein typisches *Wie-es-ist*-Bewusstsein oder ein Fühlen-*wie* in unserem Denken und unserer Wahrnehmung gibt. Mein Schmerz von heute ist ein Stechen, gestern war es ein Ziehen. Die Glätte dieses Steins, die Rauheit des anderen in meiner Hand. Manche Philosophen überspitzen diese Erfahrungen und haben mit dem Kunstwort ›Qualia‹ eine neue Größe erfunden. Auch wenn man dieser Erfindung einer eigenen Dimension von Qualia nicht folgt, das Phänomen ist unbestreitbar: Es gibt Bewusstsein, teils eines ohne subjektives Empfinden – wie beim Glauben und Meinen –, teils eines mit Empfinden – wie bei Schmerzen oder Lust. Während es wohl möglich ist, Roboter aus Blech und Strom zu bauen, die äußerlich so gut wie alles können, was auch wir können, und damit dem Modell der Materialisten entsprechen, so sind sie eben nicht menschlich, denn sie haben kein Bewusstsein.

Das Defizit ist prinzipiell. Wenn die Neurowissenschaften weiter vorangeschritten sind als heute, werden sie vielleicht in der Lage sein, ein bestimmtes Empfinden objektiv zu identifizieren. Wenn sich Robert freut, wird der Neuronenbeobachter berichten können, dass sich Robert freut. Vielleicht wird er es sogar objektiver können als Robert selbst, angenommen, Robert ist abgelenkt oder will sein Sichfreuen unbewusst unterdrücken. Wohin immer diese Perfektion führen kann, der Beobachter kann nicht das Sichfreuen fühlen, seine Beobachtung und Erklärung bleiben dem subjektiven Empfinden äußerlich. Sie müssen ihm äußerlich bleiben, weil die Standpunkte, von denen der geistige Zustand identifiziert wird, verschieden und nicht vereinbar sind. Die Aktivität der Neuronen ist nicht Bewusstsein, weil Bewusstsein einen subjektiven Zugang hat, und das ist nicht dasselbe wie Neuronenaktivität.

Damit scheint klar, Idealismus und Materialismus können das Körper-Geist-Problem nicht lösen. Die dritte mögliche Antwort habe ich mit ›korrektiv‹ angedeutet. Wenn ein Problem prinzipiell nicht zu lösen ist, ist es vielleicht falsch gestellt. Nicht zwingend, aber möglich. Beruhigend kann man darauf hinweisen, dass dieses Misslingen keine Katastrophe wäre. In der Realität gelingt offensichtlich die Verbindung, die Descartes zum Problem hat werden lassen. Der eine Extremfall, dass wir Roboter sind, scheidet aufgrund des lebendigen Bewusstseins aus, beruhigend. Der andere Extremfall, dass wir unsterblich sind, scheidet wohl auch aus, weniger beruhigend. Wir sind also Geist und Körper, oder besser gesagt, Bewusstsein und Körper; man kann ›Geist‹ als Zusammenfassung aller bewussten Fähigkeiten verstehen. Dabei gibt es allerdings einen Übergang zum ›objektiven Geist‹, womit man vor allem in Anschluss an Hegel die Denkwelt einer Gesellschaft oder einer Epoche meint. Als bewusste Wesen haben wir Anteil an diesem gesellschaftlichen Geist, was aber unser Problem nicht löst.

Das Problem ist: Unser Bewusstsein und unser Körper befinden sich an ein und demselben Ort, aber wir können uns nicht erklären, wie das möglich ist. Denn beide sind so verschieden, dass eine Verbindung unmöglich erscheint. Also können sie nicht an einem Ort sein. Das Problem ist dieser Widerspruch. Hat die korrektive Antwort dazu eine Lösung? Die Lösung lautet: Es gibt eine externe und eine interne Weise, die Frage nach der Verbindung von Körper und Geist zu stellen. Extern wird die Frage unlösbar, intern hingegen nicht. Offensichtlich ist jeder und jede von uns Körper *und* Geist. Wir sind also beides, deshalb müssen wir uns in je uns versetzen und die Verbindung beider aus einem subjektiven Blickwinkel angehen.

Habe ich einen Körper? (2)

KURZE ANTWORT: Ich habe und ich bin, und das Verhältnis beider ist beachtenswert.

LANGE ANTWORT: Im realen Leben ist das Problem, wie Körper und Geist zusammenhängen, offensichtlich gelöst, sie hängen zusammen. Aber vielleicht ist das bereits eine falsche Formulierung, weil das Problem nur für uns besteht, die wir es nicht verstehen. Deshalb ist es nützlich, zwischen zwei Zugangsweisen zu unterscheiden. Die eine ist eng verbunden mit dem Materialismus, wobei man sie besser die standpunktlose oder absolute Zugangsweise nennen sollte, denn diese Voraussetzungen stehen meist hinter dem Materialismus. Die andere ist die standpunkthafte oder relationale Vorstellung, die zur Ablehnung des Dualismus von Descartes und des materialistischen Monismus führt. Die relationale Position ist deshalb die bereits genannte dritte neben Idealismus und Materialismus, die korrektive.

Mit ihr geht allerdings die Gefahr einher, dass sie von der nicht-alltäglichen Denkweise dieser beiden ›ontologischen‹ Ansichten unvermittelt auf alltägliche Erfahrungen springt. Diese Erfahrungen sind natürlich nicht uninteressant, und am Ende geht es nur um sie. Aber die Ontologen fühlen sich dann nicht ernst genommen und bleiben bei ihrer Meinung. Wenn man korrektiv aus dem ontologischen Käfig ausbrechen will, muss man ihm erst auf der Ebene der in ihm üblichen Argumente begegnen.

Unsere platonische, christliche und cartesianische Tradition hat die alltägliche Intuition der Zweisubstanzensicht von Menschen so verbreitet, dass dadurch die biologische und medizinische Wissenschaft von Menschen erst möglich geworden sind. Aufgrund dieser Zweiteilung kann sich die Medizin ungetrübt dem materiellen Körper widmen, wie sich umgekehrt die Psychologie ungetrübt dem Geist widmet. Ihrer Art nach ist beides eine materialistische Sichtweise, denn für materielle Körper ist die standpunktlose Analyse angemessen. Kohlestücke haben keinen Standpunkt, sie chemisch zu zerlegen kollidiert nicht mit ihren Absichten. Bereits viele Tiere, besonders aber Menschen, haben einen Standpunkt, eine subjektive Perspektive auf sich und die Welt. Sie standpunktlos zu denken, geht deshalb an ihnen vorbei, in materialistisch-monistischer Variante auch an ihrem Körper. Denn der Körper ist nicht einfach materiell, er ist Leib, ein subjektiv belebter Körper. Wenn ein Leib vorhanden ist, so nicht nur messbare Mengen von Materie, sondern mindestens auch Empfindungen, beginnend mit der Propriozeption, einer inneren Erfahrung des Leibs und seiner Teile.

In korrektiver Sicht tritt das Körpersein und Körperhaben an die Stelle der Begriffe von Körper und Geist. Der Unterschied in den beiden Begriffspaaren ist bereits aufschlussreich. Die Formulierung ›Körper-Geist-Problem‹ legt in der nichtrelationalen Verwendung zweier Substantiva, also zweier Dinge, bereits den Grundstein des Problems und seiner nachfolgenden Unlösbarkeit. Die beiden Dinge werden auf eine Weise eingeführt, die jede mögliche Verbindung ausschließt. Hingegen sind Sein und Haben zwei Existenzweisen, die zwar gegensätzlich sind, aber nicht ausschließen, dass ein und dieselbe Person sie abwechselnd zeigen kann. Wenn wir uns in diese Person, also in uns, hineinversetzen, dann wird klar, dass diese beiden Erlebnisweisen des Körpers typisch sind für vieles, was den Körper betrifft. Helmuth Plessner hat das auf eindrucksvolle Weise beschrieben. An die Stelle einer erfahrungslosen cartesianischen Metaphysik tritt in der korrigierten Körperlehre der Nachvollzug unseres Körperlebens, unseres Wahrnehmens am und mit dem Körper, verbunden mit dem An- und Verwenden des Körpers.

Weder auf das Haben noch auf das Sein lässt sich in unserer Körperwahrnehmung verzichten, was man müsste, hinge man einer der beiden metaphysischen Theorien an, Idealismus oder Materialismus. Dem Idealismus zufolge wäre der Körper mir äußerlich, wäre Werkzeug meines Geists, dem Materialismus zufolge wäre alles an mir Materie. Im ersten Bild wäre offen, was ich nun bin im Sinn eines Verhältnisses, im zweiten hätte ich kein Verhältnis zu meinem Körper, denn ich wäre ja er. Tatsächlich ›erfahren‹ wir subjektiv beide Zustände. Wir setzen Teile des Körpers, oder auch den ganzen, ein, um etwas zu erreichen, gebrauchen ihn als Werkzeug. Und wir ziehen uns ganz vom Tun zurück und ruhen im Körper, etwa beim Schlafen oder ermattet nach einer Anstrengung. Der Körper ist nicht nur Instrument, sondern Erfahrungsobjekt. Im weiten Sinn, weil wir durch ihn Kontakt mit der räumlichen Welt haben, im engen Sinn, weil er unserem Handeln und insgesamt unserem Leben Räume eröffnet wie auch Grenzen setzt.

In diesen Beschreibungen muss man nicht wieder gedanklich in zwei Substanzen zurückfallen. Sicher, man kann fragen, wer es denn ist, der Körper ist und Körper hat. Die Antwort muss sein: eines, ein Standpunkt oder ein Ich. Aber nichts zwingt dazu, dieses eine als Geist oder Körper zu bestimmen oder als ein mysteriös Drittes. Indem ich mein Körper bin, bin ich nicht bewusstlos, obwohl ich natürlich schlafen kann. Indem ich meinen Körper habe, ihn so oder so verwende, ist auch der Körper diese Verwendung. Die Gleichzeitigkeit von mental und materiell, Geist und Körper, wird nicht mehr durchbrochen, es entsteht auch nicht das Rätsel, wie man beides zusammenfügen kann. Wenn mein Körper kein Bewusstsein mehr hat, ist er nicht mehr mein Körper, sondern eine Leiche. Dasselbe für ein Bewusstsein anzudenken, das keinen Körper hat, erübrigt sich, denn ein solches Bewusstsein ist uns noch nie begegnet. Nach allem, was wir über das Gehirn wissen, werden wir ihm auch nie begegnen.

Zahlreiche Begriffe und Beschreibungen unserer Alltagserfahrungen belegen die korrektive Position, Plessner nennt sie die ›exzentrische‹, weil die Differenz von Sein und Haben eine für Menschen typische Selbstbezüglichkeit eröffnet. Am häufigsten sind wir, wenn auch nicht immer bewusst wie beim genüsslichen Liegen, unser Körper. Aber jederzeit können wir unseren Körper bewusst einsetzen, ihn zu kontrollieren versuchen, also uns zu ihm in Beziehung setzen. Nur wer eine Metaphysik anwenden will, sieht darin eine Zweiteilung. Handlungen, Empfindungen, Emotionen haben einen psychophysischen Doppelcharakter, den man besser nicht weiter in die beiden Substanzen zerlegt, will man nicht wiederum ein unlösbares Rätsel erzeugen. Handlungen sind leibhafte, zielgerichtete, überlegte Ereignisse und nicht Absichten, die kausal Körperbewegungen hervorbringen. Das noch größere Anwendungsfeld der Annahme des immer bereits psychophysisch vermittelten Leibs liegt im Nachvollzug der Erfahrungen, die wir von unseren körperlichen Ausdrucksweisen haben. Mimik und Gestik, Gesicht und Augen drücken Zustände aus, die sich nicht aufs rein Körperliche reduzieren lassen. Der gesamte Körper drückt in manchen Situationen den ganzen Zustand aus, eine seelische Verfassung von Freude oder Leid. ›Ausdrücken‹ ist dabei nicht instrumentell zu verstehen, der Ausdruck ist keine kausale Folge einer rein geistigen Absicht. Das körperliche Ausdrücken ist notwendiger Bestandteil von Freude oder Leid, wenn auch nicht vollständiger. Zu Freude und Leid gibt es auch einen empfindenden Zugang, neben dem zu beobachtend körperlichen.

Wenn jemand an der Substanzenidee festhalten wollte, müsste er alle körperlichen Ausdrucksweisen als instrumentell kontrollierte interpretieren. Da wir manchmal bewusst täuschen, andere manipulieren, schauspielern, uns verstellen, sind wir dazu natürlich fähig. Eine Grenze hat dieses Körperhaben jedoch im Lachen und Weinen. Künstliches Lachen und Weinen entdeckt man, echtes ist erkennbar. Plessner hält Lachen und Weinen für Grenzformen unserer Ausdrucksweisen, weil bei ihnen unsere sonst aufrechterhaltende Selbstkontrolle zusammenbricht. Lachen und Weinen sind unwillkürlich, wenn sie echt sind. Wenn man das so versteht, dass damit der Körper gegen den seelischen Zustand die Überhand gewinnt, dann ist diese Einordnung verständlich. Und sicher ist auch, dass Lachen und Weinen neben dem Orgasmus die für die menschliche Existenzweise ausdrucksstärksten Phänomene sind, lässt man einmal alle Vernunftideale von Menschen beiseite.

Die Schwäche dieses Versuchs, die klassische Ontologie mit unserer Alltagserfahrung korrigieren zu wollen, liegt jedoch darin, dass die gedankliche Kluft zwischen ihr und der Alltagserfahrung übersprungen wird. Der Cartesianer kann deshalb sagen, dass er sich überhaupt nicht angesprochen fühlt. Natürlich kann man die psychologische Erfahrung in zwei Klassen einteilen, wobei eine eher einem Sein oder Passivität, eine andere eher einem Haben und Aktivität ähnelt. Aber das sind Verhaltensweisen, die als solche die ›ontologische Ebene‹ nicht erreichen. Sie tragen zum klassischen Problem überhaupt nichts bei. Der Cartesianer kann diese Diagnose damit unterstreichen, dass er zeigt, wie innerhalb der psychologischen Beschreibungen die grundsätzlichen Fragen nach wie vor entstehen, die Motive für die Zweisubstanzensicht also nicht beseitigt worden sind. So kann etwa die Frage gestellt werden, wie die beiden Einstellungen, die psychologisch Sein oder Haben sein sollen, zusammenhängen. Jemand kann sein ›Körper sein‹, indem er sich dem Schlaf ergibt. Und jemand seinen ›Körper haben‹, indem er sich zwingt, über einen Graben zu springen. Dass es derselbe Körper ist, lässt sich beobachtend feststellen, aber worin liegt die Sicherheit, dass dieser ›Jemand‹ dieselbe Person ist? Die psychologischen Beschreibungen setzen das voraus, aber erklären es nicht.

Um die Lage etwas zu entspannen, kann man sie so auffassen, dass es um die Konkurrenz zwischen zwei Theorien geht, ähnlich wie zwischen zwei wissenschaftlichen Theorien. Beide unterscheiden sich durch den unterschiedlichen Zugang zum Verhältnis Körper-Geist, einen absoluten aufseiten des Cartesianers und einen subjektiven oder relationalen aufseiten des Anti-Cartesianers. Welcher Zugang der richtige ist, lässt sich nicht allein an ihm selbst entscheiden, sondern nur an allem, was daraus folgt. Die Probleme sind ganz verschiedene. Nach der absoluten Herangehensweise stellen sich manche (Peter Bieri) das Gehirn als große Fabrik vor, innerhalb derer sie fiktiv herumgehen können und versuchen, das Bewusstsein zu entdecken. Andere schildern anhand des Versuchs, die subjektive Sicht von Fledermäusen nachzuvollziehen (Thomas Nagel), die Aufgabe als eine ähnliche wie die, ein so exotisches Subjekt zu entziffern. Die objektive Welt ist dagegen natürlich völlig bekannt. Der relationale Zugang hingegen verteilt die Probleme genau entgegengesetzt. Unser subjektives Erleben ist uns, von Zuständen der Trunkenheit, Panik usw. abgesehen, klar genug und die objektive Welt erfahren wir nur über dieses Erleben.

Zu erklären ist deshalb nicht das Mysterium des Bewusstseins, sondern die Existenz und Beschaffenheit der Außenwelt. Darauf hat die anti-cartesianische Tradition eine berühmte Antwort in Form der Intentionalitätslehre Husserls. Kurz gesagt: Das Bewusstsein ist immer bereits auf reale Dinge gerichtet, ein Zerfall in subjektive und objektive Welten ist deshalb ausgeschlossen.

So weit ist damit die Konkurrenz zwischen den beiden Theorien in kürzester Form dargestellt. Wenn ich mich auf die Seite der korrektiven, relationalen Position schlage, so aus zwei Gründen. Erstens ist die entsprechende Antwort viel einfacher und besser mit unserem alltäglichen Denken vereinbar. Etwas böswillig könnte man sagen, den Cartesianern entgeht, dass das Alltagsdenken ihr Problem gelöst hat. Sie müssen es bagatellisieren und einen ganz anderen Diskurs erschaffen. Und zweitens ist die relationale Lösung nützlicher, die absolute auf verschiedene Weisen sozial gefährlich. Natürlich kommt der Streit damit nicht an ein Ende, denn bei Theorien gibt es immer Auswege und Methoden, das Ende zu verschieben.

Muss man ein unabhängiges Ich annehmen, um zu erklären, dass die über den Graben springende Person und die sich dem Schlaf ergebende ein und dieselbe sind? Damit wird wieder die Vorstellung wachgerufen, dass ein bewusstes Ich wie eine unabhängige Behörde das körperliche Handeln kontrolliert. Tatsächlich ist das weder nötig noch wäre es mit diesem Kniff möglich. Es ist nicht möglich, weil das angenommene Ich entweder – als bewusstloses – mysteriös bleibt oder seinerseits eine weitere Kontrollinstanz für seine bewussten Gedanken benötigte, und diese wiederum eine weitere usw. ad infinitum. Es ist aber auch nicht nötig, weil die Gedanken, Wünsche und Absichten für sich selbst sorgen können. Sie sind immer an ein Ich geknüpft, aber sie benötigen dieses Ich nicht zur Kontrolle. Wenn ich wünsche, dann bin ich bereits ein wünschendes Ich und kann innerhalb dieser Einstellung den Wunsch nicht kontrollieren. Dazu benötige ich einen anderen Wunsch oder Ähnliches, also immer einen weiteren Einstellungsinhalt, nicht ein abstraktes Ich. Kurzum, die Einstellungen sorgen für sich selbst, ohne dadurch Ich-los zu sein.

Die Versuchung, ein rein geistiges Ich zu postulieren, kommt auch von unserer Gewohnheit, im Schema von Dingen zu denken und dieses Schema auch anzuwenden, wenn ›ich‹ gesagt wird. Dagegen muss man sich klarmachen, dass das Wort ›ich‹ nichts anderes ist als ein Stellvertreter, wie ›hier‹ und ›jetzt‹ Stellvertreter sind, die man nicht verstehen kann, wenn man sich nicht an einem Ort und zu einem Zeitpunkt befindet. ›Hier‹ vertritt einen Ort und ›ich‹ vertritt einen Menschen, zu dem, nach allem, was wir wissen, auch ein Körper gehört. ›Ich liebe dich‹ ist keine Aussage, in der ein Geist einem anderen Geist, unabhängig von Körpern, etwas mitteilt; aber natürlich sagt auch nicht einfach ein Körper einem anderen Körper etwas. Auch von einer ›psychophysischen Einheit‹ zu reden (wie Plessner), ist irreführend, denn dahinter glimmert nach wie vor die Vorstellung zweier Teile auf. Worum es geht, ist ein bewusstseinsfähiges körperliches Ding, das beide Eigenschaften zugleich hat und sich selbst in beiden Eigenschaften identifiziert.

Das Exzentrische bei Menschen zeichnet sich dadurch aus, dass dieses Ding sich sowohl auf sich, scheinbar unkörperlich, wie auf seinen Körper beziehen kann, scheinbar ungeistig. ›Ich wärme mich vor dem Kamin auf‹ kann auch gelesen werden als ›ich wärme meinen Körper vor dem Kamin auf‹, aber nicht als ›mein Körper wärmt sich vor dem Kamin auf‹. Das Sichaufwärmen ist ein Beispiel für Körperhaben. Die dabei erkennbare Distanz zwischen mir und meinem Körper kann nicht ins Endlose betrieben werden, sie hat Grenzen. ›Ich bin nicht verletzt worden, nur meine Hände‹ ist nicht sehr sinnvoll, ›ich habe einen Zahn verloren‹ hingegen schon. Ich bleibe intakt, auch ohne einen Zahn, hingegen nicht ohne Hände. Mein Zahn ist kein Teil von mir, wenn auch meines Körpers. Meine Hände sind ein Teil von mir, denn sie sind Teil der Art und Weise, wie ich der Welt begegne. Ohne Hände bin ich immer noch eine Person, aber eine andere; ohne diesen Zahn bin ich dieselbe.

Mit diesen sprachlichen Tests lässt sich umreißen, teilweise strittig, was am Körper notwendig ist für mich. Das nun ist, ontologisch gesprochen, das Körpersein – im Unterschied zur psychologischen Erfahrung des ermatteten Liegens. Das Sein ist nicht etwas, das man willentlich herbeiführen kann, es ist oder ist nicht. Als Sein des Körpers insgesamt liegt es meinen Entscheidungen voraus. Dass ich nicht diese Person bin oder wäre, ohne Hände, Augen, Hörsinn, intaktes Gehirn usw., das ist etwas, das mir *gegeben* ist. Damit ist nicht ausgeschlossen, dass ich gleichzeitig alles Körperliche an mir als Haben auffassen kann – denn natürlich kann ich Hände, Augen, Hörsinn, Gehirn auch zerstören, nur eben dann teilweise oder ganz auch mich. Ich kann meinen Körper instrumentell verändern, aber damit nicht verhindern, dass ich damit auch mich verändere.

Wie erwähnt, besitzt das Deutsche die Möglichkeit, diese Differenz zwischen Körpersein und Körperhaben mithilfe des Unterschieds von ›Körper‹ und ›Leib‹ auszudrücken. Der Körper ist danach das materielle Ding, der Leib der belebte oder bewegte Körper. Der Körper ist absolut, eigenständig wie ein Stück Holz in der räumlichen Umwelt, der Leib ist relativ, nämlich relativ zu jemanden, der oder die den Leib hat. Die phänomenologische Tradition, zu der Plessner gehört, hat diesen Unterschied und seine Folgen ausführlich analysiert. Sie versteht sich als Korrektiv gegenüber der absoluten Vorstellung vom Körper.

Das damit erreichte Ergebnis ist keineswegs nur eine metaphysische Marotte oder entspringt dem Steckenpferd von Sprachpuristen. Vielmehr steht der Unterschied zwischen Körper und Leib im geschilderten Sinn für verschiedene praktische Haltungen, deren Qualität man ohne sie nicht erkennen würde. Die absolute Vorstellung vom Körper zieht nicht nur, was harmlos ist, eine Menge fruchtloser Philosophie nach sich, sondern führt auch zu unrealistischen Erwartungen gegenüber der Gehirnforschung, zu phantastischen Prognosen über künstliche Intelligenz und besonders zur Verachtung der Psychosomatik. Die korrektive Sicht (Leib) führt zum Interesse daran, wie der Körper in seiner menschlichen Beschaffenheit die psychischen Eigenarten prägt. Die relationale Vorstellung vom Körper ist offen gegenüber der Verschiedenheit von Sehenden und kongenital Blinden, Hörenden und Gehörlosen, Menschen mit und ohne Beine, Arme, Finger, Gesicht, Menschen mit den einen oder anderen Geschlechtsteilen. Sie ist offen und interessiert an der

Rolle von Schönheitsoperationen und allen anderen möglichen artifiziellen Änderungen des Körpers, die in Zukunft üblich sein werden. Nicht zuletzt dieser unbestreitbare Nutzen sollte helfen, der cartesianischen Thematik nicht nur metaphysisch, sondern ganz praktisch mit Vorsicht zu begegnen.

Soll ich meinen Geburtstag ernst nehmen?

KURZE ANTWORT: Ja, als Anlass für Einverständnis oder staunende Erwartung.

LANGE ANTWORT: Anders als Kinder haben die meisten Erwachsenen häufig ein gebrochenes Verhältnis zu ihrem Geburtstag. Das verweist auf einen Hintergrund und eine tieferliegende Dramatik. Die Dramatik ist einfach zu erklären. Der Geburtstag erinnert uns weniger daran, dass wir geboren wurden, als dass seit der Geburt bereits einige Zeit vergangen ist. Er erinnert uns daran, dass unser Leben in zeitlichen Grenzen verläuft. Etwas versteckt mahnt uns der ›Geburtstag‹ nicht, wie man aufgrund des Worts vermuten könnte, an die glückliche Geburt – als vielmehr an den Tod. Nicht an den Tod im Allgemeinen und ganz abstrakt, sondern an *unseren* Tod. Der Geburtstag stößt uns jedes Mal darauf, dass *wir* sterben werden. Darauf wird man nicht gern hingestoßen.

Eine etwas mildere, den meisten sicher geläufige Erklärung ist, dass wir ungern älter werden. Zu jedem Lebenszeitpunkt sind wir älter als davor und müssen uns damit arrangieren, dass wir zunehmend, relativ gesehen, ›alt‹ sind. Wiederum ist das für Kinder kein Problem, sie können es kaum erwarten, älter zu werden. Weil sie ein rein positives Verhältnis dazu haben, älter zu werden, können sie ihren Geburtstag so ungebrochen fröhlich feiern. Natürlich sind sie in dieser Erwartung naiv. Sie erkennen anders als die Erwachsenen nicht ihr bisheriges Leben, sondern nur die sich steigernden Lebensmöglichkeiten, die sie an den Erwachsenen bewundern. Die Kehrseite dieser erweiterten Freiheit bleibt ihnen meist verborgen, denn sie stellen sich das Erwachsenenleben nur als ein Kinderleben mit mehr Möglichkeiten vor. Dass dieses erweiterte Leben Bürden hat und dass es einem Ende zugeht, das können sie sich noch nicht vorstellen. Deshalb sehen wir sie auch, und uns je im Nachhinein, als unüberbietbar und unwiederbringlich glücklich.

Dass es nie mehr möglich ist, so glücklich zu sein wie ein Kind, verschärft noch die Frage nach dem Geburtstag. Denn unstrittig scheint das Glück ein Lebenswunsch, und wenn es einfacher ist, im kindlich-naiven Zustand glücklich zu sein als im informiert-erwachsenen, warum dann nicht auch im Erwachsenenalter den kindlichen Zustand so weit als möglich kultivieren? Gegen diese Strategie steht im Allgemeinen die Einsicht, dass sich die Realitäten im Leben nicht umgehen lassen. Ignoriert man sie einfach und steht nicht unter dem Schutz der Eltern wie die Kinder, dann melden sie sich mit größerer Dringlichkeit nur etwas später. Für die Erwachsenen ist im Gegensatz zu den Kindern das Glück nicht einfach durch frohes Erwarten zu haben, sondern nur durch, mindestens auch, Klugheit. Das erwachsene Glück ist als solches viel weniger geschenktes Glück als das der Kinder, es erfordert ein geschicktes Manövrieren zwischen verschiedenen Realitäten.

Allerdings, könnte man einwenden, gerade in Bezug auf den Punkt, um den es hier geht, ist das naive Verhältnis zum eigenen Leben nicht gefährlich. Daran, dass unser Leben endlich ist und dem Tod entgegen geht, können wir ja grundsätzlich nichts ändern – anders als bei vielen anderen Dingen, die klug zu meistern günstiger ist als unklug. Die größte Klugheit kann an diesem Faktum nichts ändern, warum sich also mit ihm gedanklich beschweren? Die Folgerung wäre dann, dass man sich mit dem eigenen Geburtstag eher nicht abgeben sollte. Ihn verdrängen, bagatellisieren, vergessen wäre die bessere Lösung. Und soweit wir das nicht können, uns doch nicht mit Selbstzweifeln plagen, wonach wir etwas falsch machen, wenn wir es unterlassen, das ›Leben‹ oder speziell unser Leben gebührend zu feiern. Die Zumutung, dass wir am Geburtstag angesichts seiner Endlichkeit dankbar sein sollten, können wir dann beruhigt weglächeln.

Diesem wie es scheint befreienden Ratschlag stehen allerdings Einsprüche entgegen. Ein Einspruch stammt aus der Philosophie Heideggers. Nach einer berühmt gewordenen Formulierung in *Sein und Zeit* ist das Leben ein ›Vorlaufen zum

Tod‹ und das ›lebendige‹ Lebensgefühl ist eines, das sich dieses Vorlaufens bewusst bleibt, anstatt es zu verdrängen. Wenn man bis eben gedacht hätte, das generelle Faktum des eigenen Tods in der Zukunft zu ignorieren sei doch, von akuten Situationen der Krankheit einmal abgesehen, völlig in Ordnung, dann wird man von Heidegger eines Besseren belehrt. Ihm zufolge nötigen das Lebensbewusstsein und ja, der Lebensmut, dazu, das eigene Todesschicksal vor Augen zu haben. Ein den eigenen Tod verdrängendes Bewusstsein wäre irgendwie schwach und bedauernswert und jedenfalls weniger wertvoll als das todesbewusste. Ganz so, als ob sich auf alle durchschnittlichen Handlungen ein heiliger Todesernst legen sollte und diese Handlungen erst dadurch eine maximale Entschiedenheit und Bedeutung erhielten.

Diese Heidegger'schen Ansichten mögen überzogen erscheinen, und das gerade in Verbindung mit dem Geburtstag. Unzweifelhaft hat der Geburtstag ja mit der Geburt zu tun und also mit einem Beginn und nicht einem Ende. Allerdings ließe sich auch nicht begründen, warum man die reale Geburt als ein isoliertes und darin scheinbar willkürliches Ereignis feiern sollte. Die Geburt im engsten Sinn ist ein biologisches Ereignis und eine menschliche Bedeutung erhält sie nur durch das darauffolgende Leben. Den Geburtstag als rückverweisend auf die Geburt kann man nur wertend erfassen, indem man das folgende Leben in den Blick nimmt. Der Hinweis auf das Todesbewusstsein ist ein Bestandteil des Versuchs, das Leben als Ganzes zu denken. Das Leben als Ganzes wird nun einmal begrenzt durch Geburt und Tod. Und tatsächlich werden damit zwei Bewusstseinsweisen sichtbar. Einmal das kindähnliche Bewusstsein des Lebens im Jetzt ohne einen Versuch, das Ganze zu denken. Und zum anderen das Erinnern und Vorhersehen, das sich vom Jetzt entfernt. Die gewöhnliche, natürliche und beruhigende Einstellung ist die des Jetzt; die schwierige und unangenehme ist die des Erinnerns und, noch mehr, Vorhersehens. Es scheint klar, dass der Geburtstag eigentlich die zweite Einstellung erfordert, auch wenn man ihn wie ein Kind feiern möchte. Damit führt der Geburtstag meist einen tragischen Ton mit sich, dem man nur schwer entgehen kann.

Die Vermutung, dass sich das kindliche Bewusstsein beim Geburtstag bewahren ließe, weil der Umstand des zukünftigen Sterbens ja generell nicht verhinderbar ist, beruht also auf einem Irrtum. Mit dem Denken als Erwachsener kommt unausweichlich das Bewusstsein eines ›Lebensplans‹ ins Spiel, eine Vorstellung von Früher und Später, so dass es nur mehr darum gehen kann, wie weit der zeitliche Fokus dieses Plans gefasst wird und wie ernsthaft es ein Plan sein soll oder kann. Ein Leben ganz ohne einen solchen Plan, also ohne eine ausgreifende Sorge um das eigene Leben, ist mit hoher Wahrscheinlichkeit schlechter als eines mit dieser Sorge.

Worin diese Sorge bestehen kann, ist ein eigenes Thema, das viele Bücher zur Lebenskunst seit der Antike gefüllt hat. Im Zusammenhang mit dem Geburtstag interessiert hier nur die allerdings zentrale Frage, was an der Sorge dazu führen sollte, gerade den Geburtstag ernst zu nehmen. Sicher, sich um sich sorgen bedeutet, die eigene Existenz zu schützen, also das Schützenswerte, also sich, für wertvoll zu halten. Hielte man sich für wertlos, würde man sich um sich nicht sorgen. Bei Obdachlosen und körperlich verfallenen Bettlern hat man diesen Eindruck, der den Beobachter dann meist beschämt. Unsere Argumentation unterstellt dabei gerne, dass die Selbstsorge gegeben ist und man nur auf die Fehler hinweisen muss, die der Betreffende macht und deretwegen er hinter seinem Ziel zurückbleibt. Aber die Unterstellung ist nicht zwingend, die Selbstsorge muss nicht gegeben sein, und ist sie nicht gegeben, kann sie aus der Sicht des Bettlers auch nicht begründet werden. Man könnte ihn bestenfalls zur Selbstsorge zwingen, um nicht anderen zur Last zu fallen.

Was wir voraussetzen müssen, ist also, dass Selbstsorge bereits gegeben ist. Das ist, abgesehen von den zerstörten Individuen, keine besonders starke Voraussetzung, und sie führt zu den gegensätzlichsten Interpretationen, die meist irgendwo zwischen Märtyrertum und Hedonismus angesiedelt sind. Wichtig ist, dass die Selbstsorge notwendig ein gewisses Maß an Selbstachtung, ein Gutfinden seiner selbst, enthält. Entsprechend der Kraft der Selbstsorge ist das Gutfinden wiederum unterschiedlich stark, unterschiedlich bewusst, bemüht oder gebrochen. Wenn das vorausgesetzt werden kann, erhält man daraus einen Hinweis auf den Geburtstag?

Dazu ist wichtig, inwieweit sich der Geburtstag für eine symbolische Rolle des sich Gutfindens und als Ausdruck der Selbstsorge überhaupt eignet. Vielleicht erscheint diese Frage sonderbar. Die Kulturgeschichte des Geburtstags zeigt uns aber, dass eine Geburtstagsfeier ein historisch ziemlich neues Phänomen ist, bekannt erst durch den Feudalismus und beschränkt auf den Adel, dann im 19. Jahrhundert übernommen vom Bürgertum und erst im 20. Jahrhundert sozial weiter verbreitet. Beginnend mit dem Adel diente die Geburtstagsfeier der sozialen Demonstration und Aufwertung und bis heute haben Geburtstagsfeiern vor allem im fortgeschrittenen Alter die Funktion, sich in einem sozialen Kreis positiv darzustellen. Aus der Sicht des Geburtstags-›kinds‹ erfüllt das die Funktion der sozialen Selbstbestätigung. Als eine interessante Antwort können wir diese Funktion deshalb streichen. Das Sichgutfindenlassen durch andere sollte ja voraussetzen, dass man sich selbst bereits gutfinden kann – und das genauer anhand des Geburtstags. Aber den Sinn von genau diesem geburtstagsgebundenen Akt haben wir bisher nicht entdeckt.

Eine häufig erwähnte und vielleicht naheliegende Vorstellung ist die eines Ausdrucks von Dankbarkeit. Natürlich ist der Anlass des Geburtstags streng genommen willkürlich, denn wenn man für sein Leben oder für sich selbst dankbar sein kann, dann wäre das jederzeit möglich. Angesichts der Abneigung gegen das Denken an das eigene Leben im Ganzen ist ein äußerer Anstoß jedoch nötig und der an sich willkürliche Termin des Geburtstags ist dafür geeignet. Aber macht die Dankbarkeit einen Sinn? Vielleicht für gläubige Menschen, die einem Schöpfer dankbar sind. Atheisten müssten dagegen ihren Eltern dankbar sein. Und die Eltern verdienen Dankbarkeit nur für die ›soziale Geburt‹, also die Jahre der Kindheit, entsprechend dem konkreten Verlauf und ihrer Rolle in dieser Kindheit. Das aber verbindet man kaum mit dem Geburtstag: Es wäre ein Dankesfest für die Eltern und nicht für das Kind. Irgendwie ist das Gefühl der Dankbarkeit, das viele empfinden oder zumindest äußern, ins Nichts hinein gezielt, ein Gefühl gegen nicht vorhandene Götter.

Man muss es beim Geburtstag vielleicht so sehen, dass ein zweites Ich einem ersten Ich einen Tribut zollt. Das zweite Ich staunt über das Leben des ersten Ichs und freut sich, manchmal, dass es dieses Leben gibt. Es kann, je nach dem Leben, auch trauern oder in einer gespaltenen Haltung verharren, wenn es mit dem ersten Ich und seinem Leben nicht einverstanden ist. Dann ist der Geburtstag keine Feier, sondern ein Anlass zur Selbstbesinnung, vielleicht ein durch den Termin erzwungener Anlass. Man muss den Geburtstag als Erwachsener, anders als beim Kind, also nicht feiern. Selbst im glücklichsten Fall des Einverständnisses mit dem ersten Ich und dem bisherigen Leben ist es idealerweise nur das: ein Einverständnis mit sich. Dann akzeptiert man, dass man dieses und kein anderes erstes Ich ist und dass das Leben so und nicht anders war. Nun, das ist der optimale Fall. In allen anderen sieht man in die Zukunft und blickt erstaunt auf das, was noch passieren könnte.

8

Kann mein Geist meine Liebste also nicht berühren?

KURZE ANTWORT: Wenn der Geist geistig ist, fällt das schwer – und in jedem Fall entscheidet sie.

LANGE ANTWORT: Wirklich wissen zu können, was in einem anderen Menschen vor sich geht, und zwar im ganzen Menschen, ist uns nur bei unseren Nächsten wichtig. Weil es uns so wichtig ist, kann die Erfahrung schockierend sein, wenn wir ihr oder sein Handeln nicht mehr verstehen. Abgründe in einem Streit, sprachlose Trennung, Gewalt statt Worte, aggressive Feindschaft statt Liebe, hatte man den anderen also noch nie richtig erkannt? Ist das möglicherweise der durchschnittliche menschliche Zustand, über den man sich im eigenen Interesse fortwährend täuscht? Reden und handeln wir nur mit verkörperten Projektionen unserer Wünsche, die sich auflösen, wenn das gemeinsame Begehren schwindet?

Die philosophische Kultur, in der wir leben, erleichtert diesen Verdacht. Die Kultur, die uns eine weitgehende Beherrschung der Natur verschafft hat, hat uns diese Natur zugleich als unmenschlich, fremd, aber strategisch eingerichtet gegenübergestellt. Es gibt Gesetze, aber keinen Sinn in der Natur. Die Natur ist Oberfläche und Materie, sie hat – anders als zu früheren Zeiten – kein weiteres Innenleben als eben die strukturierte Materie, aus der die erwartbare Reaktion erfolgt, wenn wir sie in unseren Dienst nehmen. Nennen wir diese Weltsicht (in Kraft seit Descartes 1629) ›Weltsicht 0‹. Weltsicht 0 basiert auf einem Dogma: Die Welt zerteilt sich in subjektives Eigenbewusstsein und objektive Fremdkörper. Weltsicht 0 hat eine irritierende Konsequenz.

Unsere Mitmenschen werden in ihr zu objektiven Fremdkörpern. Sollten sie, anders als die Kohle oder der Fischschwarm, ein Innenleben haben, so können wir das nicht wissen. Wir können es vermuten, weil sie uns äußerlich ähnlich sind, auch im Verhalten. Aber wir können nicht sicher sein, denn sie sind nicht wir. Dieser Zustand ist irritierend, denn er betrifft nicht einige geheime Absichten oder Erinnerungen, sondern das ganze Bewusstsein. In der neueren Philosophie des Geistes wird diese Irritation mit der Möglichkeit illustriert, dass unsere Mitmenschen ›Zombies‹ sein könnten. Philosophische Zombies sind Wesen, die uns in Aussehen und Verhalten völlig gleichen, aber kein bewusstes Innenleben besitzen. Die Existenz solcher Zombies, abgesehen von uns selbst, ist in der Weltsicht 0 nicht mit Gewissheit auszuschließen. Wir glauben, dass hinter der liebevollen Geste auch ein liebevolles Fühlen steckt. Wie wir so sind, kann die Geste auch gespielt sein. In einer Zombiewelt wird sie nicht gespielt, denn einen fühlenden Spieler gibt es in ihr nicht. Das nicht sicher ausschließen zu können, ist irritierend.

Wo liegt der Fehler in Weltsicht 0? Nicht nur die anderen, auch wir selbst passen nicht recht in die Zweiteilung von Weltsicht 0. Denn Weltsicht 0 – Eigenbewusstsein / Fremdkörper – zwingt uns, auch unseren biologischen Körper von unserem Bewusstsein abzuspalten und ebenso als Fremdkörper einzustufen wie die wahrgenommenen Körper der anderen. Die Grenze zwischen innen und außen verläuft dann in uns, wie wir uns üblicherweise verstehen. Das deckt sich nicht mit unserer Erfahrung. Über die Körper der Mitmenschen haben wir keine Macht, aber unser Körper bewegt sich (meist) so, wie wir es wollen. Anders als bei den Verletzungen von Mitmenschen spüren wir die Verletzung an unserem Körper. Weltsicht 0 hat für diese Differenzen genaugenommen keine Erklärung.

Dass das zwar häufig gesehen, aber nicht ernst genommen wird, liegt einmal daran, dass sich nur Philosophen (eine sehr kleine Gruppe) über ein widerspruchsfreies Weltbild und damit über solche Konsequenzen Gedanken machen. Zum anderen daran, dass eine Art Erklärung in Gestalt eines *work in progress* im Gang ist: genannt ›Lösung des Körper-Geist-Problems‹. Unter dem Strich und ehrlich gemacht trifft aber zu: Es gibt keine überzeugende Lösung *innerhalb* von Weltsicht 0, die einzige Lösung besteht darin, Weltsicht 0 zurückzuweisen.

Das ist eigentlich möglich, denn Weltsicht 0 ist nicht ähnlich zwingend, wie 2 + 2 = 4 zwingend ist. Weltsicht 0 ist eine Verallgemeinerung, eine Hypothese. Sie beruht auf dem Vergleich eines Steins mit Zahnschmerzen. Beide haben nun überhaupt nichts gemeinsam, existieren aber in der Welt. Daraus entsteht die Annahme, dass sich die Welt in zwei Bereiche teilt, in steinähnliche und schmerzähnliche Bereiche. Das behauptet Weltsicht 0. Unsere lebendige Erfahrung stimmt damit allerdings nicht überein, sie sagt stattdessen: Ein wichtiges Ding, unser Körper, ist weder stein- noch schmerzähnlich, denn er hat zugleich materielle *und* geistige Eigenschaften. Wenn wir ihn Weltsicht-0-analog zerlegen wollten, ist es nicht mehr unser Körper. Wir sollten es also lassen.

Besser ›Weltsicht 1‹, die besagt: Die Welt besteht aus Körperdingen und körperlosen Dingen und Materien. Die Körperdinge haben Bewusstsein, die restlichen Dinge nicht. Wir Menschen sind die wichtigsten Körperdinge (es gibt daneben noch Tiere mit ähnlichen Eigenschaften). Unser Körper – im Deutschen sagt man auch ›Leib‹ – lässt sich teilweise oder ganz in ein körperloses Ding verwandeln: Haare, die man abschneidet, Ausscheidungen, die Leiche. Haare sind abgeschnitten körperlos, weil sie mit keinem Bewusstsein mehr verbunden sind. Im Normalzustand hat unser Leib Bewusstsein und *sind wir* unser Leib. Leib ist Körper und Geist *in Kombination*. In Weltsicht 0 gibt die Absicht dem Kopf den Befehl, zu nicken (etwa um zu grüßen); in Weltsicht 1 nickt der Kopf, woran sich die Absicht zeigt, zu grüßen. Geisteshaltungen sind nach Weltsicht 1 nicht in Körperbewegungen verborgen und müssen erst mühsam hervorgeholt werden, sondern die Bewegungen *sind* Geisteshaltungen. Eine Pietá-Haltung ist Trauer und kommuniziert sie nicht nur.

Körperbewegungen und geistige Vorgänge und Zustände zu *identifizieren*, sind wir nicht durchweg gewöhnt, Weltsicht 0 hallt nach. Angenommen, ich will grüßen, aber kann es nicht, weil mein steifer Nacken es nicht zulässt. Habe ich also die Absicht gar nicht? Im ernsten Sinn habe ich sie tatsächlich nicht. Absichten sind vom Tun abhängig. Absichten, die man nicht ausführt, hat man nicht. Wir glauben jemandem seine Absicht zu zahlen nicht, wenn er trotz Gelegenheit nie zahlt.

Und wenn jemand erkennt, dass er seine Absicht nicht verwirklichen kann, muss er sie aufgeben. So ist es beim unfähigen Nicken: Wenn ich nicht nicken kann, kann ich es auch nicht beabsichtigen. Das verstößt gegen die Weltsicht-0-Intuition, es muss mühsam klargemacht werden.

Auch scheint es, dass wir unsere Absichten anders kennen als über das Tun. Ich muss nicht mein Nicken im Spiegel beobachten, um zu wissen, dass ich nicken will. Allerdings ist mein Eigengefühl des Nickens ebenfalls ein Wahrnehmen, wenn ich nicke, dass ich nicke, wenn auch ohne Spiegel. Das Nicken ist ein bewusstes Tun, das von innen und von außen beobachtbar ist. Im Tun ist beides ungetrennt verbunden und über das Tun habe ich deshalb eine kommunikative Schnittstelle zu den Mitmenschen.

Wir haben diese Schnittstelle nicht in einem Sinn, der auf einem Analogieschluss beruhte, wie er in Weltsicht 0 nötig wäre. Ein solcher Schluss wäre bekanntlich zirkulär, wenn unsere Innenleben völlig getrennt wären; denn damit unser Eigenleben auf die anderen übertragbar ist, müssen sie bereits dasselbe Eigenleben besitzen. Wir haben vielmehr eine Schnittstelle als sozial geteilte Erkenntnisbasis, die dem je konkreten Wahrnehmen des Verhaltens der anderen *vorausliegt.* Merleau-Ponty belegt das auch mit der Beißbewegung eines 15-monatigen Kindes, als wahrnehmende Reaktion auf den Beißversuch an seinen Fingern. Das Kind erkennt und imitiert die Absicht des Beißens, ohne je gelernt zu haben, welche Gesten mit welchen Absichten häufig zusammen auftreten. Das Kind erkennt die Absicht unmittelbar an der Geste des Erwachsenen. Als Erwachsene besitzen wir nicht nur diese Grundausstattung, die wir als Kinder bereits zeigten, sondern wir wenden sie erweitert und verfeinert fortwährend an. Die Körper, nicht die Geister (durch die Körper) sprechen zueinander.

Angenommen, wir folgen dem Gedanken so weit. Zombies gibt es dann nicht. Die uns bekannte Welt ist immer auch, wie die Phänomenologen sagen, eine ›Mitwelt‹, eine im geteilten Verständnis und Verhalten gelebte Welt. Meine Liebste kann mir damit, außer ich bin ein extrem ungeschickter Kommunikator oder sie eine extrem geschickte Schauspielerin, nicht völlig fremd sein, wir sind uns ähnlich. Dennoch bleibt offen, wie tief die Mitwelt geht. Denn trotz der sozialen Gemeinsamkeit in der Geste oder Mimik ist der Zugang zu beiden nicht identisch. Er ist nicht identisch, weil ich mein Nicken empfinde, Paula es aber nur sieht. Der Zugang ist nicht identisch, weil Paula und ich nicht identisch sind. Ich kann mich nicht längerfristig über den Zorn Paulas täuschen, aber ich kann Paulas Zorn selbst nicht haben. Paulas und mein Zorn sind darin verschieden, dass wir dieselbe Kategorie getrennt erleben – und das möglicherweise sehr verschieden.

Es sind genauer zwei Klüfte, die sich dabei auftun, die man das ›biographische‹ und das ›rationale‹ Differenzproblem nennen kann. Das biographische: Wie sich für Paula Zorn anfühlt, hängt von Paulas biographischem Hintergrund ab, ihrer Geschichte des Zorns, einfach gesagt. Das rationale: Worin Paulas Zorn besteht, hängt von ihren Gründen für den Zorn ab. Um Paulas Zorn tiefer zu verstehen als nur darin, dass sie zornig ist, muss ich ihre Geschichte des Zorns und ihre Gründe für den aktuellen Zorn kennen. Die alltägliche Methode, die Gründe zu kennen, liegt in der Diskussion über ihren Zorn. Ihre Gründe zu hören, ist sicher ein wichtiger Weg, um ihren Zorn inhaltlich zu verstehen: Auf wen richtet sich der Zorn, warum, usw.? Dieses rationale Wissen führt häufig nicht zur gleichen Meinung über die Berechtigung des Zorns, denn es hat auch einen biographischen Hintergrund. Weder die geäußerten Gründe, also rationale Kommunikation, noch der körperliche Ausdruck reichen hin, um Paulas Art des Zorns vollständig zu verstehen.

Der Zorn spielt eine Rolle innerhalb von Angriff und Widerstand, von Enttäuschung und Strafe, von Unsicherheit und Angst und einigen anderen Erfahrungen. Innerhalb dieser Matrix nehmen wir in unserer Persönlichkeit verschiedene Orte ein, und nur wenn wir diese Orte bei Paula kennen, kommen wir ihrer Art des Zorns näher. Dass wir ihren Zorn selbst nicht fühlen können, ist dabei keine absolute Schranke, wenn sicher ist, dass diese Bedingungen ihren Zorn vollständig determinieren. Der gefühlte Zorn ist nicht mehr, als was zu ihm hinführt. Aber nicht einmal Paula selbst kennt diese Bedingungen vollständig, so dass auch sie ihren Zorn zwar fühlt, aber nicht vollständig versteht.

So ergibt sich Weltsicht 2. Nach Weltsicht 2 erkenne ich, dass Paula zornig ist, denn ich sehe ohne Hindernis Paulas Zorn. Ich weiß ihren Zorn mit gleicher Sicherheit, wie ich meinen Zorn weiß, wenn ich zornig bin. Ich kenne Paulas Gründe nicht und noch weniger, wie sich ihr Zorn zu ihr insgesamt verhält. Ich überschaue Paula nicht. Wie zornig ist Paula im Allgemeinen, welche Rolle nimmt der Zorn, und welcher Zorn, in ihrem Leben ein? Über diese Umstände kann man in Weltsicht 2 mehr oder weniger Bescheid wissen, abhängig davon, ob man es will und wie sich Paula dazu verhält. Auch für Paula selbst hat ihr Zorn keinen Boden.

Denn auch für sie ist es unmöglich, alle persönlichen Bedingungen ihres Zorns zu überblicken. Sie und ich bewegen uns in einem Feld des Annäherns an ihren Zorn. Hinzu kommt ein anderes Problem. Ist das, was sie (und ich) für Zorn hält, wirklich Zorn und nicht Hass, Abscheu, Rache, Groll, Empörung, Erregung, Unmut, Entrüstung, Verbitterung, Raserei, Verdruss? Wie ist ihr Zustand in dieses Bedeutungsfeld einzuordnen? Wie soll ich und wie soll Paula sich selbst darin verstehen? Ein Teil dieser Frage wird durch ihre Gründe erklärt, aber nicht alles. Für das, was offenbleibt, reicht kein Wörterbuch, denn Paula ist einzigartig und so auch ihr Zorn. Ein äußerer Maßstab ist aber nötig, Paula kann nicht beliebig entscheiden, was ihr Zorn ist. Statt des Wörterbuchs kann die Norm nur der kommunikative andere abgeben, idealerweise ein anderer, der Paula und Paulas Zorn kennt.

Die Frage, mit der diese Überlegung beginnt, ist typisch cartesianisch gestellt, metaphorisch und ambivalent. Ein Geist kann natürlich nicht ›berühren‹. Berühren benötigt einen Körper. Unsere Erfahrung ist aber, im Gegensatz dazu, dass wir mit einem Gedanken, einer Frage, einem Scherz oder anderem Nichtkörperlichen berühren. Auch das ist paradox, denn der andere, den wir berühren, ist ja körperlich. Wie wir gesehen haben, lässt sich diesem Paradox in zwei Schritten entkommen. Im ersten Schritt müssen wir zurücknehmen, dass der Körper bloß ein transparentes Medium des Geistes wäre. Dieser erste

Schritt interessiert zwar vorrangig Philosophen, denn die Alltagspraxis kann Zombies (Körper ohne Geist) nicht ernst nehmen. Aber die Alltagspraxis ist auch widersprüchlich, denn sie kennt Gelegenheiten, bei denen Mitmenschen nur noch Objekte sind: im Streit, in der Wissenschaft, im Krieg. Dieser Abgrund sollte mit der Kritik an Weltsicht 0 vergessen werden. Die andere ist erreichbar, wenn auch nie vollständig. Wieweit es real gelingt, hängt von ihr und der gegenseitigen Absicht ab. Unsere Perspektiven, Bedeutungen, Gefühle können sich einander annähern, vielleicht zeitweise sogar decken. Aber nur, wenn wir es wollen.

9

Für wie wichtig soll ich materielle Dinge halten?

KURZE ANTWORT: Für so wichtig, wie es ihrer nichtmateriellen Bedeutung entspricht.

LANGE ANTWORT: Unsere Umwelt besteht aus materiellen Dingen, die verschieden sind hinsichtlich Größe und Material, Schwere und Dichte, Farbe und Form und anderen materiellen und darin physikalischen Eigenschaften. Die materiellen Dinge unserer weiteren Umgebung erschöpfen sich meist in diesen Eigenschaften. Der Stein im Bachbett ist für mich nur ein Stein von materieller Qualität. Der Stein mit einem Blitzmuster, gefunden bei einer Wanderung, ist ein materielles Ding mit Erinnerung. Er rückt von der weiteren Umgebung ein in die nähere. Auch die nähere Umwelt zerfällt freilich zu einem bestimmten Anteil in bedeutungsvolle Dinge und solche, die tatsächlich nur materielle Dinge sind – wie der Stein im Bachbett oder ein Stein auf dem Mars.

Abgesehen von den Dingen, die für uns anschaulich nur materielle Dinge sind, wie der Stein im Bachbett, können wir hypothetisch alle materiellen Dinge als nur materielle betrachten, uns also isoliert auf ihre materielle Existenz konzentrieren. Oder wir können sie als Träger von Eigenschaften vornehmen, die im Lebensumfeld meist solche der Nützlichkeit und Ästhetik sind. Diese zweite Sicht auf die Dinge ist im Alltag die vorherrschende, einfach weil materielle Dinge, sofern wir sie nicht nur wahrnehmen, sondern in unseren Nutzenskreis einbeziehen, unausweichlich auch soziale und andere Bedeutungen annehmen. Dennoch können wir die Frage nach der Wichtigkeit von materiellen Dingen entsprechend doppelt verstehen, im Sinn ihrer transzendenten oder ihrer immanenten Bedeutung.

Die transzendente Bedeutung liegt in der Eigenschaft aller materiellen Dinge, materiell zu sein. Als Cartesianer können wir uns eine Welt und Existenz rein nicht-materieller Art gut vorstellen. In ihr gibt es Gedanken, Stimmungen, Gefühle, Argumente, Dialoge, Gebete usw. ebenso wie in unserer Welt, nur sind sie nicht an Körper gebunden. Auch Religionen phantasieren solche Zustände, etwa in der Figur von Engeln oder der Seele zwischen Tod und Auferstehung. Im Descartes'schen oder Locke'schen Dualismus sind auch menschliche Personen im Wesentlichen solche Geistwesen, denen durch Zufall noch ein Körper angebunden wurde, den sie wie eine Marionette beleben und aktivieren müssen. Vom Standpunkt solcher Geistwesen aus ist eine rationale Entscheidung, ob sie einen Körper haben wollen oder nicht, kaum möglich. Sie existierten auch oder sogar besser ohne den Körper, und die Vorteile des Körpers, etwa alle sinnlichen Erfahrungen, sind mangels eines Körpers nicht einmal vorstellbar. Man weiß nicht, warum man Schmerzen vermeiden sollte, wenn man Schmerzen nie kennengelernt hat.

Nun ist die Vorstellung von Geistwesen rätselhaft, vieldeutig, aber sicher ist auf jeden Fall, dass wir Menschen nicht zu ihnen gehören. Wir existieren nur mit einem Körper, also materiell. Aber vielleicht lässt sich das Descartes'sche Gedankenexperiment dazu verwenden, Neigungen gegen oder für materielle Dinge im Allgemeinen zu erklären, wie wir sie haben. Haben wir solche Neigungen? Wir haben sicher kaum Neigungen, reine Geistwesen zu werden, auch wenn Religionen diese Fantasie häufig verbreiten und zum fast alltäglichen Gedankengut gemacht haben. Hingegen haben wir Neigungen sowohl gegen wie für das Vermehren von materiellen Dingen, und das durchaus in derselben transzendenten Allgemeinheit, mit der das Descartes'sche Spiel gespielt wird. Diese Neigungen manifestieren sich etwa in dem Wunsch, in einem möglichst leeren Raum zu wohnen, oder umgekehrt (in einem möglichst mit Dingen vollgestellten Raum).

In Kunst, Architektur, Design und Lebensberatung gibt es seit einigen Jahren die Bewegung des ›Minimalismus‹, in der die materielle Leere im Gegensatz zur materiellen Fülle propagiert wird. Die Gründe sind unterschiedlicher Art, von antikapitalistischen, ökologischen, rousseauistisch-sozialen Gründen bis zu religiösen, konsum- und gesellschaftsverweigernden

Gründen eher persönlicher Natur. Zutreffend ist sicher die allgemeine, umfassende Geltung der Neigung gegen oder für volle oder leere Räume, denn die Neigungen sind nicht auf das Wohnen beschränkt. Das Gefühl, in einem leeren Raum zu wohnen, berührt sich mit dem Gefühl, auf einem Schneefeld zu stehen, auf einem Berggipfel oder am Strand, mit dem als grenzenlos erfahrenen Meer vor sich. Umgekehrt entspricht das Gefühl, im vollen Raum zu wohnen, dem Gefühl der Höhle, einer Schlucht, einem Basar oder einem Kaufhaus, das noch Kunden hat. Würde man verbannt werden, so lieber in eine Hütte in der Steppe oder in einen Bunker mit kleinem Balkon? Bevorzugt man beim Klettern eher den ausgesetzten Pfad an der Felskante oder die visuell versteckte Route in einem Kamin?

Wenn diese Vergleiche unmittelbar durch psychische Empfindungen der einen oder anderen Art belegbar sind, also nicht einer abstrakten Philosophie oder Religion oder Ästhetik entspringen, dann liegt doch sehr nahe, sie analytisch auf psychologische Muster zurückzuführen. Selbst wenn man bereits ein Anhänger des Minimalismus wäre, sollte man sich für die psychologischen Gründe interessieren, die hinter der Anhängerschaft stehen. Einen erhellenden Zugang zu diesem Zweck bietet die Psychoanalyse von Michael Balint, genauer seine Unterscheidung zweier Charaktertypen.

Balint unterscheidet zwei Charaktertypen anhand einer in verschiedener Hinsicht völlig entgegengesetzten Umgangsweise mit Objekten. Dem distanzierten, freien, furchtlosen Umgang einerseits steht nach Balint der kontaktsuchende, unfreie, besorgte Umgang mit Objekten andererseits gegenüber. Die Objekte sind vorrangig die Personen der sozialen Umwelt, aber im weiteren Sinn auch alle materiellen (und sogar geistigen) Objekte. Die außergewöhnliche analytische Scharfsichtigkeit von Balints Theorie zeigt sich darin, dass sie eine entwicklungspsychologische Erklärung mit vollständigen Weltsichten in Form der beiden Charaktertypen verbindet, die unterschiedliche Ausprägungen in Handlungsweisen, Beziehungen und Vorlieben gegenüber der dinglichen Welt haben. Dadurch wird das Verhalten gegenüber den materiellen Dingen in die Erklärung des Verhaltens gegenüber Mitmenschen einbezogen und die Erklärung des materiellen Raums wird von sozialen und individuellen Interessen nicht abgespalten.

Balint veranschaulicht die Verhaltensdifferenz auf vielfältige Weise. Angewandt auf Beispiele aus dem Bereich des Wohnens könnte man mit ihm sagen: Die Ästhetin des leeren Raums befreit sich von den als einengend empfundenen Möbeln, der Freund des gut gefüllten Raums schützt sich mit den Möbeln, oder etwas milder, er beruhigt sich durch ihre Menge. Erklärend führt Balint die Typendifferenz auf den unterschiedlichen Verlauf des frühkindlichen Trennungstraumas zurück. Diese Trennung kann unterschiedlich schmerzhaft verlaufen und ein Trauma unterschiedlichen Grades nach sich ziehen. In der psychologischen Bearbeitung kann es mit entsprechendem Aufwand gesteuert werden, aber die Charakterdifferenz bleibt bei den meisten Menschen lebenslang erhalten, einfach weil zu ihr auch gehört, sich Änderungen zu widersetzen.

Balints Analyse verläuft unterhalb der Unterscheidung zwischen geistigen und materiellen Dingen, denn sie richtet sich auf Objekte ganz allgemein. Die Verhaltensdifferenz zwischen dem Bewahren von Distanz gegenüber und der Suche nach Kontakt mit Objekten gilt natürlich auch, und im Grunde noch mehr, für geistige Objekte wie feste Überzeugungen, Prinzipien oder Verhaltenscodes. Im freien oder unfreien Umgang mit diesen Objekten drückt sich sogar noch stärker als bei materiellen Dingen die Spur des Trennungstraumas aus, denn geistige Dinge sind uns näher als materielle. ›Freie Geister‹ (Nietzsche) wünschen sich dementsprechend leere Gedankenräume in dem Sinn, dass sie sich nicht fest an Prinzipien oder Überzeugungen binden, während ›kontaktbedürftige Geister‹ solche festen Überzeugungen suchen, nur unter autorisierenden Vorgaben denken möchten und es sie beruhigt, Konventionen zu befolgen.

Unterstellt man, dass die materiellen Dinge insgesamt vorrangig Hilfs- und Schutzmittel in unserem Weltumgang sind, dann lässt sich aus Balints Theorie eine Diagnose zur relativen Bedeutung von materiellen und geistigen Dingen folgern. Der distanzierte Charakter benötigt weniger Schutz als der kontaktbedürftige, er sieht die materiellen Dinge eher als zufällig, belanglos, schmückend, ersetzbar und nicht umgekehrt als notwendig, hilfreich, erweiternd, erfüllend an. Bei möglicher Skepsis gegenüber so umfassenden und eigentlich groben Erklärungen durch die Psychoanalyse kann man den Erklärungsversuch auch auf das Niveau weniger von Erklärungen, als vielmehr von kritischen Fragen hinunterdimmen: Ist eine geballte Ansammlung von materiellen Dingen im eigenen Besitz nicht Ausdruck von Angst? Und umgekehrt, ist die Lust, sich in der freien Natur zu bewegen, nicht gerade die Erfahrung der Befreiung von Angst? Sollte der Minimalismus im Design bei den einen das Gefühl von Befreiung, bei den anderen von Schutzlosigkeit hervorrufen, liegt das nicht gerade an den unterschiedlichen Charakteren, die darin zum Ausdruck kommen?

Was diese Analyse nicht zu erfassen vermag, ist die persönliche und soziale Bedeutung, die materielle Dinge haben können – ausgehend vom erwähnten Stein im Bachbett als Andenken an eine Wanderung. Die eben geschilderte Analyse legt generelle Tendenzen im Umgang mit Dingen offen, ist aber wenig hilfreich bei der Frage, warum Dinge zuallererst persönliche und soziale Bedeutung haben und wie wir uns dazu verhalten sollen. Dabei geht es nicht um die transzendente Frage nach dem Verhältnis zu allen Dingen, sondern um die immanente Frage nach den Dingen unserer Lebenswelt. Persönliche und soziale Bedeutung erschließen sich aufgrund der Funktion des Dings innerhalb der Bereiche Selbstsorge und soziale Beziehungen. Das Ding hat Bedeutung nach Maßgabe seiner Nützlichkeit für mich oder seiner Rolle in den sozialen Beziehungen. Der Rasierpinsel hat seine Bedeutung in meiner Körperpflege, der Ehering seine Bedeutung in meiner Ehe.

Bei näherem Zusehen gibt es eine Fülle von Dingen, die wir zum rein individuellen Gebrauch und nicht sozial nutzen: Dinge der Körperpflege, der Kleidung, der Arbeit, häufig das Auto. Beim Auto kann die soziale Bedeutung eine Rolle spielen, in Form der gemeinsamen Nutzung oder des sozialen Geltenwollens gegenüber anderen, aber Carsharing ist nicht der Standard. Wie wichtig ich meinen Rasierpinsel nehmen soll, lässt sich nicht, außer es handelt sich um ein Geschenk, über eine soziale Beziehung sagen, sondern nur über die Selbstsorge. Das eigene Gesicht ansehnlich zu erhalten, ist eine Variante der Selbstsorge. Mein Rasierpinsel ist mir in dem Ausmaß wichtig, in dem ich mir selbst, hier anhand meiner körperlichen Erscheinung, wichtig bin. Hat man an diesem Punkt die weitere Frage: warum Selbstsorge, dann benötigt die Erklärung eine andere Gelegenheit.

Weiter erklärt werden soll hingegen, warum die sozial bedeutsamen Dinge von unterschiedlicher Bedeutung sind. Dass sie bedeutsam sind nach Maßgabe der Bedeutung der Beziehungen, ist etwas zu allgemein erklärt. Sowohl im persönlichen wie im sozialen Bereich nehmen die Dinge die Bedeutung nicht einfach der Person oder der Beziehung an, sondern der Entwicklung beider innerhalb der Zeit – also des Lebens. Bedeutsam werden Kleidungsstücke, die ein früheres Lebensgefühl verkörpern, ein Tennisschläger, Ski, eine alte Ledermappe, eine Teebüchse, geerbte Küchenwerkzeuge oder Möbel. Viele bedeutsame Dinge, die erste Schultasche, der erste Pass, sind natürlich im Lauf der Zeit verloren gegangen, aber einiges hat sich erhalten. Persönliche und sozial bedeutsame Dinge müssen nicht klein oder von unmittelbarer Nähe sein. Sie können Parkbänke, Restaurants, Gebäude, Stadtviertel, Landschaften, ja Städte oder Länder umfassen. Bestimmte Lebensphasen oder soziale Erlebnisse können eng mit einem Flussufer oder einer Verkehrslinie verbunden sein. Häuser oder Gegenden kann man nicht entsorgen, während sich das Festhalten an Relikten der Vergangenheit spätestens bei Umzügen immer wieder neu stellt. Aber man kann sie aufsuchen oder meiden, im Gedächtnis behalten oder vergessen.

Der Ehering ist das einschlägige materielle Ding mit sozialer Bedeutung, in abgeschwächter Form gilt dasselbe für Schmuckstücke, meist solche für Frauen. Die persönlich ausdrucksstarken materiellen Dinge bei Männern sind, im interessanten Kontrast, weniger solche des Verschönerns und Ausdrückens als solche des Verfügens und Erweiterns: ein Hund, ein Rennrad, eine Golfausrüstung, ein Auto, ein Boot, ein Humidor, eine Waffe. Bei diesen Dingen stellt sich zunehmend die Frage, inwieweit sie neben ihrem direkten Ausdrucks- oder Verfügungszweck, aus dem heraus sie meist angeschafft werden, überhaupt noch persönlichen oder sozialen Sinn haben. Was sagt das Rennrad symbolisch über ein Gerät der Fitnesssteigerung, was an persönlicher Bedeutung hat es jenseits des sportlichen Zwecks? Wenig, denn man wird das Rennrad kaum nostalgisch verehren, wenn man es nicht mehr nutzt.

Warum sind Eheringe oder Fotos nicht ähnlich bedeutungsschwach wie alte Krawatten oder geteilte Opernabonnements? Die Erklärung liegt in etwas, wodurch menschliches Leben erst bedeutsam wird: Sie haben einen höheren Anteil an Widerfahrnis als aufgrund willentlicher Entscheidung. Die Ehe ist zwar ähnlich willentlich geschlossen, wie das Rennrad absichtlich angeschafft wird, aber der Ehepartner ist nicht gekauft, er ist einem widerfahren und war und ist nie unter völliger Kontrolle. Die Fotos werden absichtlich und gezielt aufgenommen und zum Zeitpunkt ihrer Aufnahme sind sie, über die dargestellten Sachverhalte hinaus, bedeutungslos. Zum Zeitpunkt ihrer Aufnahme fügen sie der Realität nichts hinzu, sie stellen sie nur mehr oder weniger gut dar. Liegt hingegen zwischen der Aufnahme und der Gegenwart einige Zeit, vielleicht sogar viel Zeit, dann werden die Fotos zu Protokollen. Sie protokollieren einen Zeitverlauf des persönlichen Lebens und darin ein Widerfahrnis, denn es war und ist keine Absicht, dass die Zeit verläuft und nicht kontrollierbar ist, wie sie verläuft.

Was sollte, könnte man fragen, an der Widerfahrnis so bedeutsam sein? Warum sollte durch diese Seite des Lebens und nicht durch die Entscheidungen, Absichten, Pläne eine Bedeutung in das Leben und entsprechend in die Fotos kommen? Sind die Absichten bei vernunftbegabten Wesen nicht wichtiger als ein Widerfahrnis, das sogar Tiere trifft? Die Antwort scheint zu sein: Im Vergleich zum Willen sind die Widerfahrnisse im Leben bedeutsamer als die Kontrolle, weil das Leben insgesamt mehr ein Widerfahrnis als eine Reihe von kontrollierten Handlungen und Entscheidungen ist. Das scheint eine ziemlich spekulative Behauptung zu sein. Nicht wenige Menschen, der vorhin erwähnte, distanzierte Charakter nach Balint vor allem, betrachten ihr Leben als ein Ergebnis des Willens. Aber jeder Wille hat Voraussetzungen und Umstände, die auch andere hätten sein können. Wie immer wir erfolgreich oder erfolglos agieren, wir sind darin von der Welt abhängig. Dann übertrumpft die

Widerfahrnis, im Gesamt gesehen, den Willen. Und irgendwie scheinen wir das uneingestanden auch zu ahnen, andernfalls würde uns ein altes Foto nicht doch mehr sagen als eine alte Tankrechnung.

Wie ehrlich soll ich sein?

KURZE ANTWORT: So ehrlich, wie es der Grad meiner Selbstachtung erfordert.

LANGE ANTWORT: Es gibt zwei Arten von Lügen, soziale und persönliche oder fremd- und selbstbezogene. Unter den sozialen Lügen verstehe ich ein Verhalten, in dem der Lügner andere absichtlich und voraussichtlich zu seinen Gunsten über einen Sachverhalt täuscht. Der Bezugspunkt, von wo aus man von einer Lüge reden kann, ist das, was der Lügner selbst glaubt. Man kann also lügen und dennoch die Wahrheit sagen. Das Opfer der Lüge ist der oder die Belogene, und die Rede von Opfer ist unterschiedlich berechtigt, je nachdem, wie groß der Nachteil durch Vorenthalten der Wahrheit ist. Diese Art des Lügens stellt den überwiegenden Normalfall dar: So wird man auf Anhieb auch die Frage nach der Ehrlichkeit verstanden haben, als Ehrlichkeit gegenüber anderen.

Bei der persönlichen Lüge geht es um ein Lügen gegenüber sich selbst. Anders als die soziale Lüge ist die persönliche umstritten, sowohl theoretisch wie in ihrer Bedeutung. Im direkt übertragenen Sinn der sozialen Lüge kann man sich nicht belügen, denn man kann nicht zugleich etwas glauben und sich über das, was man glaubt, täuschen. Das Sichbelügen kann deshalb kein expliziter Akt sein wie beim sozialen Lügen. Die existenzialistische Literatur, in der das Sichbelügen eine große Rolle spielt, spricht deshalb auch von Unehrlichkeit. Persönliche Unehrlichkeit besteht darin, dass man einen Sachverhalt nicht klärt oder bewusst im Verborgenen hält, der für das eigene Verhalten von Bedeutung ist. Eine typische Art von Unehrlichkeit ist der Umgang mit einer Schuld, indem ein Wissen geleugnet wird, das diese Schuld ans Licht brächte.

Auf den ersten Blick sieht es so aus, als ob diese zwei Arten des Lügens so verschieden sind, dass man sie nicht zugleich behandeln kann. Dass sie aber irgendwie zusammenhängen, zeigt sich daran, dass ein Selbsttäuscher in der Folge auch andere täuscht, sie in die Selbsttäuschung hineinnimmt; und dass der soziale Lügner dazu verleitet wird, sich selbst über sein soziales Lügen zu täuschen. Die soziale Lüge kann sich leicht in eine persönliche Lüge verlängern oder geht mit ihr einher. Wenn ein Aufklärungsbedarf zum Umgang mit dem Lügen besteht, so dennoch eher bei der sozialen Lüge. Die intuitive Antwort bei der persönlichen Lüge ist, dass sich selbst belügen für einen selbst schädlich ist, weil die unangenehmen (oder als solche geglaubten) Sachverhalte eine destruktive Wirkung auf einen selbst auch dann behalten, wenn sie verdrängt werden. Weniger klar ist die Rechtfertigung der sozialen Lüge. Meist lügt man um des eigenen Vorteils willen, und im Gegensatz zum persönlichen Lügen scheint man sich dabei nicht zu schädigen, im Gegenteil, man hilft sich. Haben die beiden Arten des Lügens also dennoch nichts gemeinsam?

Vielleicht sieht man hierüber etwas klarer, wenn man sich kurz die Rechtfertigungen der traditionellen Moralphilosophie zum Lügenverbot anschaut. ›Moraltheorien‹ nennt man Sammlungen von normativen Argumenten, mit denen erklärt werden soll, warum etwas gut oder geboten ist (Sollen) – im Unterschied dazu, warum es existiert oder stattfindet (Sein). Das Lügenverbot wird von diesen Theorien nicht als banale Regel des höflichen Benehmens eingestuft, sondern als eine in ihrer sozialen Wirkung zentrale Norm, bei der die Stabilität der Gesellschaft auf dem Spiel steht. Stell dir vor, so Kant, alle würden fortwährend lügen: dann würde das soziale Handeln insgesamt unmöglich, denn niemand würde anderen mehr vertrauen! Das Bild dieser soziologischen Befürchtung steckt deshalb auch in den Versuchen, einer Zweiflerin gegenüber zu begründen, warum sie besser nicht lügen sollte.

In den Moraltheorien kommen unterschiedliche Ansichten dazu zur Geltung, wie die Gesellschaft aufgebaut ist und welche Eigenschaften durchschnittliche Menschen haben. Weil man in diesen Punkten verschiedener Meinung sein kann, gibt es verschiedene Theorien und entsprechend verschiedene Begründungsansätze. Mit ›Punkten‹ sind nicht bereits moralische

Ansichten gemeint, sondern reale Eigenschaften, die man ihrer Allgemeinheit wegen am besten Teile einer ›sozialen Ontologie‹ nennen kann. Weil Ontologien sehr allgemeine deskriptive Aussagen umfassen, lassen sie sich nicht einfach durch die Fachwissenschaften entscheiden, etwa durch die Soziologie. Kurioserweise kehrt sich die Begründung häufig gerade um: Wenn man die moralischen Konsequenzen akzeptabel findet, teilt man auch die begleitende Ontologie. Wieweit also ›begründet‹ wird, bleibt angesichts dieses Zirkels etwas dubios und besser wäre, man bräuchte für Ehrlichkeit keine gehaltvolle Ontologie.

Mit den folgenden drei traditionellen Moraltheorien wird meist gearbeitet: der Vorteilstheorie, dem Utilitarismus und mit Kant. Ehrliche Menschen sagen in der Regel die Wahrheit (und sie sind häufiger korrekt als falsch informiert). Der Grundgedanke der Vorteilstheorie ist: Die Wahrheit kennen ist besser als sie nicht kennen; denn im eigenen Handeln spielt die Wahrheit meist eine Rolle. Hat mich jemand belogen, ist er in der Regel im Vorteil, denn er verfügt über Wissen, das mir fehlt. Diese Beobachtung auf alle Menschen erweitert, die miteinander verkehren (können), ist es besser, wenn unter allen das Lügenverbot gilt, als wenn es nicht gilt. Deshalb gilt das Lügenverbot für alle bereits aufgrund ihres Eigeninteresses.

Ein Einwand liegt jedoch auf der Hand: Es ist für mich noch besser, wenn alle das Gebot einhalten, ich für mich aber eine Ausnahme mache. Und wenn das für mich gilt, so auch für alle anderen, so dass Misstrauen herrscht und das Lügenverbot nicht gilt. In der Vorteilstheorie kann man aber nachlegen: indem man das Lügenverbot mit Strafen kombiniert. Und tatsächlich ist das ertappte Lügen meist mit ungewöhnlich starken sozialen Sanktionen verbunden. Der Lügner verspielt sein soziales Vertrauen und ist auf längere Zeit sozial geächtet. Dennoch ist auch die so erweiterte Begründung nicht perfekt. In der realen Welt kann der versuchte Lügner jeweils kalkulieren, wie groß die Gefahr ist, entdeckt zu werden und welche Sanktionen ihm drohen würden. In Gesellschaft vieler anderer Lügner (etwa Radrennfahrer) wird er dann ebenfalls lügen. Und darin liegt ein Einwand: Sollten wir uns in unseren Idealen nicht gerade unabhängig von der sozialen Umwelt machen, statt uns den Gepflogenheiten der anderen zu unterwerfen? Ist Ehrlichkeit wirklich nur Ehrlichkeit unter Zwang? Damit scheint nicht das getroffen, was wir gern als Ehrlichkeit sähen, nämlich eine Tugend mit Eigenwert.

Statt die Gesellschaft als eine Ansammlung von Konkurrenzpaaren zu verstehen, kann man sie auch als eine Gesamtmenge von Individuen betrachten. Dann sieht man eine Familie, eine Schulklasse, einen Verein, ein Bundesland in seiner Gesamtheit, und in moralischer Hinsicht geht es um den Gesamtnutzen dieser Ansammlung. So denkt der Utilitarismus. Seine Begründung bezieht sich auf das nötige Vertrauen, ohne das solche sozialen Einheiten nicht auskommen. Die meisten sozialen Einheiten sind intern kooperativ, die Beiträge der einzelnen Mitglieder richten sich dabei nach den Beiträgen der je anderen. Wird jedoch durch vermehrtes Lügen undurchsichtig, was und ob Einzelne überhaupt etwas beitragen, schwindet die Motivation, selbst etwas beizutragen.

Allerdings hält dieser Teil der utilitaristischen Ontologie dem Realitätsvergleich nicht stand. Die Effektivität in Teilbereichen der Gesellschaft leidet nicht unter mehr oder wenig großer Unehrlichkeit, vorausgesetzt, alle sind sich über diesen Umstand im Klaren. Große Bereiche der Gesellschaft zeigen ein ›strategisches‹ Handlungsmuster, bei dem Lügen und Täuschen akzeptiert, ja sogar geboten ist, um die gewünschten Ziele zu erreichen: Das gilt für Politik, Wirtschaft, die soziale Seite der Wissenschaft, Militär, Kommunikation unter Unbekannten. Im Gegensatz zur Ontologie der Utilitaristen führt eine strategische Unehrlichkeit in diesen Bereichen nicht in das soziale Chaos, sondern verhindert gerade ein Chaos, zu dem zu viel Ehrlichkeit führen würde. Eine Politik der Ehrlichkeit wäre destruktiv, weil Politik generell eine Reaktion auf die Unfähigkeit von Menschen ist, in der großen Menge und kollektiv ehrlich zu sein. Ehrlichkeit hilft nicht der Politik, sondern stört sie eher.

Aus diesem Versagen zweier traditioneller Theorien kann man folgern, dass das Ideal der Ehrlichkeit seine Herkunft nicht aus dem sozialen Verhalten im Allgemeinen ziehen sollte. Der sich moralisch verstehende Mensch muss, jedenfalls im ersten Schritt, dazu eine Haltung aus sich selbst gewinnen. Unter den drei klassischen Moraltheorien haben wir dazu immerhin noch

Kant als Partner an der Seite. Sein Grundgedanke im Begründen des Lügenverbots läuft so, dass sich das Lügen mit einer Wesenseigenschaft von Menschen, ihrer ›Vernünftigkeit‹, nicht verträgt. Weil Kant Menschen als wesentlich vernünftig ansieht, also wahrheitsorientiert, verstößt ihm zufolge der Lügner gegen sich selbst, wenn er nicht die Wahrheit, sondern die Unwahrheit sagt. Eine andere Weise, den Grundgedanken anzuwenden, verfährt mithilfe des Kategorischen Imperativs: Man soll nur das tun, was analog alle anderen auch tun könnten. Würden alle lügen, könnte man nicht mehr lügen, weil jedes Vertrauen zugrunde ginge. Damit gerät die Vernunft, repräsentiert im Kategorischen Imperativ, in Widerspruch zu sich selbst. Lügen ist die schlimmste Art der Selbstverleugnung, eine Art Geisteskrankheit. QED.

Wie immer ist Kant beeindruckend in der Erfindungskraft seiner Argumente und wohltuend in seiner Schlüssigkeit; nur leider stimmt seine Ontologie nicht. Um zu zeigen, dass Vernünftigkeit eine Wesenseigenschaft ist, müsste man eine logische Priorität vor allen anderen menschlichen Eigenschaften belegen. Manchmal wird das über die These versucht, dass Vernünftigkeit allen anderen Eigenschaften ›zugrunde liege‹, eine ›Bedingung ihrer Möglichkeit‹ sei. Um die Priorität zu belegen, muss die Bedingung in diesem Fall selbst unbedingt sein; denn viele Möglichkeiten sind bedingt: etwa mein Einkauf dadurch, dass ich Geld habe. Dass Vernünftigkeit unbedingt sei, ist aber nicht offenkundig einleuchtend. Bei normalen Menschen kommt sie durch gute Sozialisation, Gesundheit, Ernährung und was immer noch zustande. Und bei vielen Menschen ist ziemlich sicher, dass Vernunft nicht gerade ihre grundlegende Fähigkeit ist. Mit welchen Fakten soll die These also begründet werden? Wir müssen sie immer unterstellen? Na ja, angesichts des zu beobachtenden Handelns gerade nicht immer, und außerdem müssen wir vielerlei unterstellen. Kurz, obwohl Kant einen befreienden Zug machte, indem er die Gründe für Ehrlichkeit in ein Selbstverhältnis verlegte, hat er sich gleichzeitig durch seine dogmatische Annahme der Vernünftigkeit daran gehindert, eine realistische Vorstellung von Ehrlichkeit zu entwickeln. Sein bekanntes Urteil, man müsse selbst dem potentiellen Mörder seines Freundes gegenüber ehrlich sein, unterstreicht das etwas blind-dogmatische Ausmaß seiner Lehre.

Indem Kant die Ehrlichkeit in einem Selbstverhältnis verankert, ebnet er aber generell den Weg dafür, die persönliche Ehrlichkeit als Angelpunkt der Ehrlichkeit überhaupt zu sehen. Das Motiv zur Ehrlichkeit muss in einer persönlichen Selbstsorge verankert sein und das Motiv zur sozialen Ehrlichkeit aus dieser persönlichen Ehrlichkeit folgen oder zumindest eng mit ihr verbunden sein. Von daher liegt nahe: Die persönliche Ehrlichkeit ist daraus motiviert, dass man sich selbst kennen will, und die soziale Ehrlichkeit daraus, dass man sich anderen unverstellt zeigen will.

Man kann, um dabei wieder an Kant anzuknüpfen, beides als Ausdruck und Folge von ›Selbstachtung‹ ansehen, auch wenn ohne Dogmatik Selbstachtung nicht ihrerseits durch Vernunft geboten, sondern nur gut ist. Wieso dann überhaupt Ehrlichkeit als gebietend ansehen? Einen Wert (Selbstachtung) in seiner normativen Gebotsform aufzurufen, ist manchmal nötig, wenn man keinen Willen für diesen Wert verspürt. Wenn ich den Kollegen nicht grüßen will, muss ich mich dazu auffordern, ihn zu grüßen. Das entsprechende Gebot ist dann ein Reflex des Werts, den man für sich einmal akzeptiert haben muss, um das Gebot bei Gelegenheit ernst zu nehmen. Das Gebot folgt nicht aus einer abstrakten Vernunft, sondern aus der für die eigene Person anerkannten Bedeutung des Werts, bei Ehrlichkeit der Konsequenz des Selbstachtens, sich selbst zu kennen und sich anderen unverstellt zu zeigen.

Indem man sich selbst kennt, verhindert man eine größere Zahl von Fehlern im persönlichen Leben, was allein bereits ein hinreichender Grund sein sollte, sich selbst gegenüber ehrlich zu sein. Warum aber sollte man sich anderen unverstellt zeigen? Aus dieser Frage entwickeln sich nun alle möglichen Antworten darauf, wie sozial ehrlich man konkret sein sollte. Zunächst: Warum sollte man sich anderen überhaupt unverstellt zeigen? Die Antwort ist wiederum: aus Selbstachtung. Wenn man sich selbst oder sich und seinen Handlungen und Plänen einen Wert zubilligt, dann wird man andere bei geeigneter Gelegenheit nicht über sich, seine Handlungen und Pläne täuschen. Geeignete Gelegenheiten sind solche, in denen die eigene Meinung sozial aufgerufen wird oder aufgrund alternativer Folgen für einen und andere nicht verborgen bleiben darf. Der Vorgesetzte fragt nach meiner Meinung, ein Kollege wird ohne Intervention gefühlt unfair behandelt. Im ersten Fall kann ich lügen, um Nachteile zu vermeiden, im zweiten Fall stillhalten, um nicht selbst Opfer von Unfairness zu werden. Beides sind Testfälle dazu, wie viel ich mir wert bin. Entscheide ich mich zu lügen, bin ich mir weniger wert, als dem Nachteil entspricht. Geht es beispielsweise um eine entgangene Lohnerhöhung, bin ich mir weniger wert als die Lohndifferenz. In allen solchen Situationen muss ich entscheiden, was ich mir wert bin.

Vor allem drei Einwände liegen auf der Hand. Erstens, um mir einen maximalen Wert zuzulegen, muss ich also brutal ehrlich und damit sozial auffällig sein? Uneingeschränkt seine ehrliche Meinung zu sagen, lässt einen schnell zum Außenseiter werden. Und zweitens, sorge ich mich um mich nicht auch, indem ich durch Unehrlichkeit Vorteile einfahre? Sorge ich mich um mich nicht eher zu wenig, wenn ich durch Ehrlichkeit zum sozialen Außenseiter werde? Liegt meinem Motiv der Ehrlichkeit nicht eine etwas eitle Egozentrik der Person zugrunde? Drittens, wenn es um meine Selbstachtung geht, wozu dann sich unverstellt zeigen? Ich kann mich doch vielleicht besser achten, indem ich die anderen geschickt manipuliere.

Mich erkennen ist der wichtigste Wert der Selbstachtung, denn andernfalls kann ich meinen Wert überhaupt nicht sehen. Er ist aber nicht der einzige, und ein Maß an Empathie, mit der man die mögliche Ehrlichkeit gegenüber anderen findet, gehört auch dazu. Man sollte nicht bedingungslos, sondern empathisch ehrlich sein (zum Ersten). Durch Täuschen sorge ich mich um mich materiell, aber nicht um meine Person, die nicht im Besitz aufgeht, sondern Subjekt des Besitzens ist. Stehen meine Person und soziale Abhängigkeit und Besitz im Konflikt, täusche ich mich selbst, wenn ich die Bestechung annehme und das als Selbstsorge deklariere. Ich kann mich natürlich ganz bewusst als amoralische Person stilisieren, ohne mich weiter zu täuschen. Nur entgeht mir dann ein Gut, das im dritten Einwand eine Rolle spielt (zum Zweiten).

Warum ist das Sichzeigen gegenüber anderen wichtig, warum kann es nicht durch das bloße Wissen von mir selbst ersetzt werden? Nicht jedes Sichzeigen ist natürlich erstrebenswert und diese Forderung darf nicht mit narzisstischer Öffentlichkeitssuche verwechselt werden; der Öffentlichkeitssüchtige hat zuallererst ein Problem der persönlichen Unehrlichkeit, denn ihm geht es weniger darum, sich zu zeigen, als andere zu beeindrucken. Hingegen ist das Sichzeigen in einer kritischen Umgebung wichtig, weil wir nur so der Selbsttäuschung entgehen. Das ist auch das Problem der amoralischen Person. Sie muss ja vorrangig täuschen und hat deshalb keine oder eine sehr enge soziale Gemeinschaftssphäre. Der Unehrliche mag materiell reich sein, aber er ist sozial arm und in der Folge auch persönlich arm. Er täuscht sich gern über sich und weiß deshalb nicht, wer er ist (zum Dritten).

Ist Arbeit nötig?

KURZE ANTWORT: Sieht man sie mit Arbeitsaugen, ja, ansonsten nein.

LANGE ANTWORT: Manche Fragen wird man nicht mehr los, auch wenn man den Eindruck hat, dass sie schwer zu fassen sind. So mit dieser Frage. Auf die Menschheitsgeschichte insgesamt bezogen, beantwortet sie sich von selbst. Bei jeder naheliegenden Definition von Arbeit – beispielsweise als eine mindestens phasenweise beschwerliche, regelmäßige Tätigkeit mit dem Ziel, einen ansonsten nicht eintretenden Zustand herbeizuführen – ist die Antwort: ›ja‹. Die Menschheit musste die Natur verändern, um in ihr überleben zu können. Hingegen: Ist Arbeit für Paula nötig? Das hängt davon ab, wie wohlhabend, alt, anspruchsvoll, begabt usw. Paula ist. Ist Paula ein Kind, nein; hat sie viele Kinder, ja. Für die meisten Menschen gilt etwas in der Nähe der Antwort, die für die gesamte Menschheit gilt, aber Genaueres hängt von ihren Lebensumständen ab.

Wenn man die Frage so leicht nicht loswird, dann liegt es daran, dass in ihr etwas Wichtiges aufscheint, was auf diese Weise nicht abgetan ist. Die meisten Menschen verbringen den größten Teil ihres Lebens damit, zu arbeiten. Wenn man fragt, ob das nötig ist, will man nicht fragen, ob man auch am nächsten Tag wieder zur Arbeit gehen muss, sondern ob darin ein tieferer Sinn liegt. Ich weiß, wenn ich die Miete bezahlen soll, muss ich auch morgen arbeiten; aber ist das alles? Vermutlich ist es nicht alles, aber wie genau daraus eine sowohl sinnvolle wie beantwortbare Frage wird, liegt nicht auf der Hand. Die meisten von uns würden wohl ohne Zwang nicht so arbeiten, wie sie arbeiten, was man daran sieht, dass sie in ihrer Freizeit nicht dasselbe tun, sondern anderes oder nichts. Das ist leicht erschreckend, weil es andeutet, dass sie die meiste Zeit ihres Lebens etwas tun, was sie nicht freiwillig tun, in einem bestimmten Sinn von freiwillig. Andererseits scheint eine solche Diagnose auch nicht ganz zutreffend, denn ein Zwang zur Arbeit ist kein Gefühl, das uns dauernd begleitet. Manche fühlen sich in der Arbeit sogar besonders frei.

Hannah Arendt hat in ihrer Anthropologie der körperlichen Tätigkeiten zwei Formen der Arbeit unterschieden und die erste (›labor‹) in etwa mit dem geschilderten Los der Menschheit gleichgesetzt. Etwas einseitig illustriert sie diese Arbeit mit dem fortwährenden Bewältigen des Lebensnotwendigen, der Arbeit am bloßen Erhalt des organischen Lebens, die in der antiken Polis den Sklaven vorbehalten war. In der Demokratie, könnte man meinen, hat sich dieser Umstand auf alle erweitert, was angesichts von Kapitalbesitzern, Rentnern und Arbeitslosen nicht ganz, aber doch weitgehend zutrifft. Die Notwendigkeit der Arbeit für ›die Menschheit‹ hat sich also in eine Notwendigkeit für alle Heutigen verlängert, und wenn wir den der Arbeit anhaftenden Zwang übersehen, haben wir ihn vielleicht verinnerlicht. Wir nehmen die Arbeit als Notwendigkeit hin, ähnlich wie einen Schnupfen oder das Wetter.

Der Vergleich ist auf mehrere Weise schief. Schnupfen ist nur unangenehm, Arbeit wirkt auch förderlich und häufig beglückend. Dann gab und gibt es immer Teile der Menschheit, die nicht arbeiten mussten, von Krankheit blieben sie hingegen nicht verschont. Und schließlich bedeutet Arbeit sehr Verschiedenes für unterschiedlich Arbeitende. Arbeit besitzt keineswegs die demokratische Qualität von Schnupfen oder schlechtem Wetter. Die Notwendigkeit von Arbeit wirkt auf viele in ganz verschiedenen Stärken und Qualitäten. Man kann praktisch alle diese Unterschiede damit erklären, dass der Zwang zur Arbeit vonseiten der Natur nicht blank entsteht, sondern vermittelt und gefiltert durch die ›Gesellschaft‹. Die Gesellschaft macht uns zu so oder so Arbeitenden und sie verteilt an uns unterschiedliche Arbeiten. ›Ist Arbeit nötig?‹ ist deshalb mindestens zu einem Teil eine Frage danach, ob die Art und Weise, wie die Gesellschaft die Arbeit verteilt, notwendig ist. Nach der gegenwärtigen Praxis des Bürgergelds in Deutschland ist Arbeit beispielsweise nicht notwendig für die gesamte Bevölkerung.

Von daher zeigt sich eine Linie von Notwendigkeit, diejenige der Arbeit als einer realen Produktion in der Gesellschaft. Es ist unwahrscheinlich, dass durch technische Entwicklung je die Notwendigkeit der Arbeit von einer gesamten Gesellschaft genommen werden könnte, selbst wenn ein Teil freiwillig und gern arbeitete. Diese Art der Notwendigkeit wird deshalb für viele bleiben, was aber, siehe Bürgergeld, noch nichts über das Ausmaß des Arbeitens sagt. Eine zweite Linie von Notwendigkeit stellt sich anhand der Arbeitskultur dar, in die wir ja eingebettet sind. Wie notwendig ist sie eigentlich? Diese Frage berührt sich zugleich oder ist sogar identisch mit der, welchen Sinn die Arbeit im einzelnen Leben haben kann. Natürlich ist das auch wieder nur in Verbindung mit der Weise zu sehen, wie die Arbeitsmöglichkeiten gesellschaftlich gefiltert auf einen zukommen. Ob sie in der tatsächlichen Verteilung sinnvoll ist, muss man wohl auch daran messen, wie eine ideal sinnvolle Arbeit aussähe. Bevor man sich aber in dieser Frage verliert, ist doch die radikalere danach interessant, ob Arbeiten überhaupt nötig ist.

Seit und mit Max Weber wissen wir, dass unsere gegenwärtige Wirtschaftsform das Ergebnis einer im 16. und 17. Jahrhundert abgelaufenen religiös-kulturellen Transformation ist, mit der das erfolgreiche Arbeiten im Zentrum eines bürgerlichen Lebens verankert wurde. Wie immer es sich mit dieser Transformation und ihrer nachhaltigen Wirkung auf uns Heutige verhält, von ihr zu wissen sollte uns dazu verleiten, die gegenwärtige Arbeitswelt nicht als ehernes Gesetz zu nehmen. Allerdings ist es extrem schwierig, diesen Vorbehalt in eine Argumentation gegenüber der Arbeitswelt im Ganzen zu überführen. Ein typischer Ausdruck davon ist, dass unter Ethikern seit Jahren zwar viele Diskussionen dazu blühen, worin ›sinnvolles‹ Arbeiten besteht, aber niemand die Frage zu stellen wagt, ob Arbeit selbst zum sinnvollen Leben gehört. Wieweit soll unser Leben ein Arbeitsleben sein? Es ist nicht so einfach, einen vernünftigen Standpunkt außerhalb des Arbeitsregimes zu finden, von dem her die Arbeit in ein arbeitsloses Leben überhaupt erst einzuführen wäre.

Man kann diese Frage auf unterschiedlichen Idealitätsniveaus verfolgen, was mit Bezug auf eine gegenwärtige westliche Gesellschaft schwierig ist, weil sie (wenn auch gestaffelt) vom äußeren Zwang zum Arbeiten geprägt ist. Der Wert des Arbeitens an sich müsste deshalb entweder aus einer ganz anderen Kultur oder aus unserer, dann aber in seiner Verwicklung mit der Notwendigkeit, herausgefunden werden. Naheliegenderweise wähle ich die zweite Variante, indem ich idealtypisch drei Gruppen unterscheide, die einer je verschiedenen Notwendigkeit des Arbeitens unterliegen. Entsprechend unterschiedlich schwierig ist es dann auch für sie, einen Eigenwert in den real angebotenen Arbeitsmöglichkeiten zu finden. Die drei Gruppen sind die ›ökonomisch Abhängigen‹, die ›sozial Abhängigen‹ und die ›Selbstentwickler‹.

Die ökonomisch Abhängigen sind gezwungen, ihren Lohn weitgehend zum Lebenserhalt auszugeben, ohne größere Rücklagen bilden und vorsorgen zu können. Sie sind von den Arbeitsangeboten und Arbeitsanforderungen stark abhängig und haben nur einen geringen Spielraum bei der Wahl, wenn sie Arbeitslosigkeit vermeiden wollen. Aufgrund des Zwangs zu langer Arbeitszeit fehlt ihnen auch ein Spielraum zur Lebensgestaltung, in den Konsumangeboten sind sie auf eine einfache Lebensführung angewiesen. In diese Gruppe fallen sowohl Ungelernte wie teilweise Dienstleistungsberufe mit nur geringer Qualifikation. Da die meisten Arbeitnehmer irgendwie auch ›ökonomisch abhängig‹ sind, spielt für die Definition dieser Gruppe die geringe Wahlmöglichkeit unter Arbeitsangeboten die bestimmende Rolle. Die Unterscheidungen sind dabei nicht absolut, sondern schwerpunktsetzend gemeint.

Sind die ökonomisch Abhängigen vorrangig durch externe Wahleinschränkungen ausgezeichnet, so gilt das für die sozial Abhängigen vorrangig über ihre eigenen Konsum- und Lebenserwartungen. Als Facharbeiter und Akademiker können sie zwischen Arbeitsangeboten und deren Anforderungen, insbesondere hinsichtlich der Arbeitszeit, freier wählen als die ökonomisch Abhängigen. Wenn sie sich dennoch einer hohen Arbeitsmoral und einem zeitraubenden Arbeitszwang unterwerfen, dann aufgrund ihrer höheren Konsumerwartungen, die ihnen am Ende denselben Zwang bescheren wie das geringe

Einkommen den ökonomisch Abhängigen. Freizeit benötigen sie entweder zur Rekreation oder für prestigeträchtige Reisen und Urlaube, wiederum unter dem Zwang sozialer Standards.

Die eher kleine Gruppe der Selbstentwickler erlegt sich die Abhängigkeit von Arbeit in größerer Freiheit auf, verbunden mit der Suche nach persönlicher Perfektibilität und Originalität. Diese Selbstentwickler finden sich unter Selbständigen verschiedener Art, Unternehmern, Wissenschaftlern und Künstlern, und sie scheinen innerhalb der drei Gruppen auf die weitestgehende Art frei. Ob sie wirklich frei sind, lässt sich bezweifeln, weil sie ihre Perfektibilität einseitig mit Arbeit verbinden, motivational und lebenszeitlich meist in höherem Maß als die Angehörigen der anderen Gruppen. Während die ökonomisch Abhängigen nur unter Zwang und mit Widerwillen arbeiten, die sozial Abhängigen ein Zweckverhältnis zur Arbeit behalten, haben die Selbstentwickler den Zwang so weit internalisiert, dass er sich ihnen als Befreiung darstellt. Nur so können sie auch alle ihre persönlichen Energien in die Arbeit verlegen.

Wenn man diese drei Sozialtypen unterstellt, herrscht für die meisten Arbeitnehmer also ein Zwang zur Arbeit, und entsprechend dem unterschiedlich qualifizierten Zwang (ökonomisch, sozial, selbstperfektionierend) entsteht die Frage einer korrespondierenden Freiheit. An diesem Punkt treffen die verschiedenen externen und internen Zwänge auf einen zu begründenden Freiheitsbegriff. Ein mögliches Kriterium ist das Ausmaß an Wahlmöglichkeiten zwischen Alternativen bzw. die Möglichkeit, sich dem entsprechenden Zwang zu entziehen. Danach ergäbe sich eine graduell zunehmende Freiheit ausgehend vom ökonomischen über den sozialen zum perfektionierenden Zwang. Den sozial übernommenen Konsumerwartungen kann man sich leichter entziehen als den Minimalforderungen des Lebenserhalts. Ob man von selbstgesteckten Berufs- und Leistungsprofilen leichter abfällt als von gewohnten materiellen Erwartungen, ist hingegen weniger sicher. Allerdings liegt ein wichtiger Unterschied darin, dass der Selbstentwickler seine persönlichen Profile selbst gewählt hat, während die sozial Abhängigen ihre Standards nur vermeintlich frei übernehmen. Der Selbstentwickler unterdrückt sich selbst auf kreative Weise, die sozial Abhängigen unterdrücken sich mit verbreiteten Standards.

Den drei Gruppen entsprechen auch unterschiedliche Niveaus des Arbeitssinns, an denen sich ebenfalls eine unterschiedliche Art des Zwangs und der Unfreiheit ablesen lässt. Zu typischen Arbeitsprofilen für die ökonomisch Abhängigen gehört das Entsorgen von Unrat. In einer neueren Studie werden bestimmte Berufe als mit drei Sorten von Unrat (›dirt‹) befasst geschildert: physischem Unrat (Müllmann), sozialem Unrat (Sicherheitspersonal, Schlachthof) und moralischem Unrat (Prostitution). Die meisten dieser Berufe sind zwar sozial nützlich, was sie eigentlich in ihrer Bedeutung aufwertet, gleichzeitig werden sie aber sozial entwertet, wenn nicht sogar geächtet. Die Müllentsorgung ist für die Gemeinschaft unleugbar wertvoll, aber die daneben existierende soziale Geringschätzung muss in diesen Berufen emotional verarbeitet werden. Unrat zu entsorgen ist lebensnotwendig; paradoxerweise werden diejenigen, die es tun, dafür sozial bestraft und nicht belohnt.

Die Arbeitsprofile von Facharbeitern und Akademikern bieten ein höheres Maß an Identifikationsmöglichkeit sowohl mit den konkreten Tätigkeiten wie, in der Regel, mit den sozialen und persönlichen Arbeitszielen. Allerdings stehen Arbeitsmöglichkeiten auf dem freien Markt nicht zur beliebigen Verfügung und sind in unterschiedlichem Grad in den Arbeitsbedingungen außengesteuert. Als extremes Beispiel kann das der ›bullshit-jobs‹ dienen. Der Ethnologie David Graeber hat diese Kategorie eingeführt, um auf Stellen hinzuweisen, in denen keine sinnvolle Arbeit verrichtet wird, sondern die sich nur dem strategischen Charakter eines Teils der Berufswelt verdanken. Derlei gilt etwa für persönliche Assistenten, deren Rolle nur dazu dient, die Bedeutung eines Chefs zu erhöhen. Wie viele sozial und ökonomisch funktionslose Positionen es in modernen Bürokratien und Verwaltungen gibt, lässt sich nur erahnen. Sozial abhängige Arbeitnehmer haben wenig Freiheit gegenüber und in diesen Positionen. Daneben ist ihr sozialer Nutzen weniger sichtbar als derjenige des Müllmanns oder der Pflegerin. Paradoxerweise werden sie dafür höher entlohnt.

Der strahlende Freiheitsheld, könnte man meinen, ist deshalb der Selbstentwickler. Er betreibt sinnvolle Arbeit, weil er seine Persönlichkeit mit seiner kreativen Tätigkeit unmittelbar verbindet – wobei sie nicht notwendig zugleich sozial nützliche Arbeit darstellt. Ist die Arbeit des Leichtathleten sozial nützlich? Kraft seiner egozentrischen Motivation steht er grundsätzlich am anderen Ende des Spektrums, in dem der Müllmann soziale Nützlichkeit verkörpert. Aber auch in seinem Freiheitsanspruch ist der Selbstentwickler nicht über jeden Zweifel erhaben. Wieweit er in seinen Arbeitszielen wirklich frei ist und nicht einer Manie der Selbstbestätigung unterliegt, hängt von seinem sozialen Arbeitsverständnis ab und neben dem Ausmaß seiner Kooperativität im Arbeitsbereich sicher auch noch davon, welches Ausmaß die Arbeit innerhalb seines Lebensalltags einnimmt. Identifiziert jemand sein Leben völlig mit der Arbeit, kann er darin nicht frei sein, weil er sich jedes Standpunkts des freien Entscheidens beraubt hat.

Bertrand Russell hat 1932 den Essay ›Lob des Müßiggangs‹ geschrieben. Im Zentrum des Essays vertrat er die Gerechtigkeitsidee, wonach jeder nur so viel arbeiten müssen solle, wie für das Erwirtschaften seines eigenen Verbrauchs nötig sei, so dass zumindest für diejenigen, die Müßiggang wertschätzen, eine Arbeitswoche von 20 Stunden ausreichen dürfte. Einige Hochqualifizierte oder in hoch spezialisierten Berufen Tätige könnten heute diesem Ratschlag folgen, aber für die überwältigende Mehrheit ist eine solche Verringerung der Arbeitszeit, trotz des riesigen Produktivitätszuwachses seit 1932, undenkbar. Russells Kriterium ist außerdem unrealistisch, eine abstrakte Idee, denn beim Arbeiten sind wir in ein kollektives System eingebunden, aus dem wir uns individuell kaum herausnehmen können. Über die kollektiven Güter sind wir an ein kollektives Niveau des Ressourcenverbrauchs gebunden, das wir nicht entscheidend beeinflussen können. Auch ohne Auto, mit geringem Energieverbrauch, pazifistischer Gesinnung usw. müssen wir die kollektiven Ausgaben für Autobahnen, Kraftwerke, Militär usw. mittragen, und die sind mit wenigen Arbeitsstunden nicht zu erwirtschaften.

Russells Anstoß ist dennoch aufschlussreich, weil er einen kurzen Blick hinter die meist unhinterfragt hingenommene

Kulisse der Arbeitswilligkeit, ja Arbeitswut gewährt. Die Zahl derer, die für eine radikale Alternative zur Arbeitskultur plädieren, ist sehr bescheiden. Paul Lafargue, der Schwiegersohn von Marx, hat 1848 den Essay ›Das Recht auf Faulheit‹ geschrieben. Obwohl er dabei eigentlich nur eine Kritik des 15-Stunden-Arbeitstags beabsichtigte, hat er sich damit die Schelte seines arbeitsbegeisterten Schwiegervaters eingehandelt. Diese Reaktion ist nicht untypisch. Eine aktive, nicht nur für Arbeit rekreative Art des Müßiggangs ist heute so gut wie unbekannt. Eine umfangreichere Art des Müßiggangs zum Lebensziel zu erklären, macht einen zum Asozialen, was angesichts der kollektiven Zwangseinbindung in die Produktion sogar zutrifft. Ein glückliches Leben scheint es nur innerhalb der Arbeit zu geben, und das dann nur für diejenigen, die ihre Arbeit einigermaßen sozial frei wählen können – auch wenn sie arbeitskulturell dabei unfrei sein mögen.

Lässt sich der Tod verstehen und akzeptieren?

KURZE ANTWORT: Der Tod ist eine Herausforderung für meine Freiheit, und ich kann ihn akzeptieren, wenn ich meine Freiheit genutzt habe.

LANGE ANTWORT: Warum soll das ein Problem sein, könnte man sagen. Nichts leichter als das. Alle Menschen sind sterblich, Sokrates ist ein Mensch, Sokrates ist sterblich. Was ist an diesem Gedankengang – dem berühmtesten aller logischen Schlüsse – unverständlich? Verständlich ist der Gedankengang natürlich, aber der Ausgangspunkt trifft nicht, ich bin nicht Sokrates. Der Tod von Menschen ist nicht derselbe wie mein Tod, selbst eingestanden, dass ich einer von ihnen bin. Der Unterschied ist einer von Standpunkten, eines objektiven und eines subjektiven. Und es könnte sein, dass das ›Modell‹ des objektiven Standpunkts nicht übertragbar ist auf den subjektiven Standpunkt, also darauf, wie man aus der Sicht der ersten Person urteilt. Diese Sicht ist aber die entscheidende: Kann ich *meinen* Tod verstehen und akzeptieren? Kann ich akzeptieren, dass *ich* sterben werde?

Worin kann der Unterschied der Standpunkte liegen? Die Grundlagen des Urteilens dürften einigermaßen verschieden sein. Wenn man über alle Menschen, oder Menschen als Spezies, redet, dann ungeachtet ihres individuellen Lebens. Die Urteilsgrundlage ist eine biologische und darin ungeheuer vereinfachend, denn ich bin nicht alle Menschen. Entsprechend ist die Betroffenheit eine andere. Den Syllogismus äußert ein Beobachter mit einer vergleichbaren Einstellung wie gegenüber einer Tabelle der chemischen Elemente. Gedanken über meinen Tod sind hingegen vermischt mit zwiespältigen Gefühlen, um deren Angemessenheit ich ringe. Im logischen Syllogismus bleibt die emotionale und wertende Dimension völlig ausgespart, die im subjektiven die Hauptrolle spielt. Die subjektive Variante – alle Menschen sind sterblich, *ich* bin ein Mensch, *ich* bin sterblich –

ist nur oberflächlich gesehen eine Unterart der ersten, sie ist aus ihr nicht logisch folgerbar.

Unsere Frage geht in zwei Richtungen, zum Verstehen und zum Akzeptieren. Was das Verstehen betrifft, scheint der objektive Syllogismus immer noch maßgeblich: Es ist doch wohl klar, dass du verstehen musst, dass du sterblich bist! Im Hintergrund dieses Hinweises steht zweierlei, einmal ein Appell an Rationalität und ein bestimmtes Verständnis der Prämisse. Der Einwender hat eigentlich schon auf der Zunge: Wenn du verweigerst, sterblich zu sein, dann ist das irrational! Das liegt nahe, weil die Prämisse eine biologische ist und ich anerkennen muss, dass biologische Gesetze auch für mich gelten. Gut, ich bin biologisch gesehen sterblich. Aber heißt das auch, dass ich meinen Tod, wenn er eintritt, verstehen muss? Mein Tod ist nicht nur ein biologisches Ereignis, sondern eines in oder an einem menschlichen Leben, das einen Lebenssinn hat, der über die biologische Seite hinausgeht. Man kann es auch so ausdrücken: Der biologische Tod ist nicht persönlich, ich aber erwarte einen persönlichen Tod. Deshalb trifft der Syllogismus mein persönliches Leben und Sterben überhaupt nicht. Er redet über menschliche Eigenschaften als biologische Wesen im Allgemeinen.

Dem biologischen Verstehen steht also ein persönliches Verstehen gegenüber, das sich insbesondere dann bemerkbar macht, wenn der Tod ›mitten im Leben‹, also lange vor seinem durchschnittlichen biologischen Ende, eintritt. Dann versteht man seinen Tod, indem man das zu ihm hinführende Leben versteht, indem man eine Entscheidung, ein Schicksal, ein Ereignis versteht, das zum jetzigen Tod hinführt. Der Prinz von Homburg versteht, warum er der Todesstrafe ins Auge blickt. Im Weiteren sei diese Art des persönlichen Verstehens ausgeklammert oder jedenfalls etwas zurückgedrängt. Für die meisten Menschen gibt es in ihrem Leben keine eng zu fassende Ereignisabfolge, die direkt ursächlich zum Tod führt, jedenfalls außerhalb von Kriegen oder ähnlichen Katastrophen. Einschlägiger ist, ob sich der Tod aus der Sicht eines durchschnittlichen Lebens verstehen lässt. Mein durchschnittliches Leben führt zum Tod, kann ich das verstehen? Mein Eindruck ist: eigentlich weder biologisch noch persönlich.

Warum nicht biologisch? In der Wissenschaftstheorie hat der finnische Philosoph Georg Henrik von Wright die Unterscheidung zwischen Erklären und Verstehen popularisiert, Erklären aufgrund von wissenschaftlichen Gesetzen, Verstehen aufgrund von menschlichem Sinn, vor allem von Handlungsabsichten. Nach dieser Unterscheidung kann ich mir meinen Tod erklären, ihn aber nicht verstehen, es sei denn, ich oder andere führten ihn absichtlich herbei. Ähnliches gilt für Krankheiten am Körper, sie sind Spuren biologischer Art, wie der Steinschlag am Berg eine Spur physikalischer Art ist.

Nun sind wir aber, um das Körper-Geist-Rätsel zu umgehen, auf das Leib-Konzept verwiesen, dem zufolge eine unlösbare Verbindung von Biologie und Sinn unserer Existenz zugrunde liegt; hat das auch Folgen für die Unterscheidung zwischen Erklären und Verstehen? Ich denke ja, nämlich darüber, wie wir im Verlauf des Lebens mit unserem Körper umgegangen sind. Lebenslange Raucher sind für ihren Tod, den Zeitpunkt und die Umstände, mit verantwortlich; und dasselbe gilt für alle von uns in unterschiedlichem Ausmaß. Der genaue kausale Anteil der biologischen und der Handlungsursachen lässt sich dabei nie entwirren, wie sich die entsprechenden Anteile im Leib ontologisch nicht entwirren lassen. Die Erklären-Verstehen-Unterscheidung ist deshalb auf den menschlichen Tod nicht so schlicht anwendbar, wie man das gerne hätte – die erhellende Funktion dieser Unterscheidung im Allgemeinen einmal zugestanden. Anders gesagt: Je nach der Art unseres vergangenen Lebens sehen wir unseren Tod als von uns biologisch mitverursacht, aber das auf diffuse Weise. Da in diesem Nexus, wie immer er aussieht, kein klarer Sinn liegt, verstehe ich ihn aber auch nicht.

Die Folgen für das Akzeptieren sind in gewissem Ausmaß spiegelbildlich. Ich kann nicht akzeptieren, dass ich ermordet werde. Hingegen bedeutet ein Selbstmord den Tod akzeptieren, er wird ja willentlich herbeigeführt. Das sind aber extreme Ausnahmen, der häufigste Tod ist unbeabsichtigt, unerwünscht und deshalb auch nicht akzeptiert, kurz er ist ein Übel, weil das Leben ein Gut ist. Das ist allerdings eine schnell dahin gesagte Behauptung, denn weil der Tod eine Grenze ist, wirft er die typischen Schwierigkeiten bei Grenzfragen auf. Im Vorwort habe ich dazu die Unterscheidung zwischen immanenten und transzendenten Fragen eingeführt. Der Tod ist das herausragendste Beispiel für transzendente Fragen, weil er das Ende der Existenz bedeutet und das Überhaupt-Leben alle anderen Grenzen (die von Erkennen, Lieben, Handeln, usw.) erst möglich werden lässt.

Ein seit der Antike, genauer seit Epikur, genannter Einwand dagegen, dass der Tod ein Übel ist, lautet, dass sich derjenige, dessen Tod es ist, sich im Tod dem Übel entzieht. Alle sonst bekannten Arten von Übel setzen die Existenz eines Lebenden voraus, der unter dem Übel ›leidet‹, hingegen leidet unter dem Tod (anders als unter dem Sterben) niemand, weil niemand mehr lebt. (Das Übel des Tods auf das Übel des Sterbens zu reduzieren, wäre nicht plausibel.) Dieser Einwand ist klar einer, der eben aus der Grenze des Lebens folgt.

Epikur war ein philosophischer Hedonist, das heißt, er hatte eine Auffassung vom Guten für Menschen, die sich auf bewusstes Empfinden stützt. Was nicht negativ empfunden werden kann, ist danach kein Übel, und entsprechend nicht der Tod. Unter dieser Voraussetzung lag der Einwand vielleicht besonders nahe, aber er liegt nach der Konkurrenzauffassung des Guten, derjenigen der objektiven, nicht an bewusstes Empfinden gebundenen ›Güter‹, ebenso nahe. Nach dieser Auffassung müssen wir etwas (z. B. Wissen, Unwissen) nicht permanent als gut oder schlecht erfahren, damit es gut oder schlecht ist, die subjektive Erfahrung kann sogar konträr sein. (Das Training ist beschwerlich, aber am Ende gut.) Auch für die Gütervorstellung vom Guten erhebt sich der Einwand, dass nach dem Tod niemand vorhanden ist, dem der Tod als Übel zugeschrieben werden kann. Ein Übel ohne Subjekt ist kein Übel. Der Kern des Einwands ist keiner des fehlenden Bewusstseins, sondern des fehlenden Subjekts.

Nun sagen wir aber dennoch, der bisher Lebende erleide den Tod, es sei ›sein‹ oder ›ihr‹ Tod. Ist das einfach eine sprachliche Verwirrung? Nein, wir verbinden es mit der Vorstellung eines potentiellen Lebens, das durch den Tod genommen wird. Diese Annahme liegt zugrunde, wenn wir jemanden, der jung stirbt, stärker bedauern als jemanden, der im hohen Alter stirbt. Wenn jemand in hohem Alter stirbt, tendieren wir sogar dazu, seinen Tod nicht mehr als Übel zu sehen. Er hatte ein langes Leben, also erleidet er kein Übel. Das ist zwar eine übliche Denkweise, aber dass wir sie in der empathielosen Einstellung dritter Person des Eingangssyllogismus nur auf andere anwenden, sollte uns zu denken geben. Der Webfehler in der Gütervorstellung des Guten und Schlechten liegt darin, dass sie objektiv und damit notgedrungen gegenüber dem Einzelleben unpersönlich ist. Es ist eine quasi-biologische Vorstellung vom Leben, die an die subjektive und persönliche Qualität des Lebens nicht heranreicht. Vielleicht nicht erstaunlich ist es aus der Perspektive eines Menschen im hohen Alter keine Beruhigung, dass er sich sagen kann: Ich habe biologisch gesehen meine Lebensgrenze erreicht, also kann ich gut sterben! Es ist keine Beruhigung, weil sein Leben nicht nur ein biologisches ist.

Ob man den Tod, subjektiv gesehen, auch im hohen Alter akzeptieren kann, ist also alles andere als klar. Es geht ja nicht nur darum, eine biologische Tatsache hinzunehmen, etwas, das man von einem rationalen Menschen erwarten kann; sondern darum, ein Ende des Lebens zu akzeptieren, über das man mit dem Tod auf letztlich nicht völlig durchschaubare Weise verbunden ist. Der Tod, also mein Tod, ist aufgrund der teilweisen Verantwortung für den Tod über das so oder so gelebte Leben meist auch ein persönlicher Tod. Das sollte man eigentlich auch erwarten, wenn man den Tod als menschlich ansieht. Sicher kann der Tod als willkürlicher Eingriff durch einen Unfall, eine plötzliche Krankheit blitzartig in das Leben einschlagen. Dann entzieht er den Lebenden der Verantwortung, der Tod ist buchstäblich ›natürlich‹. Aber anders verhält es sich beim ›normalen‹ Tod, der das Ende eines so oder so gelebten Lebens ist.

Ausschau zu halten ist deshalb nach zweierlei: einmal nach einem persönlichen Tod und dann nach einer angemessenen Haltung zu diesem Tod. Nicht zu Unrecht wird darauf hingewiesen, dass man im Tod am Ende völlig allein ist, den Tod kann einem niemand abnehmen und auch niemand mit einem teilen. Ist das nicht hinreichend persönlich? Nein, solange es etwas ist, dem man nur unterliegt, ist es nur individuell, nicht persönlich.

Mein ungewollter Beinbruch kann sehr besonders sein, aber er ist nicht persönlich – ich habe ihm seine persönliche Note nicht gegeben. Warum legst du aber so viel Wert auf diesen Unterschied, könnte jemand einwenden. Ist es denn für das Akzeptieren des Tods relevant, ob er persönlich ist oder nicht? Ich glaube, ja, darin in Übereinstimmung mit Sartre. Denn in der persönlichen Qualität kommt meine Freiheit zum Ausdruck, soweit Freiheit im Tod zum Ausdruck kommen kann. Und dieses Element der Freiheit sollte zum Akzeptieren beitragen; einen völlig unfreiwilligen Tod kann man schwerlich akzeptieren.

Mit Sartre scheint mir unausweichlich, dass die gesuchte Haltung zum Tod nur über die persönliche Freiheit verstanden werden kann. Freiheit ist der Grundzug, innerhalb dessen man die Bedeutung des Tods, immer meines Tods, ermitteln sollte. In einem zweiten Schritt ist dann natürlich wichtig, wie ich meine Freiheit ausgefüllt habe. Doch zunächst zu dieser Freiheitsperspektive: Ist sie nicht völlig ungeeignet? Denn, könnte man einwenden, der Tod ist doch der Inbegriff der Unfreiheit. Wenn man ihn unter dem Aspekt Freiheit betrachtet, ist das negative Ergebnis doch bereits enthalten. Das ist nicht richtig, denn Freiheit ist immer eine ›Freiheit zu‹, aber nie völlig eine ›Freiheit von‹. Sartre und Beauvoir drücken das so aus, dass Freiheit immer in einer ›Situation‹ gegeben ist, wobei ›Situation‹ für alle faktischen Umstände steht, in denen ich mich vorfinde. Eine menschliche Existenz, ohne in einer Situation zu sein, ist keine menschliche Existenz. Freiheit ist immer relativ zu einer gegebenen Situation, subjektiv betrachtet. Diese Einschränkung ist wichtig und entscheidend.

Der Sklave ist im Vergleich zum Herrn unfrei, wenn wir beide von außen betrachten. Wir unterstellen dabei automatisch die Vorstellung, der Sklave könnte doch auch der Herr sein. Subjektiv betrachtet ist der Sklave frei unter seinen Bedingungen, die er praktisch akzeptieren muss. Das schließt nicht aus, dass er sich von ihnen befreit, wenn ihm das möglich ist – setzt allerdings voraus, dass er es versucht. Kann es objektiv gesehen nicht gelingen, ist er dadurch nicht weniger frei, was in seiner Macht steht, hat er versucht. Sicher, objektiv gesehen ist er unfrei, subjektiv nicht. Dem Impuls, die objektive Perspektive anzunehmen, sollten wir dabei nicht nachgeben, denn meine Perspektive (angenommen ich bin der Sklave) ist doch für mich die entscheidende! Übertragen auf den Tod: Objektiv kann ich mich von ihm nicht befreien, er wird mich treffen. Subjektiv bin ich frei, wenn ich mein Leben so gestaltet habe, dass es nach meinen Vorstellungen sinnvoll ist. Mir die objektive Perspektive aufzuerlegen, ich mir selbst oder seitens anderer, ist nicht angebracht. Sicher, der Sklave ist unfrei, *sub specie aeternitatis*, aber was geht das ihn an? Er ist nicht die Ewigkeit. Sicher, der Tod beendet unser Leben, aus Sicht des Universums. Aber was geht das uns an? Wir sind nicht das Universum.

So sollte man den Tod verstehen. Kann man ihn dann akzeptieren? Freiheit ist eine anspruchsvolle Lebensform. Hat man das erreicht, was einem zu tun freistand? Der Sklave kann sich vorhalten, den Aufstand nicht gewagt zu haben. Ich kann mir vorhalten, eine Chance nicht ergriffen zu haben. Aber ich kenne meine Freiheit am besten und bin deshalb potentiell der beste Richter. Auf mein Leben blickend kann ich entscheiden, ob es meiner Freiheit gerecht geworden ist. Und entsprechend kann ich den Tod akzeptieren oder auch nicht.

Unter Menschen

Gibt es hässliche Menschen?

KURZE ANTWORT: Ja, darunter aber attraktive und unattraktive.

LANGE ANTWORT: Der Filmkritiker Roger Ebert fand David Lynchs Film *The Elephant Man* (1980) oberflächlich und sentimental. Das ist ein strenges Urteil über einen Film, in dem man mit einem Menschen von ungewöhnlicher Hässlichkeit konfrontiert wird und die Reaktion darauf an sich selbst beobachten kann. Der Film, nach einer realen Figur aus dem 19. Jahrhundert, John Merrick, gedreht, erlaubt dem Zuschauer einen Blick auf einen durch die ›Elefantenkrankheit‹ verschobenen menschlichen Kopf und ein von Geschwüren überwuchertes Gesicht. Beim entstellten Gesicht trifft uns der Anblick von Hässlichkeit stärker als an allen anderen Bereichen des Körpers, so als handele es sich um einen unmittelbaren Eingriff in die Persönlichkeit und nicht nur in einen unpersönlichen Arm oder Fuß. Sicher entsteht der Schock des Abscheus, der einen beim ersten Blick auf das entstellte Gesicht überfällt, auch aufgrund der Ahnung vom sozialen und medizinischen Schicksal eines solchen Menschen und der empathisch erzeugten Furcht, wir selbst wären an seiner Stelle. Kaum davon trennbar, ist aber die abgrundtiefe Hässlichkeit des Gesichts, zumindest beim ersten Blick, ein Bestandteil dieser Reaktion.

Damit haben wir ein Problem. Denn sogar beim Elefantenmann zögern wir leicht, wenn wir die Äußerung ›Dieser Mensch ist hässlich‹ aussprechen wollen. Irgendetwas stimmt dabei nicht, und ohne Zögern äußern sich so vielleicht nur Filmproduzenten. Am ehesten erlaubt ist uns das Urteil, dass jemand ein ›hässliches Äußeres‹ hat. Denkt man an dieser Stelle weiter nach, vertiefen sich die Probleme. Das Zögern lässt sich damit erklären, dass man über einen Menschen oder eine Person spricht, und Personen bestimmen sich nicht erschöpfend durch ihr ›Äußeres‹. Die Reaktion des Produzenten ist ein wenig, nur ein wenig, verständlich, weil er die Oberfläche von Menschen beruflich beurteilen muss, die das Kino vorrangig abfilmt. Nur ein wenig, weil auch der Film nicht nur den Körper, sondern auch ... jetzt begegnet uns das Problem. Es entsteht in zwei Stufen. Die erste bildet die Körper-Geist-Unterscheidung, die droht, uns in einen philosophischen Irrgarten zu führen. Die zweite entsteht in diesem Irrgarten dann, wenn man gezwungen wäre, von der ›schönen Seele‹ zu sprechen. Eine Seele kann gut, aber kann sie schön sein?

Der Elefantenmann im Film, angeblich ähnlich wie beim historischen John Merrick, erweist sich als klug und sympathisch. Er wächst dem Zuschauer im Laufe der Handlung gleichsam ans Herz, bis zu dem Punkt, dass man die anfänglich erschreckende Entstellung des Gesichts, nun ja, entweder nicht mehr als hässlich empfindet oder zwar als hässlich, aber darin nicht abschreckend. In beiden Fällen kommt zutage, dass man im Gesicht mehr wahrnimmt als die anatomische Oberfläche, nämlich den individuellen Ausdruck von Klugheit und Warmherzigkeit. Ob man jetzt sagen kann, der Elefantenmann sei, unter dem Strich, nach wie vor hässlich oder er verlöre zunehmend seine Hässlichkeit – ein Unterschied, den wir im Alltag wohl nicht so ernst nehmen –, führt uns zurück zum Körper-Geist-Thema. Bleibt die Hässlichkeit trotz der guten Seele, dann ist Schönheit eine rein körperliche Eigenschaft. Wird die Hässlichkeit gemildert, so ist sie das nicht. Der, wie es scheint, kleine Unterschied hat eine große Folge.

Das Körper-Geist-Thema ist ein Minenfeld für Philosophen, denn wenn sie beidem, Körper und Geist, zu große Eigenständigkeit einräumen, schaffen sie sich das Erklärungsproblem an den Hals, wie denn beides miteinander verbunden sein soll. Das ist der sogenannte ›Dualismus‹, den in die Literatur gebracht zu haben meist Descartes zugesprochen wird. Körper und Geist, körperliche und geistige Eigenschaften hängen offensichtlich zusammen, denn wenn ich nach New York fliege, bleibt mein Geist nicht in Europa. Andererseits herrscht ein großer Unterschied. Gedanken wiegen nichts, und eine Hoffnung nimmt nicht den Raum ein, in den man auch eine Waschmaschine stellen könnte. Wie passt also beides, die Trennung und die Verbindung, zusammen?

Bleiben wir deshalb, wenn möglich, am Rand des Minenfelds. Was mindestens gefordert ist, ist eine gewisse Ordnung in unseren Redeweisen. Schönheit und Hässlichkeit scheinen eindeutig auf materielle Eigenschaften bezogen: ein schöner Krug, eine hässliche Kröte. Der beste Charakter und die beste Seele schaffen es nicht, die äußerliche Hässlichkeit des Elefantenmanns ins Gegenteil zu verwandeln. Trotz seiner seelischen Qualitäten wird der Elefantenmann durch sie nicht schön. Es scheint bestenfalls, dass die Hässlichkeit gemildert wird, ganz aufgelöst wird sie nicht. Ist das aber nicht inkonsequent? Gibt es keine indirekte Verbindung, so sind die ästhetischen und die moralischen Eigenschaften – um allgemeine Kategorien zu benutzen – voneinander getrennt. Dass die beste moralische Qualität (gute Seele) die schlechteste ästhetische Qualität (Hässlichkeit) nicht ins Gegenteil verwandeln kann, unterstreicht die Getrenntheit – es sei denn, es gäbe eine indirekte Verbindung. Aber welche sollte das sein?

Näherliegend ist eine einfachere Erklärung als die der indirekten Verbindung. Dass wir uns gehemmt fühlen, den Elefantenmann nach dem Kennenlernen schlicht und einfach hässlich zu nennen, liegt an einer sozialen Zurückhaltung gegenüber einem Menschen, den man mögen gelernt hat. Es ist nicht so, dass das Gutsein das Hässlichsein über eine indirekte Verbindung beider abschwächte, sondern wir weigern uns schlicht, das Hässlichsein anzuerkennen, oder teilen es aus Höflichkeit zumindest nicht mit. Wie beim Dualismus votiere ich damit für eine klare Trennung der Eigenschaften. Schönheit und Hässlichkeit beziehen sich auf die wahrnehmbare Erscheinung, Gut und Böse auf Charakter und Handlungsabsichten.

Lässt sich das weiter belegen und gegen Einwände verteidigen? Zunächst passt die Trennung nicht zu einigen Redensarten, neben der von der ›schönen Seele‹ auch der von der ›schönen Geste‹ oder dem ›hässlichen Verhalten‹. Aber vielleicht sind diese Redeweisen nur eine Konsequenz der ältesten und berühmten Spekulation über eine ›indirekte Verbindung‹, derjenigen Platons. Nach ihm sind bekanntlich das Schöne, das

Gute und das Wahre eins. Leider ist das bis heute Spekulation geblieben, der Wunsch dazu mag sich aber in der Alltagssprache niedergeschlagen haben. Dagegen sprechen klare Beispiele der Getrenntheit: Miss Universe bleibt auch dann unverändert eine schöne Frau, wenn man weiß, dass sie regelmäßig ihre Katzen erwürgt. Die Zähne, die jemand in seinem Gesicht bloßlegt, bleiben auch dann schön, wenn es eine Grimasse des Triumphs ist. Mengele wurde von vielen seiner überlebenden Opfer als schöner Mann bezeichnet. Solche Beispiele widerlegen auch eine häufig unbewusst wirksame Reaktion, schöne Menschen für überdurchschnittlich kompetent oder moralisch gut zu halten.

Meine These der Getrenntheit ästhetischer und moralischer Eigenschaften könnte bestenfalls durch unlösbare Schwierigkeiten im Minenfeld der Philosophie des Geistes gekippt werden. Aber betrachten wir das Verhältnis von ›Die Vase ist 300 g schwer‹ und ›Die Vase ist neu‹. Ist es ein Problem, wie die Schwere der Vase und ihre Neuheit zusammenhängen? Neu zu sein ist keine materielle Eigenschaft, und ein Philosoph könnte das analoge Problem aufwerfen, wie beide Arten von Eigenschaften ›zusammenhängen‹. Die Antwort ist, dass materielle Dinge und ihre Eigenschaften innerhalb unserer sozialen Geschäfte eine Rolle spielen, weil wir ihnen diese Rolle zukommen lassen. Ähnlich mit den ästhetischen und moralischen Eigenschaften von Menschen. Wir betten Menschen in den ästhetischen und den moralischen Kontext ein, und weil beide je verschieden sind, spricht nichts für einen tieferen Zusammenhang. Schön ist nicht gut und hässlich ist nicht böse, und umgekehrt. Sie benötigen keinen ›tieferen‹ Zusammenhang, ja ein solcher wäre geradezu störend. Man kann das auch den ›Alltagsdualismus‹ nennen, weil wie im philosophischen Dualismus die Getrenntheit unterstellt wird, allerdings in Maßen. Anders als unter Philosophen wird der Zwang nicht akzeptiert, Personen durch und durch in zwei Klassen von Eigenschaften zu zerlegen, und damit der Zwang, die Verbindung dieser Klassen erklären zu müssen. Die verschiedenen Eigenschaften sind solche ›an‹ oder ›von‹ Personen.

Die schlichte Frage ›Gibt es hässliche Menschen?‹ erlaubt also eine schlichte Antwort: ›Ja klar!‹. Anderer Meinung zu sein, bedeutet, Platons Glauben an die indirekte Verbindung zum Guten anzuhängen. Für diesen Glauben spricht nichts. Er ist nichts als ein Wunsch. Weil die Botschaft für die meisten Menschen doch etwas ernüchternd wirkt, wird sie abgemildert durch eine neue kulturelle Erfindung. An die Stelle von Schönheit ist im optischen Selbst- und Fremdbegutachten von Personen ein neues Wort getreten: ›Attraktivität‹. Vielleicht liegt es an der Demokratie. Jeder hat Hemmung, sich als schön zu bezeichnen, aber fast alle empfinden sich als attraktiv. Dabei scheint Attraktivsein genau die Funktion zu erfüllen, die sich Platon (und Kant) ersehnt haben. Es ist ein Prädikat sowohl für das Mittelmaß zwischen Schönheit und Hässlichkeit wie für die mögliche Kompensation von fehlendem Äußeren durch vorhandenes Inneres.

Den Elefantenmann attraktiv zu nennen, ginge etwas zu weit. Aber der willensstarke und zugleich sensible Politiker kann sein durchschnittliches Aussehen mit seinen Botschaften, seiner Ausstrahlung und seinem nach außen übertragenen Lebensgefühl überschreiben. Und die Möglichkeiten dazu sind grenzenlos. Hässlichsein ist eine interessante Herausforderung, denn in ihr liegt die einmalige Chance, attraktiv zu werden.

Warum soll es eigentlich schlecht sein, sich zu verkaufen?

KURZE ANTWORT: Weil, was man eintauscht, weniger ist, als was man verliert.

LANGE ANTWORT: Der Verdacht des Sichverkaufens beschleicht einen beim Blättern in Hochglanzmagazinen, in denen schöne Frauen Kleider, Parfüms oder Schmuck vorführen. Kaum jemand wird nur für das Vorführen von Schönheit bezahlt, weshalb das unmittelbare Motiv der Auftraggeber darin liegt, ihre Produkte besser zu verkaufen, also mit den Bildern Gewinn zu machen. Nichts ist generell daran schlecht, mit Produkten Gewinn zu machen – sofern man die Warengesellschaft als alternativlos unterstellt. Ein dubioses Gefühl entzündet sich nur beim Betrachten der Frauen. Der Betrachter schwankt zwischen der Befürchtung, ein frauenfeindlicher Misanthrop zu sein, und der zaghaften Ahnung, dass es in der idealen Gesellschaft diese Bilder – überwiegend solche von Frauen – nicht gäbe. Kann man diesem Zwiespalt auf den Grund gehen, und hat das ein objektives Ergebnis?

Auf einen kritischen Punkt gebracht: Diese Frauen werden objektifiziert und lassen sich objektifizieren. Das kann auf die einzelne Frau bezogen sein, aber auch auf die Bilder als symbolischer Ausdruck der Rolle von Frauen in der Gesellschaft. Was heißt ›objektivieren‹ in diesem Zusammenhang? Frauen standen über Jahrhunderte unter der männlichen Erwartung, schön zu sein. Die ihre Schönheit ausstellenden Frauen kommen dieser Erwartung immer noch entgegen, sie präsentieren sich vorrangig nur und einseitig in ihrer Schönheit. Das geschieht im Bild, also ›nur‹ symbolisch, aber aufgrund der Rückwirkung auf alle Frauen ist es politisch relevant, eine indirekte Aktion von schönen Frauen gegen weniger schöne Frauen. Dieser Einwand setzt sicher die feministische Diagnose voraus, dass in der modernen Gesellschaft nach wie vor eine einseitige, geschlechterorientierte Objektifizierung vorherrscht; wer diese Diagnose nicht teilt, sollte besser nicht weiterlesen, denn sie wird hier unterstellt. Man könnte die Diagnose im Allgemeinen allerdings auch unterschreiben und dennoch die Objektifizierung schöner Frauen in Mode und Werbung für eine Bagatelle und das Verdikt für überzogen halten.

Es handelt sich überhaupt nicht um eine Objektifizierung! Vielmehr demonstrieren schöne Frauen eben ihre Schönheit, was ihr gutes Recht ist. Ihre Körper zeigten Selbstbewusstsein und vor allem eben Schönheit. Und das völlig ohne Zwang! Oder ja, es handelt sich um eine Objektifizierung, aber harmlos und vorteilhaft für beide Seiten, Frauen und Betrachter. Bei der Diskussion über Kants Unterscheidung zwischen ›Preis und Würde‹ wird gern auf das Beispiel eines Taxifahrers verwiesen. Indem ein Fahrgast den Fahrer kurzfristig ›benutzt‹, also ihn austauschbar gegen Geld verwendet, behandelt er ihn unter dem Aspekt Preis, also ökonomisch. Aber im Rahmen normalen Verhaltens verstößt er damit nicht gegen seine Würde, also seine Menschenrechte. Dasselbe gilt für die meisten Arbeitsverhältnisse zwischen Arbeitgeber und -nehmer. In ihnen wird der Arbeiter zum ›Objekt‹ des Managers, aber den entsprechenden Rahmen gegeben, ist das nicht anstößig und bestätigt dadurch, dass es für beide freiwillig geschieht.

Zum ersten Einwand: Dass Frauen in den Werbebildern zum Objekt werden, ist schwer zu bestreiten, auch wenn sie als Objekte Eigenschaften ausstrahlen, die dem zu widersprechen scheinen. (Allerdings unterstreichen Models mithilfe ihrer ausdruckslosen Gesichter eher noch ihren Objektstatus, ihre leblose Verfügbarkeit zugunsten der Mode.) Zweifellos trifft auch zu, dass alle Beteiligten freiwillig und ungezwungen handeln, abgesehen vom unvermeidlichen Zwang, einen Lebensunterhalt zu verdienen. Dass etwas freiwillig und absichtlich getan wird, verleiht dem Tun aber nicht in jeder Hinsicht Absolution. Frauen sehen sich hier so, wie Männer sie sehen. Und Männer sehen sie als Objekte. Frauen haben Vorteile davon, sich so zu sehen, weshalb sie diesen Blick akzeptieren oder ihn sogar für sich übernehmen.

Aber – der zweite Einwand – möglicherweise ist das harmlos? Der Vergleich mit dem Taxifahrer und dem durchschnittlichen Arbeitsverhältnis trifft jedoch nicht zu, weil schöne Frauen mit ihrer Schönheit einen ›wesentlichen‹ Teil ihrer selbst dem Verkaufen ausliefern. Das ist zugegeben eine ziemlich heikle Behauptung. Ähnlich heikel ist die Behauptung, meist vorgebracht zugunsten und vonseiten der Prostituierten, dass sie nicht ihren Körper oder ihre Geschlechtsorgane verkaufen, sondern eine Dienstleistung, vergleichbar dem Taxifahrer. Auch das ist eine Behauptung an der Grenze, denn die Geschlechtsteile gehören zu den intimsten Bereichen des Körpers und damit der Person. Sie anderen zur beliebigen Verfügung zu überlassen, zerstört die Intimität und den Körper. Aber es gibt keine objektive Metaphysik der Person oder des Körpers, mithilfe derer man so klare und sichere Urteile fällen könnte. Was ›wesentlich‹ zu einer Person gehört, Schönheit, Geschlecht, Sex, ist abhängig davon, wie man es sieht. Schöne Frauen sehen sich manchmal als hässlich und Prostituierte halten ihre Geschlechtsteile für nicht ihrem privaten Ich zugehörig; oder jedenfalls nicht während ihrer ›Arbeitszeit‹.

Diese ›anti-metaphysischen‹ Möglichkeiten sind Möglichkeiten, die aufgrund der natürlichen Psychologie Frauen aber massive Bürden bereiten. Stolz auf Schönheit ist natürlich, ihn zu verweigern unnatürlich. Schutz der eigenen Intimität ist natürlich, sie aufzugeben ist unnatürlich. Man kann diese Bürden auch so zusammenfassen, dass die Frauen etwas verlieren, das Bewusstsein des Werts ihrer Schönheit oder ihres intimen Körpers. Die Alternative bei der Verteidigung der Fotos ist dann diese: entweder ein Bewusstsein der Schönheit behalten und der Objektifizierung nüchtern zustimmen oder es verdrängen und der scheinbaren Objektifizierung entgehen. Die erste Variante ist vermutlich die üblichere und einfachere. Am Ende laufen aber beide zusammen. Objektifizieren und Selbstobjektifizieren bedeutet einen Verlust. Das Selbstobjektifizieren kann vorteilhaft und sogar lustvoll sein, und deshalb bleibt der Schaden leicht verborgen. Nur wenn man ihn versteht, kann man ihn beurteilen.

Einen genaueren Blick auf die Selbstobjektifizierung von Frauen hat Beauvoir in ihrem Buch *Das andere Geschlecht* geworfen. Dabei behandelt sie idealtypisch zwei verschiedene Sozialverhältnisse und entsprechend zwei unterschiedliche Persönlichkeiten, Prostituierte und Hetären. Als Hetären bezeichnet Beauvoir Frauen, die »nicht nur ihren Körper, sondern ihre ganze Person als verwertbares Kapital behandeln«. Eine Hetäre hat sich in einem größeren, aber zugleich freieren Umfang zum Verkauf gestellt als die durchschnittliche Prostituierte. Sie bewahrt sich in einer oft individuellen Beziehung zu einem Mann eine größere Freiheit, indem sie diese Beziehung frei wählt und betreibt, sich selbst außerdem über einen Beruf oder ein Talent aktiv gestaltet, ihre Hauptaufgabe aber darin sieht, attraktiv und begehrenswert zu sein. Beauvoir beschreibt die Hetäre in allen psychologischen Details, wobei das eigentliche Rätsel unbeantwortet bleibt. Das Rätsel liegt nicht aufseiten der Männer. Deren Motivation ist, eine ihnen verfügbare weibliche Gesellin zu haben, die ihre Illusion der Liebe nicht stört, obwohl sie für sie zahlen müssen. Die geschickte Hetäre kann die Illusion aufrechterhalten. Das eigentliche Rätsel ist: Wie geht das, kann man sich überhaupt verkaufen?

Die Spitze in dieser Frage liegt eben im ›sich‹, und in diesem Punkt geht die Hetäre weiter als die Prostituierte. Eine Hetäre lebt in geordneten, ja oft gehobenen Verhältnissen und ist deshalb den Risiken und Gefahren der Prostituierten nicht ausgesetzt. Die Erschwernisse für Prostituierte sind endlos und die Bezahlung machen sie in der Regel nicht wett. Von den meisten dieser materiellen und sozialen Probleme ist die Hetäre befreit. Das lädt natürlich zum Zweifeln ein: Gibt es eigentlich Hetären? Beauvoir schildert sie mit einem halben Blick in die Vergangenheit. Ihre Hetäre war eine Zwischenfigur im städtischen Bürgertum des 19. Jahrhunderts, eine Geliebte einflussreicher Männer neben oder anstatt der Ehefrau. (Ursprünglich waren Hetären Figuren des griechischen Altertums.) Zeitgenössisch zu ihrem Buch, 1949, verweist Beauvoir auf den Hollywoodstar mit älterem Beschützer und auf Künstlerinnen mit Mäzen. Aufgrund der inzwischen erweiterten Berufsmöglichkeiten für Frauen und größerer Freizügigkeit in der Sexualität ist die Hetäre als soziale Rolle in der heutigen westlichen Gesellschaft kaum noch vorhanden. In Graden hat sie sich in übliche Liebesbeziehungen und in die Ehe aufgelöst. Wieweit das der Fall ist, lässt sich immer noch am besten anhand des Beauvoir'schen Idealtyps beurteilen. Beauvoirs Hetäre ist in jedem Fall aufschlussreich, auch für unsere heutigen Verhältnisse.

Die Hetäre sei also das Paradigma, ›dass sich jemand verkauft‹. Die Hetäre hat größere Freiheit nicht nur in der Wahl ihrer Männer, sondern in ihrer Rolle insgesamt. Aber sie händigt ihrem Besitzer mehr von ihrer Person aus als die Prostituierte. Wenn sie mit ihm ein durchschnittliches Zusammenleben pflegt, so teilt sie zunehmend seine soziale Welt, seine Freundschaften, Gewohnheiten und Denkweisen. Diese äußerliche Ähnlichkeit mit einer Ehe oder durchschnittlichen Liebesbeziehung kann Zweifel an der Echtheit der Hetäre wecken. In Beauvoirs Schilderung werden diese Zweifel dadurch beseitigt, dass ein klares Kriterium des Hauptmotivs der Beziehung vorliegt: die Instrumentalisierung des Partners. Indem sie den Mann bezahlen lässt, wehrt sich die Frau dagegen, selbst als Werkzeug behandelt zu werden. Selbst in der Herausgabe von Intimität ist sie sich sicher, dass er, wenn er ihre Intimität genießt, sie nicht benutzen kann, weil ja sie es ist, die ihn benutzt. Derselbe Mechanismus kann sporadisch auch Liebesbeziehungen durchziehen, nur dürfen sie davon nicht durchgängig geprägt sein.

Worin sich die Hetäre von einer durchschnittlichen Ehefrau unterscheidet, ist ihr bewusstes Suchen einer rein ökonomischen Beziehung. Gerade darin, dass das so klar, bewusst und absichtlich ist, besteht das Rätsel. Kann man diese Haltung erklären, und wenn ja, ist sie gut für die Frau? Die letzte Frage ist eine grundsätzliche, denn liegt die Bewertung von Intimität nicht letztlich in jeder einzelnen Frau selbst, so dass sich gegenüber dieser Freiheit keine Urteile vonseiten Dritter treffen lassen? Was einen an der Freiheit der Hetäre zweifeln lässt, ist einzig, dass sie ihre Intimität herausgibt. Diese Erlaubnis ist heikel. Die Frau ist frei darin, was sie anderen an ihrem Körper erlaubt. Aber ist sie frei im Verfügen über ihre Sexualität? Menschen sind sexuelle Wesen, und wenn sie das sind, können sie nicht von einem asexuellen Standpunkt über ihre Sexualität entscheiden. Die Hetäre kann nicht von einem asexuellen Punkt darauf sehen, was mit ihrem Sex geschieht, wenn mit ihm etwas geschieht. Sie ist notwendig in ihm enthalten, und dann entsteht die Frage, ob diese Beteiligung innerlich frei ist. Neben den häufigen Formen von Unfreiheit durch Sucht gibt es noch eine andere Unfreiheit, nämlich schlichte Unwissenheit.

Eine in diesem Sinn naive Hetäre kommt in Beauvoirs Gemälde nicht vor, denn ihre Frauen sind immer starke Figuren. Sieht man jedoch auf die Akteurinnen in der heute florierenden Pornographie, so sind es überwiegend junge Frauen, die in einer hektischen Verbindung von Körper- und Exhibitionslust nebenbei noch Geld verdienen wollen. Von ihnen kann man wohl sagen, dass sie erst auf der Suche nach ihrem Willen und ihrer Sexualität sind. Sie wissen noch nicht recht, was sie mit ihr wollen, und wenn sie es herausfinden, scheiden sie meist aus dem Betrieb aus und werden durch jüngere ersetzt. Diese naive Hetäre weiß nicht, was sie will, und ist deshalb nicht frei. Sie kann sich auch nicht verkaufen, weil sie sich noch nicht einmal hat, es gibt keine Person, die ihrer Sexualität eine ihrem Leben angemessene Rolle zuteilen könnte. Mit Sexualität spielen ist völlig in Ordnung und nötig, aber das Spiel ist nicht von Dauer, das Leben schon.

Zurück zur rationalen Hetäre, wie Beauvoir sie schildert: als Herrin ihrer selbst und darin entschieden, sich längerfristig einem Besitzer auszuhändigen, den sie nicht liebt. Warum kann man seine Sexualität nicht aus freien Stücken, ohne Zwang wie meist die Prostituierte und nicht naiv wie die junge Pornographin, dem Benutzen gegen Wohlstand herausgeben? Es ist eigenartig, dass man eine solche Frage stellen und überhaupt ausführlich beantworten muss. Denn die Antwort steckt in der Sexualität und jeder kennt sie, weil er Sexualität kennt. Indem die Hetäre Sex instrumentell handhabt, spielt sie ihn nur. Sexualität lässt sich nicht instrumentalisieren, im Unterschied zu Körperbewegungen, die mit Sex einhergehen. Sexualität hat einen absoluten Charakter, indem sie Körper und Gefühl, Handeln und Verhalten, Tun und Erfahren, die beiden Akteure, untrennbar zusammenführt, also alle Trennungen auflöst, die in der rationalen Welt zu Konflikten führen. Freilich, nur für kurze Zeit und flüchtig, allzu schnell zerstörbar durch die Vorurteile und Zwänge eben der rationalen Welt. Hat man aber diesen absoluten Sinn von Sexualität einmal erfahren – den jede und jeder eigentlich kennt –, dann ist die Hetäre ein armes und zwanghaftes Wesen – oder ein unehrliches, das seine sexuellen Erlebnisse vor sich und anderen gut verbirgt.

Verallgemeinert heißt das auch, dass man sich nicht verkaufen kann. Man kann etwas an sich verkaufen, seine Stimme, seine Handlungen, seine Körperteile, aber was der Käufer erhält, ist immer nur ein beschränktes Gut. Das Nehmen für einen ökonomischen Gegenwert, überhaupt für einen Gegenwert, reicht an das Beste nicht heran, das wir in uns besitzen und das andere erfahren können. Gibt man die frisch geernteten Früchte auf dem Markt heraus und war die Anlieferung zu lang, so ist nicht überraschend, dass sie ihren Geschmack verloren haben. Verkauft man das Herz, den Atem, die Fantasie, die Zukunft, die Hoffnung, dann wundert sich der Käufer am Ende, wenn er nur Stroh erhält. Aber Esel fressen auch Stroh, und Esel untereinander erkennen es nicht einmal.

Ist der Appell an Menschenrechte sinnvoll?

KURZE ANTWORT: Nur dann, wenn sie Unterdrückten zur Selbstbestimmung verhelfen.

LANGE ANTWORT: Der interessierte Beobachter steht bei den Menschenrechten zunächst vor einem schwer zu überschauenden Themenfeld. ›Menschenrechte‹, damit verbinden sich (a) eine Reihe von internationalen Abkommen und Institutionen, (b) eine Politik des Anprangerns, Sanktionierens und im extremen Fall der militärischen Intervention. Und (c) eine Kultur der politischen, juristischen und philosophischen Diskussion. Welche dieser drei Ebenen ist die wichtigste, so dass man sich vorrangig auf sie beziehen kann?

Sicher, (a), ohne die *Allgemeine Erklärung der Menschenrechte* 1948, deren stufenweise Ratifizierung, Übernahme in bindende Politik, die ebenfalls schrittweise Einführung in Kontroll- und Straforgane, wie 1994 den beobachtenden Kommissar für Menschenrechte und 2004 den Internationalen Strafgerichtshof, wären Menschenrechte kein interessanter Gesprächsgegenstand. Aber diesen Institutionen stehen auch die Grenzen ihrer Wirksamkeit gegenüber. Im Wesentlichen sind internationale Menschenrechte Ausdruck von Machtverhältnissen und nicht etwa genuine Folgen des Glaubens an diese Rechte. Den ›Verbrecher‹ eines kleinen Landes wie den Bosnier Karadzic kann man vor Gericht stellen, den eines großen Landes wie Putin nicht. Was die Menschenrechte real bewirken, ist also, gelinde gesagt, bescheiden (b).

Neben der zentralen Frage der Wirksamkeit von Menschenrechten steht die Frage ihrer Gültigkeit. Warum und in welchem Ausmaß sind Menschenrechte berechtigt? Wie kann man sie erkennen, zunächst ganz grundsätzlich und dann in ihrem konkreten Inhalt? Hier steht der effektiven Politik der Menschenrechte ihre Begründung gegenüber (c). Philosophen, die sich berufsmäßig bei Begründungen für zuständig halten, zerlegen sich bei den Menschenrechten in zwei unversöhnliche Gruppen. Die einen arbeiten an Ersatzformeln für ›Gott‹ und ›Natur‹, den alt gewordenen Sigeln, mit denen die amerikanische und die französische Verfassung am Ende des 18. Jahrhunderts Menschenrechte zu begründen suchten. Damals ›verliehen‹ Gott oder Natur die Menschenrechte. Philosophen der zweiten Gruppe kritisieren die Menschenrechte, beginnend ebenfalls bereits im 18. Jahrhundert mit Jeremy Bentham (›Unsinn auf Stelzen‹). Aktuell kritisieren Philosophen dieser Gruppe etwa moderne Vorschläge des Begründens mittels ›Würde‹ oder ›sprachlicher Vernunft‹ und ziehen daraus manchmal sogar den Schluss, dass es Menschenrechte überhaupt ›nicht gibt‹. Was die Philosophen beider Gruppen in der Gegenwart leicht übersehen: Eine Politik der Menschenrechte ist tatsächlich in der Welt (b), so dass sie einen philosophischen Beistand in initiierender Funktion nicht nötig hat. Die Kultur und Praxis der Menschenrechte wurde von Politikern ohne die Beteiligung von Philosophen eingeführt, sie werden von der Zivilgesellschaft angerufen und angemahnt. Philosophen haben bei ihnen nicht erkennbar ein Hausrecht.

Nicht, dass ein Bedarf zu ihrer Klärung nicht bestünde. Denn was die Inhalte der Menschenrechte angeht, macht der interessierte Beobachter eine zweite verwirrende Erfahrung: Es gibt kaum etwas für Menschen Gutes, das nicht bereits deklamatorisch als Menschenrecht gefordert wurde. Die erste Erklärung im 18. Jahrhundert (die amerikanische) nannte sie ›evident‹, und tatsächlich ging es nur um einige wenige Rechte. Aber die *Allgemeine Erklärung* von 1948 zählte in 30 Artikeln bereits etwa 30 Rechte auf und legte allein aufgrund der Breite ihrer Formulierungen die Notwendigkeit nahe, diese Rechte fortwährend zu kommentieren und zu ergänzen. Inzwischen unterscheidet man drei ›Generationen‹ von Menschenrechten, wobei die dritte Generation beispielsweise Rechte nach Kommunikation oder nach gesunder Umwelt umfasst. An diesen Beispielen verstärkt sich der Eindruck, dass die Menschenrechte zu einem Idealkatalog wünschenswerter Güter geworden sind, dem bei entsprechender Fantasie keine Grenzen gesetzt sind. Auch aufgrund der Überschneidungen in den Katalogen und den daraus entstehenden Erläuterungszwängen wundert es nicht, dass sich eine Phalanx von Experten damit beschäftigt, die Menschenrechte zu ›erklären‹. Nicht ganz unpassend hat man diese Menschenrechtskultur mit der katholischen Kirche verglichen, die sich der Aufgabe widmet, Gottes als solches nicht selbstverständliches Wort ohne Ende zu erläutern.

Der Glaube an die Menschenrechte ist zwar ein Glaube, aber kein religiöser, so dass er sich nicht wie dieser an Autoritäten, Experten und Institutionen klammern kann. Da Menschenrechte Gegenstand der Politik sind, entspricht dem Glauben am ehesten eine demokratische Einstellung. Da die Menschenrechte aber nicht demokratisch legitimiert sind, hilft wohl nur, dass sie gegen demokratische Grundsätze nicht verstoßen sollten. Ob sie, in ihrer Geltung so reduziert, die Funktion eines Sicherheitsnetzes ›unter‹ den realen Verfassungen aller Staaten spielen können, ist eine offene Frage, die nur durch die Praxis des Redens über Menschenrechtsverstöße selbst beantwortet werden kann. Wenn die Menschenrechte eine Wirkung haben sollen, dann müssten sie nach wie vor evident sein. Nicht zufällig, sondern dem Zustand der Kultur geschuldet, tun sich jedoch die Menschenrechtsdeuter schwer damit, zu einem gemeinsamen Ergebnis im Verständnis zu kommen.

Das eindeutigste Hindernis bei der Beurteilung der Gültigkeit der Menschenrechte liegt – angesichts der immer weiter aufgeblähten Kataloge – in der Schwierigkeit, in ihnen eine Einheit zu erkennen. Könnten der ›Mensch‹ und seine unstrittigen Bedürfnisse die Einheit bilden? Nicht so einfach, denn in der Moderne ist das Verständnis, was der Mensch ist und welche Bedürfnisse er hat, strittig geworden. Die Menschenrechtskataloge sind in ihrer Vielfalt gerade ein Spiegelbild dieser Entwicklung. Da sie stillschweigend auf einem demokratieähnlichen Prozess beruhen, kommen die verschiedensten Vorschläge zu Wort und das führt zu ihrer fortwährenden Erweiterung. Es ist immer einfacher, eine Liste von Wünschen zu ergänzen, als um sie zu ringen. Auch das wiederkehrende Zauberwort ›Würde‹ hilft nicht als Schlüssel zu einer Einheit. Worin menschliche Würde besteht und was sie fordert, ist so unklar wie alles Werthafte am Menschen.

Warum ist es weniger anspruchsvoll, eine Liste von Menscheninteressen aufzustellen als eine von Menschenrechten? Was unterscheidet Rechte von Interessen? Rechte sind Schutzgarantien, die über die Interessen einen normativen Schirm legen. Andere sind mit den Rechten aufgefordert, Verstöße gegen Interessen zu verhindern, oder auch, Interessen zu erfüllen. Rechte sind anspruchsvoll, weil sie andere in die Pflicht nehmen, während aus dem Aufzählen von Interessen normativ nichts folgt. Bei den Menschenrechten bleibt jedoch unklar, wer genau in die Pflicht genommen werden soll. Zuallererst diejenigen, würde man meinen, die gegen Menschenrechte verstoßen. Natürlich ist zweifelhaft, ob es eine Wirkung hat, wenn man sie im Namen der Menschenrechte anklagt. Aber die Wirkung wird umso zweifelhafter, wenn unklar ist, was ein Menschenrecht ist, warum also eine bestimmte Aktion gerade gegen ein Menschenrecht verstößt.

Es gibt einen einzigen Ausweg aus einer solchen Situation, in der Uneinigkeit unter vielen besteht, die im Grunde doch Übereinstimmung wollen, sie nur nicht einfach herbeiführen können. Dieser einzige Ausweg ist der Schlüssel zu vielem in der Politik, und da Menschenrechte Gegenstand der Politik sind, so auch hier. Der Ausweg lautet: *Selbstbestimmung*. Wenn der Klub der Experten und Pädagogen zu keiner Einigung kommt, was Menschenrechte im Einzelnen sind, wenn die historische Evidenz verloren gegangen ist, versuchen wir doch eine Antwort, die wir auch sonst geben, wenn wir uns nicht einig sind: Das muss jeder für sich entscheiden! Um den Inhalt der Menschenrechte zu ermitteln, geht man am besten von Selbstbestimmung aus. Und dabei nicht abstrakt von einem dann wieder von Experten zu erläuternden Begriff, sondern von der Bedrohung der Selbstbestimmung. Rechte sind Schutzinstrumente, die man nicht bräuchte, wenn Menschen und ihre Selbstbestimmung nicht bedroht würden. Anstatt Menschenrechte über eine Essenz des Menschlichen zu erläutern, ist es besser, sie über Bedrohungen zu definieren. Für deren Summe gibt es einen zusammenfassenden Begriff: Unterdrückung.

Hätte man nun nicht bereits den Schlüssel Selbstbestimmung in der Hand, wäre man schnell wiederum orientierungslos, denn was kann nicht alles unterdrückt werden? Klarer wird es, wenn die Selbstbestimmung unterdrückt wird und indirekt dann alles das, was selbstbestimmende Menschen für sich wollen. Die einfachste, zusammenfassende Antwort auf das Rätsel Menschenrechte ist deshalb: Menschenrechte sollen die Selbstbestimmung schützen! Die Kataloge von Menschenrechten sind nichts anderes als pädagogische Informationen dazu, was selbstbestimmte Menschen wichtig finden. Über einen anderen Weg gewinnen die Menschenrechte keine Legitimation. Dabei ist der Irrtum zu vermeiden, die Rechte seien Garantien ohne begleitende Erbringungslast. Jedem Recht der einen hängt eine Pflicht der anderen an, für ihr Einhalten zu sorgen – weshalb ein Recht auf Arbeit kein Menschenrecht ist, ein Recht auf körperliche Unversehrtheit hingegen schon. Es ist zu belastend, allen bedingungslos Arbeit anzubieten, nicht hingegen, andere nicht zu schädigen. Dieses Beispiel verallgemeinernd, dürften sich die Menschenrechte in der Form als Schutzrechte erschöpfen.

Die *Allgemeine Erklärung* von 1948 entspricht diesem Zugang einigermaßen, wenn auch nicht durchweg. So steht bereits im ersten Satz die danach immer beliebter gewordene Formel der ›angeborenen Würde‹, also eine Pseudoerklärung, warum gerade die zu nennenden Rechte gelten sollen. Im weiteren Text, nur stellenweise unterbrochen wiederum durch die Würdeformel, liegt der rote Faden in den 30 Artikeln in Forderungen nach verschiedenen Rechten und Freiheiten, beide werden immer im Verbund und damit wohl gleichbedeutend erwähnt. Die Erklärung ist wegweisend darin geworden, dass sie im pädagogischen Stil eine größere Anzahl von Freiheiten aufführt und gleichzeitig die Innensicht derjenigen, denen diese Freiheiten gegeben werden sollen, ausklammert. Die einzige Ausnahme ist der Artikel 16, der im Rahmen der Eherechte eine freie Willenseinigung der Ehegatten fordert und so implizit eine mögliche Selbstbestimmung zugesteht. Die genannte Forderung ist keineswegs überflüssig, denn in traditionellen Gesellschaften stehen viele Frauen unter dem Zwang, fremdbestimmt einen ihnen zugeteilten Ehemann zu heiraten. Das Beispiel verdeutlicht gerade auch das Defizit, das in der Listendenkweise von

Rechten liegt, wenn ihre selbstbestimmte Anwendung nicht explizit erwähnt und gefordert wird.

Menschenrechte sollen in Situationen helfen, die autoritäre Bevormundung, Einschränkung, Strafen, sozialen Druck und Gewalt unterschiedlichen Ausmaßes enthalten. Menschenrechte nur als Rechte für ›Menschen‹ zu bezeichnen, wäre eine beschönigende Irreführung; nicht alle Menschen benötigen solche Rechte, sondern die Unterdrückten, nicht die Unterdrücker. Die Listendarstellung suggeriert, dass die Menschenrechte Mittel wären, um ›Menschen‹ im Allgemeinen Wünsche zu erfüllen. Stattdessen sind es Mittel, um ›Unterdrückte‹ vor Unterdrückern zu schützen. Unterdrückung und Gewalt betrifft vorrangig Frauen und Kinder in traditionalistischen Gesellschaften sowie generell Schwache in sozialer Abhängigkeit. Menschenrechte müssen deshalb vorrangig Kinder- und Frauenrechte sein.

Über das bloße Nennen von Freiheit hinaus ist das Recht auf ›Selbst‹-bestimmung unverzichtbar, weil es den Schlüssel dafür enthält, wo bei den immer vorhandenen Konflikten zwischen verschiedenen Rechten, dem Beanspruchen von Rechten angesichts negativer Folgen durch das Beanspruchen, der Interpretation von Rechten, die Entscheidungsmacht liegen soll: nicht bei paternalistischen Interpreten, sondern bei den Unterdrückten selbst. Dass Frauen das Recht auf ein Leben frei von männlicher Gewalt haben sollen, wäre nicht hinreichend, wenn die Inanspruchnahme dieser Freiheit Frauen gleichzeitig ihre sozialen Existenzbedingungen entzieht. Das konkrete Inanspruchnehmen ist das eigentliche Gut in einem Recht, und über seine Praxis können nur die Rechteinhaberinnen selbst entscheiden. Das erste und darin grundlegende Menschenrecht ist deshalb, einen freien Willen in Anspruch nehmen und ihn für das eigene Leben einsetzen zu können.

Das ist sicher ein immer noch auslegungsbedürftiges Recht, das auf seine Entstehungsbedingungen verweist. Wann hat jemand in doktrinär-religiöser Umgebung einen freien Willen, was benötigt jemand, um ihn zu entwickeln, wie günstig muss die Situation sein, damit Entscheidungen frei getroffen werden können? Welches Ausmaß an Hilfe sollen die Entscheiderinnen gegen die Unterdrücker erhalten? Die Gefahr bei allen diesen Fragen ist erneut, dass eine paternalistische Antwort gegeben und Selbstbestimmung zu einem objektiven Wert erhoben wird, wie es bei Würde unvermeidlich der Fall ist. Die Folge wäre erneut, dass ›Experten für Selbstbestimmung‹ darüber urteilen, wann möglicherweise Unterdrückte selbstbestimmt entscheiden. Das wäre ein Widerspruch zur Selbstbestimmung. Dieser Wert ist subjektiv, nicht objektiv: Er belässt die Autorität beim Subjekt und überlässt sie nicht dem Beobachter. Wenn einem Menschen klar genug ist, dass er sich zwischen Alternativen entscheiden kann und muss, dann liegen alle Bürden der Entscheidung zuallererst bei ihm selbst und nicht bei anderen.

Mit anderen Worten: In der Selbstbestimmung steckt auch Selbstverantwortung und darin eine Verantwortungsentlastung für die soziale Umwelt. Wer Entscheidungskraft hat, der hat auch die Last, sie anzuwenden, und wer sie nicht oder falsch anwendet, muss selbst die Folgen tragen. Um dabei nicht wieder in einen grenzenlosen Paternalismus umzukippen, braucht man ein klares Kriterium für mögliche Selbstbestimmung. Ein solches klares Kriterium findet man in der Gefahr für Leib und Leben, in Folter und physischer Freiheitseinschränkung. Wer von diesen Gefahren unbedrängt entscheidet, hat die Freiheit zu entscheiden, und ob sie oder er sie dann nützt, liegt bei ihr oder ihm.

Angewandt heißt das beispielsweise, dass die unter den Taliban wieder Burka tragenden Frauen ›unterdrückt‹ sind, wenn sie die Burka aus realistischer Angst vor Gewalt oder Freiheitsentzug tragen. Könnten sie alternativ das Haus überhaupt nicht verlassen, wird gegen ihr Menschenrecht auf Bewegungsfreiheit verstoßen. Tragen sie hingegen die Burka nur aus dem Motiv, ihre bevorzugten sozialen Kontakte nicht zu verlieren, dann handeln sie selbstbestimmt, indem sie die Kontakte für wichtiger bewerten als die einengende Verkleidung. In diesem ›milderen‹ Beispiel wird gegen ein Menschenrecht nicht verstoßen. Mit Ausnahme von freiem Willen und Selbstbestimmung sind die Menschenrechte an eine Güterhierarchie nicht gebunden und unterliegen deshalb auch nicht dem Einwand des ›moralischen Imperialismus‹ oder der ›westlichen Werte‹. Wenn sich eine Frau freiwillig in eine männlich dominierte soziale Hierarchie einfügt, wird nicht gegen ein Menschenrecht verstoßen. Das Tragen einer Burka ist deshalb nicht als solches bereits ein Indiz für ihre Unterdrückung.

Diese in Selbstbestimmung zentrierte Auffassung von Menschenrechten entspricht nicht der herrschenden Meinung. Die Menschenrechte entspringen dem westlichen Ethos, das christlich geprägt ist. Im christlichen Ethos spielen die Barmherzigkeit, das Sorgen für andere und (erweitert) sogar das Denken für andere eine zentrale Rolle. Dieses Ethos ist anmaßend, übergriffig, unrealistisch und auf versteckte Weise sogar gewalttätig. Es will den Gefährdeten sagen, was ihre Rechte im Einzelnen sind, statt es ihnen zu überlassen, es für sich selbst herauszufinden. Die Hüter von Menschenrechten handeln meist als Paternalisten und Pädagogen. Aber die Welt benötigt keine Morallehrer und Fürsorger für alle, sondern Helfer für die Selbsthilfe derer, die unterdrückt werden.

Sind Liebe und Sex miteinander vereinbar?

KURZE ANTWORT: Sie sind ein Raum mit verschiedenen Ausgängen.

LANGE ANTWORT: Liebe und Sex passen nicht zueinander! Diese Ansicht war lange Zeit eine Gewissheit in vielen Religionen und etwas davon hat sich in Andeutung auch bei uns Säkularen bis heute gehalten. Wieweit wir in unserem Denken durch diese lange kulturell-religiöse Programmierung beeinflusst sind, ist eine schwierige Frage, aber dass sie vorhanden ist, scheint ziemlich klar. Die Motive aufseiten der Religionen mögen letztlich im Versuch gelegen haben, den Zusammenhalt von Familien zu stabilisieren, und wenn das der Zweck war, hat er mit der Religion heute seine Wirkung sichtbar verloren. In der Philosophie drückt sich der Konflikt zwischen Liebe und Sex viel stiller in der cartesianischen Trennung von Körper und Geist aus. Wie bei vielen Fragen des Selbstumgangs, ist diese Trennung auch für das Verhältnis von Liebe und Sex relevant. Der ontologischen Trennung folgt in gläserner Konsequenz auch die praktische: Sex und Liebe sind einander fremd, denn Sex ist körperliche Aktivität und Liebe ist ein geistiger Zustand. Zufällig können Sex und Liebe, wie Körper und Geist, an einem Ort auftreten, eine innere Verbindung aber ist schwer vorstellbar.

Unsere persönliche Erfahrung mit Liebe und Sex ist meist ambivalent und damit kaum entscheidungsfähig. Sie scheint jedenfalls einer klaren Trennung nicht zu widersprechen. Es gibt Liebe nach dem Erlöschen von Sex und es gibt in der Menge Sex ohne Liebe. Sex lässt sich, wie es scheint, wissenschaftlich wertfrei und ohne Bezug auf Liebe untersuchen. Die Studien von Kinsey und Masters-Johnson haben das in den 50er und 60er Jahren des letzten Jahrhunderts (nicht ohne Befreiungseffekt) breit ausgeführt. Werden Sex und Liebe einmal naturwissenschaftlich entzerrt, dann schrumpfen die Motivationsquellen entsprechend, unter Ausschluss eines kulturell so Aufgeladenen wie Liebe. Die Kinseyaner beließen es in ihrer experimentell motivierten Vorgehensweise beim ›physiologischen Bedürfnis‹, das durch sexuelles Verhalten gestillt werden will. Sucht man nach einem psychologisch interessanten Motiv, so ist das Angebot im kalten Licht des Labors entsprechend bescheiden. Liebe scheidet in der Wissenschaftssprache als Motiv für Sex aus, und zur Verfügung stehen noch Motive wie Begierde, Lust, Trieb, die man in ähnlicher Weise auch Tieren zuschreibt. Wie Liebe dann Sex nicht motivieren kann, kann Sex Liebe auch nicht erzeugen, und wenn überhaupt, eher destruieren.

In der modernen Philosophie war es Kant, der diese Gegnerschaft am deutlichsten artikuliert hat. Dass seine Argumentation nicht einfach eine Kuriosität der Geschichte ist, zeigt sich daran, dass sie von Teilen des Feminismus (Andrea Dworkin, Catherine McKinnon) in den 80er Jahren explizit wieder erinnert und verbreitet wurde. Kant hat seine Sexualmoral im Rahmen einer Standardvorlesung vor religiös bereits sozialisierten Studenten vorgetragen, die er nicht eigentlich überzeugen musste. Dabei widmet er sich diesem Thema nicht gesondert, sondern behandelt Sexualität im Rahmen von alltäglichen Einzelpflichten, verbunden durch eine Kernidee seiner zeitgleich getrennt entstehenden allgemeinen Ethik: dem gleichen ›Achten von Menschen als Menschen‹, bekannt meist als ›Kategorischer Imperativ‹. In der Achtensformulierung gilt das Prinzip bis heute in westlichen Rechtsordnungen, politischen Überzeugungen und in unserer Alltagsmoral als gleichsam unumstößlich. Teilt man diesen ethischen Hintergrund, ist es dennoch überraschend, wenn man auf Kants uneingeschränktes Verdikt *gegen* Sexualität stößt – werden doch zumindest heutige Christen nicht müde, auf die Offenheit Gottes, erkennbar in der Bibel, gegenüber dem Sex zu verweisen. Für Kant, viel rigoroser, ist Sex unvereinbar mit dem Achten und ist deshalb grundsätzlich unmoralisch. Punkt.

Wie ist die Unvereinbarkeit genauer gemeint? Kant argumentiert so: Das sexuelle Begehren ist der Natur nach einzig auf die Sexualorgane gerichtet. Das Benutzen dieser Körperteile zum Zweck des Lustgewinns ist das begrenzte Ziel von Sexualität. Mit dem Körper ist freilich eine Person verbunden, und von ihr wird bei der Sexualität abgesehen. Dieses ›Absehen von‹ beschreibt Kant mit erkennbarer Entrüstung als ›benutzen‹, ›aufopfern‹, ›entehren‹, ›als Sache behandeln‹, wie eine ›ausgesaugte Zitrone wegwerfen‹. Auf einen sachlichen Punkt gebracht: Das sexuelle Begehren verstößt gegen das immer nötige moralische Achten der Person. Möglicherweise war es die bei Kant anklingende Empörung gegen männliches Sexualverhalten, was Andrea Dworkin dazu brachte, ihn als Gewährsmann in ihrem Kampf gegen Pornographie zu reaktivieren. Dworkin fügte noch zwei weitere Gründe hinzu. Heterosex ›verdinglicht‹ die Frau sozial und biologisch: aufgrund der gesellschaftlichen Machtunterschiede und aufgrund der anatomischen Asymmetrie des Geschlechtsverkehrs. Berühmt geworden ist ihr Einwand: Der Mann dringt körperlich in die Frau ein, nicht die Frau in den Mann, und das ist eine Form einseitig ausgeübter Gewalt.

Dworkin hat sicher darin recht, dass männliches Sexualverhalten in einem bestimmten Ausmaß von Besitz- und Machtansprüchen durchsetzt ist. Das Ausmaß geschlechterdifferent einseitiger sexueller Übergriffe und Vergewaltigungen, zusätzlich zu Morden aus Eifersucht, ist ein Beleg für die Gewalt von Männern gegen Frauen als Systemerscheinung, also auch jenseits der sichtbaren Form von Gewalt. Doch wie weit tragen diese nicht zu leugnenden Tatsachen für unser Erkunden der begrifflichen Trennung zwischen Liebe und Sex?

In dieser Hinsicht überzeugen Dworkins Gründe weniger. Sicher, wirksame Machtunterschiede zwischen körperlich und sozial Stärkeren und Schwächeren entwerten sogar einvernehmlichen Sex zwischen solchen Partnern wie Ärzten und Patienten oder Lehrern und Schülern; aber ist ›gewaltfreier Sex‹ zwischen erwachsenen Männern und Frauen nur in einer völlig egalitären Gesellschaft möglich? Besteht nicht die Möglichkeit der persönlichen Gleichheit in der im ganzen ungleichen Gesellschaft? Sicher, ein von der Frau *nicht* gewolltes Eindringen ist eine Vergewaltigung – aber ist ein von der Frau gewolltes Eindringen ebenfalls Gewalt? Ist die gewünschte Untersuchung durch eine Gynäkologin ebenfalls Gewalt – oder ähnlich das ›Eindringen‹ des Zahnarztes in den Mund der zu behandelnden

Patientin? Dworkin reduziert Sex auf Anatomie, und Anatomie kann zur Gewalt zwar einladen, aber sie verwandelt nicht jede Handlung in Gewalt.

Während Dworkins Gründe oft mehrdeutig sind, äußerte sich Kant klar, geleitet von Begriffen und Prinzipien. Seiner Argumentation kann man sich schwer entziehen, wenn man wie geschildert am Prinzip des Achtens festhält – und diesem Prinzip sind wir meist geneigt zuzustimmen. Nicht unbedingt hingegen Kants Argumentation im Einzelnen. Ohne weitere Umstände unterstellt er nämlich, dass die auf den Körper gerichtete Begierde die Person ausschließt und dass sie deshalb ein instrumentelles Verhältnis herstellt, das gegen das Achten verstößt. Der Sexpartner wird ›benutzt‹. Zu dieser Folgerung gerät man auf prinzipielle Weise nur, wenn man bereits zwischen Person und Körper rigoros trennt, offensichtlich inspiriert von der cartesianischen Trennung von Körper und Geist. Dieser Hinweis auf Descartes' verborgene Ontologie ist nicht als geistesgeschichtliches Aperçu gemeint, sondern als historische Einordnung eines falschen Gedankenbilds, von dem wir alle meist gefangen sind.

Um Kants Prämissen zu widerlegen, sind hypothetische Beispiele anstelle unserer mehrdeutigen Allgemeinerfahrung besser geeignet. Es trifft eher nicht zu, dass das sexuelle Begehren auf die Geschlechtsorgane begrenzt werden könnte, denn wir finden eine künstliche Sexpuppe als solche eher abstoßend und das bloße Betrachten eines Dildos löst kaum sexuelle Erregung aus. Dem Ausbleiben einer Reaktion liegt weniger zugrunde, dass es sich um künstliche Objekte handelt, als vielmehr, dass die Geschlechtsorgane in isolierter Betrachtung keine interessanten Objekte sind. Natürlich kann sich das Begehren an ihrem Anblick entzünden, wie auch an jedem anderen Körperteil – aber immer nur in Verbindung mit oder vor dem Hintergrund des ganzen Körpers. Dass auch der ganze Körper als solcher nicht das Ziel ist, belegt das Desinteresse am möglichen Sex mit einer bewusstlosen Person oder gar einer Leiche. Was der Leiche fehlt, ist das Leben, ›Leben‹ dabei nicht kinseyanisch physiologisch verstanden, sondern das Leben einer bewussten und am Geschehen beteiligten Person.

Wenn sich ein Handchirurg bei einer Operation auf die Hand konzentriert, würde man nicht folgern, dass er die Person seines Patienten missachtet. Das heißt, dass die Einheit von Hand und Person der Trennung im Bewusstsein vorausliegt. Die Phänomenologie spricht deshalb im Deutschen vom ›Leib‹, in dem Körper und Geist untrennbar verbunden sind. Die zentralen menschlichen Affekte sind im Leib von Beginn an enthalten, so auch insbesondere die geschlechtlichen. Übereinstimmend mit Freud schildert Merleau-Ponty das sexuelle Erleben in unterschiedlichen Graden als Bestandteil allen Erlebens, von dem nur kranke Menschen abweichen (›Fall Schneider‹). Die Gespenster physiologischer und animalischer Zerrbilder des sexuellen Begehrens einmal beiseite geräumt, stellt sich die Frage nach dem Verhältnis von Sex und Liebe aber neu – unbelastet von feindseligen Prämissen. Liebe und Sex müssen sich nicht bekämpfen, aber können sie harmonieren? Dazu muss man erst einmal genauer ansehen, was mit Sex gemeint sein kann.

In einem zu seiner Zeit erstaunlichen Buch (*Sexual Desire, 1986*) ist der kürzlich gestorbene englische Philosoph Roger Scruton dieser Frage nachgegangen. Scruton nimmt das biblische einander ›Erkennen‹ ernst und wörtlich und versucht nebenbei der ›Ursünde‹ einen säkularen Sinn zu geben (mit Sartre begegnen wir dem gleich wieder). Das Ziel des sexuellen Begehrens ist eine Vereinigung der Personen in einem körperlichen, aber nicht nur körperlichen Sinn. Um die Vorstellung, im Sex würde man den anderen instrumentalisieren, von vornherein zu unterlaufen, zitiert Scruton die sozialphilosophische Einsicht, wonach das Verstehen des anderen zur Bedingung der eigenen subjektiven Zustände wird. Die oder der andere weist mir meine Absichten zu. Damit beginnt das menschliche sexuelle Begehren im Unterschied zu Tieren von vornherein als Kommunikation, in der das eigene Begehren erst durch das fremde Begehren zustande kommt. Scruton will zeigen, dass es ohne die Stimulation durch das Fremdbegehren kein eigenes Begehren gibt, und weiter, dass diese wechselseitige Abhängigkeit des Begehrens in die Innenseite der menschlichen Person führt. Wenn diese Nachweise gelingen, ist menschlicher Sex im Unterschied zu demjenigen der Tiere nicht nur notwendig sozial und reflexiv, sondern der Schlüssel zu einem Erkennen des anderen, das in seiner persönlichen Qualität in keinem nicht-erotischen Sinn übertroffen werden kann. Im Sex sind wir danach beim anderen und er/sie bei uns, auf eine Weise, die nicht mehr zu steigern ist. Beschreiben lässt sich dieser ›soziale Sex‹ in drei Stufen.

Erstens führt sexuelles Begehren zu einer geteilten Erregung. Die Erregung will geteilt sein, weil sie sich nur auf diese Weise steigern kann. Als sozialer Zustand führt das Begehren notwendig zu einem gegenseitig geoffenbarten Erregtsein. Zweitens ist Erregung verkörperte Erregung, ein unfreiwilliger Ausdruck des subjektiven Zustands in körperlichen Erscheinungen. Weil die sexuelle Erregung Menschen bei sonst klarem Verstand am weitesten von ihrem kontrollierten Willen abführt, ist das Offenbaren dieses Kontrollverlusts ein wesentlicher Teil des Sichausdrückens gegenüber dem anderen. Gelingt dieses Sichausdrücken wechselseitig, dann entsteht, drittens, Intimität. Intimität unterscheidet sich von bloßer Lust dadurch, dass nicht nur gefühlt, sondern erkannt wird. Die sexuelle Vereinigung ist nicht nur ein gemeinsames Fühlen, sondern ein gegenseitiges Erkennen. Dieses Erkennen ist ein persönliches Erkennen, weil sich der andere in seiner Willen- und Schutzlosigkeit selbst zu erkennen gegeben hat. Im sexuellen Begehren kommen die beiden Perspektiven ›hinter‹ den jeweiligen Willen und damit näher zu dem, was die intime Person ausmacht. Eine Person ist nicht ihr bewusster Wille.

Dieses teils wunderbare, teils schockierende Erlebnis wird auf verschiedene Weisen bedroht. Darunter ist die Bedrohung der Freiheit die wichtigste. Wie kann der Sex einen gegenseitigen Zwang verhindern und damit gegen die Freiheit des andern verstoßen? Wie kann der Sex die Absicht umgehen, den anderen zu besitzen und zu unterwerfen? Scruton übernimmt dieses Bedenken, den Zweifel an der Freiheit im Sex, von Sartres Lehre, wonach die menschliche Sexualität notgedrungen entweder zu Sadismus oder zu Masochismus führt. Sartres Warnung ist im Ansatz verständlich, allerdings bei ihm von zwei extravaganten Annahmen abhängig. Einmal der, dass Menschen ihre Freiheit ›sind‹, also Freiheit eine Priorität vor allen anderen Bedürfnissen besitzt. Und dann, dass Freiheit eine rein individuelle Zielsetzung hat und damit eine Bindung an andere als solche bereits freiheitseinschränkend wirkt. Beide Annahmen sind in ihrer Rigorosität überzogen. Wenn Freiheit gilt, dann auch die Freiheit, die Priorität der Freiheit vor der Bindung in jedem Moment abzulehnen. Die eben geschilderte soziale Dynamik des Sex widerspricht auch der Vorstellung, dass individuelle Freiheit immer egozentrisch beschränkt bleiben müsse.

Vielleicht ist zwischendurch die Frage aufgekommen: Wenn die sexuelle Vereinigung eine nicht überbietbar intime Erkenntnis des anderen enthält, wo liegt dann noch ein Unterschied zur Liebe? Sicher vereinfachend, aber vielleicht klärend: Sex ist Erkennen, Liebe ist Emotion. Dass wir einem anderen im Sex maximal näherkommen, ist keine Garantie dafür, dass wir ihm wohlwollen, ja dass wir ihn sympathisch finden. Dass Sex völlig gefühlskalt bleiben kann, selbst wenn er die Scruton'sche Stufenleiter durchläuft, ist kein Zufall. Liebe ist hingegen eine emotionale Identifikation, die ein ähnliches Interesse am Erkennen des anderen entwickeln kann wie der Sex, aber eher in einer Erkenntnisdistanz verbleibt, um die Eigenwelt des anderen nicht zu verletzen. Beim Kontrast zwischen Sex und Liebe geraten wir deshalb wieder in die Nähe der Besorgnisse von Kant und Dworkin, und abgeschwächt auch zu Sartres Prognose von Sadismus und Masochismus.

Dass im sexuellen Begehren eine Gefahr liegt, hat Sartre richtig gesehen. Wenn begehrt wird, dann werden die Erregung und der Kontrollverlust begehrt. Wenn die Erregung angesichts der verlorenen Selbstkontrolle am größten ist, dann ist der/die andere nur noch Körper, sein/ihr Wille ist verloren gegangen. Nicht nur ist der andere keine Person mehr, sein Zustand lädt zum Sadismus ein, und wie Menschen sind, entsteht allein durch die nötige Kluft von Willen und Erregung der von Sartre angekündigte Sog zu Sadismus und Masochismus – ganz ohne eine exotische Auffassung von Freiheit und erwartbar nur aufgrund der durchschnittlichen menschlichen Schwächen. Sex ist immer in Gefahr, in Sadismus oder Masochismus auszuarten. Gemeint sind damit nicht Leder und Peitsche, sondern einseitiger Genuss, Genuss ohne geteilte Intimität. Über dem Sex steht tatsächlich die Freiheit, zwischen einseitiger und geteilter Intimität zu wählen und dem Sadismus auf Kosten der geteilten Intimität den Vorzug zu geben.

Beides kann die Bühne zusammen betreten: Begehren und Liebe. Aber die beiden Wege, auf die man sich da begibt, sind verschiedene: Der eine führt immer vom Begehren zur Intimität und zum Erkennen. Das Erkennen der anderen lädt zur Liebe ein, erzwingt sie aber nicht. Liebe lädt zum Erkennen, zu Intimität und Sex ein, zumindest bei Erwachsenen. Aber erzwingt sie nicht. Liebe erzwingt auch nicht die willenlose Intimität, die am Boden des Sadismus liegt und ohne die der Sex kaum auskommt. Denn Liebe und Sadismus widersprechen sich, ein im Sex liebend tolerierter Sadismus ist keiner mehr. Menschen sind keine logischen Aussagenmengen, die widerspruchsfrei sein müssen oder sein können. Sex und Liebe erfordern also nahezu zwei verschiedene Persönlichkeiten, eine mit dem Ziel des Erkennens durch Sex und eine in emotionaler Identifikation und Sorge ohne Sex. In diesem Sinn sind Liebe und Sex wie zwei verschiedene Türen, durch die man aus dem gemeinsamen Raum gehen kann. Es sei denn, man schafft es, im Raum zu bleiben.

Ist die Berufung auf Heimat unausweichlich rückständig und legt sie uns Fesseln auf?

KURZE ANTWORT: Nein, wenn es eine offene im Unterschied zu einer verschlossenen Heimat ist.

LANGE ANTWORT: Ich besuche ein Benefizkonzert zugunsten der Ukraine, aufgeführt von ukrainischen Musikern, in meiner Heimatstadt München. Das Konzert wird eingeleitet von Ansprachen zweier lokaler Prominenten. Der eine, Intendant des Theaters und eine ländliche Erscheinung, ausgestattet mit großer Herzlichkeit, in Kleidung und Auftreten kein wenig eitel. Der andere, Kulturreferent und damit ein Politiker, im Sprechen ein Vokalist des städtisch Bayerischen, ja Münchnerischen, und darin absichtlich oder unabsichtlich ein Amalgam von Vergangenheit und Gegenwart, von Nähe und Ferne, oder eines Idioms, in dem ein Raum für stetige Veränderung enthalten ist. Beide Ansprachen berühren rein lautlich ebenso wie die darauffolgende Musik, die ihrerseits mit Gefühlen beweist, dass die Ukraine es wert ist, verteidigt zu werden. Ähnliche Erfahrungen machen wohl viele. Lassen sich diese Erfahrungen aber von den unmittelbaren Gefühlen abheben und verallgemeinern?

Die entsprechende Frage scheint: Ist ein Heimatgefühl gut, ist es unausweichlich, soll es gepflegt werden, und wenn ja, wie? Heimat ist ein Gefühlszustand, denn wenn jemand sagt, das ist meine Heimat, dann sagt er mehr, als dass er an einem bestimmten Ort lange lebt. Man kann an einem Ort lange leben, ohne sich mit ihm und seinen Gepflogenheiten stärker zu identifizieren. Deshalb ist ein Heimatgefühl nicht unausweichlich, und obwohl es sich über die Kindheit und Jugend meist unausweichlich einstellt, kann es durch spätere Entwicklungen verschüttet werden und auch ganz verloren gehen. Emigranten kennen diese Erfahrung. ›Heimat‹ ist seit einigen Jahren auch ein umstrittener Begriff, der zum Ausdruck von Fremdenfeindlichkeit und Provinzialität geworden ist. Für die einen kann Heimat ein Anlass für Abgrenzung und Abstoßen gegenüber anderen sein, für die anderen eine Fußfessel in der international gewordenen Welt. Ist das alles unausweichlich?

Was einen an Heimat stören sollte, ist ihre Tendenz zur Entwicklungshemmung. Heimat ist Tradition, Vergangenheit, Gemeinschaft, regionaler Zufall und historische Besonderheit. Das können Berufe sein wie der Kohlebergbau, politische Projekte wie der Sozialismus, Landstriche und ganze Länder bei Krieg und Vertreibung. Heimat ist dann das Haus, aus dem man kommt, und das Haus beurteilt man ganz unterschiedlich, je nach dem Ort, von dem aus man darauf blickt. Der Bergbau und die ihn umgebende Kultur mussten aufgegeben werden, weil er ökonomisch nicht standhielt. Der Sozialismus hat sich überall zum Terror entwickelt, er war menschlich nicht zu realisieren. Bomben haben die Landschaft unkenntlich gemacht und alles Frühere zerstört. Die Motive, sich bedauernd auf Bergbau, Sozialismus oder Aleppo zu beziehen, sind dabei ganz verschiedene. In allen Fällen geht es um Trauer über eine verloren gegangene Lebensweise. Aber in unterschiedlichem Ausmaß können die Einsichten in die Gründe des Verlorengehens die Trauer dahin verändern, dass sie offen für ein neues Leben machen. Die emotionale Berufung auf die frühere Heimat kann diese Transformation ins neue Leben blockieren, dann behindert Heimat. In Fällen wie diesen, könnte man folgern, ist Heimat nichts anderes als eine Behinderung. Bergbau, Sozialismus und Aleppo ganz aufgeben und Heimat aus dem Gedächtnis streichen, wäre das also die Lösung?

So weit habe ich das Problem noch ungenügend klar dargestellt. Denn es ist nicht sichtbar, was sich hinter einem biographisch wirksamen Gefühlsort Heimat eigentlich verbirgt und was die Stellung zu ihm eigentlich bedeutet. Heimat ist zwar eine emotionale Verwicklung mit geographischen Orten, Landschaften, Tönen, Gerüchen, Situationen, Menschentypen und Bräuchen, aber alles das sind sozial durchwirkte Dinge. In allen kommt am Ende eine bestimmte soziale Struktur zum Erscheinen, alle sind getragen, ja mindestens getönt von einer bestimmten Art sozialer Beziehungen. In den sozialen Beziehungen, und dann in einer bestimmten Art dieser Beziehungen, haben wir als Individuen unseren persönlichen Ursprung. Unsere Heimat ist zuallererst eine Beziehungsheimat, die mit der Beziehung zur Mutter und dann der weiteren Familie und ihren Besonderheiten in einer kulturellen Umgebung beginnt.

Diese Erklärung ist nicht schwach so zu verstehen, dass aus dem, was Heimat sein kann, die soziale Heimat ausgesondert und hervorgehoben würde. Vielmehr stärker so, dass Heimat wesentlich soziale Heimat ist, weil die prägenden menschlichen Eigenschaften soziale sind und darin im Entstehen an einen zufälligen Ursprung gebunden, der für Menschen wesentlich ein sozialer Ursprung ist. Das einmal erkannt, öffnet sich eine zentrale Möglichkeit, zur Heimat und den Heimatgefühlen ein kritisches Verhältnis zu gewinnen. Denn die letzte Einstellung, mit der wir den sozialen Beziehungen kritisch gegenüberstehen, entspringt aus deren moralischer Qualität. Das hat man intuitiv auch meist im Sinn, wenn man bestimmte Traditionen, häufig verbunden mit Heimat, vor allem aufgrund ihrer heute unannehmbaren Geschlechterverhältnisse oder Fremdenfeindlichkeit ablehnt. Aber nicht alles an Traditionen ist schlecht. Heute geltende moralische Überzeugungen bieten Anlass für dreierlei mögliche Reaktionen: Traditionen uneingeschränkt abzulehnen, sie bewusst ohne Einschränkung zu bejahen oder sie versuchsweise ins Gegenwärtige zu transformieren. Dann bleibt nur die dritte Alternative.

Wenn Heimat immer eine mehr oder weniger vielgestaltige soziale Welt meint, und damit eine Welt, die durch die Vergangenheit geprägt ist, wird die kritische Sicht auf die Heimat in der Regel darin bestehen, das Unakzeptable vom Guten zu trennen und dabei Verhaltensweisen, Bräuche, Gepflogenheiten zu korrigieren und wenn möglich unserer gewandelten Moral anzupassen. Wo das unmöglich ist, fallen bestimmte Bräuche ersatzlos aus der Heimat heraus. Beispielsweise der Stierkampf oder die Fuchsjagd. Für den Stierkampf scheint das klarer als für die Fuchsjagd. Als kunstvoll zelebriertes Ereignis findet sie einen Verteidiger im kürzlich verstorbenen, sich bewusst konservativ nennenden Philosophen Roger Scruton. Wieweit seine ästhetisierende Lobrede auf den Fuchs in der Jagd die tierethischen Bedenken entkräftet, sei hier dahingestellt. Fremdgesteuerte oder erzwungene Heiraten junger Mädchen bei osteuropäischen Einwanderfamilien sind da einfacher zu verurteilen. Allerdings bringen solche klaren Verstöße gegen Moral, ja gegen Menschenrechte, aufseiten ihrer Verteidiger – nicht selten als Teil von deren eigenem Heimatgefühl – einen typischen Einwand hervor.

Der Einwand lautet so: Mit dem Heimatgefühl binden wir uns an eine geographisch und historisch begrenzte und meist einmalige Teilkultur. In ihr anerkennen wir den Umstand, wonach wir einer immer auch besonderen sozialen Welt entspringen und von ihr geprägt werden. Wenn dieses Anerkennen für den Einzelnen so wichtig ist, weil ihm sonst das Bewusstsein und die Sicherheit seiner Besonderheiten verloren geht, und wenn dabei der soziale Charakter dieses Ursprungs so bedeutsam ist – warum soll sich dann gerade die Moral über diesen sozialen Ursprung erheben können? Die Moral ist doch nichts anderes als das Idealbild der sozialen Verhältnisse und deshalb immer auch selbst Bestandteil dieser Verhältnisse. Wenn man eingesteht, dass Heimat immer auch speziell ist, kann man nicht umhin, deren moralische Qualität ebenfalls für speziell anzusehen. Und dann bringt die eine Heimat eben eine andere Moral hervor als die andere, beide vonseiten der je anderen zu kritisieren, ist unmöglich.

In der philosophischen Literatur nennt man das das ›Argument des Relativismus‹. Angewandt auf Moral, versucht das Argument der moralisch motivierten Kritik ihre Grenzen aufzuweisen. Wenn die moralischen Maßstäbe an eine faktische Grundlage – die Art der sozialen Beziehungen – gebunden sind, dann reicht die Kritik eben nur so weit wie die Beziehungen selbst. Sie trifft nur diejenigen, die Teil der jeweiligen Beziehungsform sind. Gerade beim Kontrast von ›traditionalistischen‹ nichteuropäischen und ›modernen‹ europäischen Gesellschaften entkräftet der Relativismus die modernen Kritiker, beispielsweise auch die Verteidiger weiblicher Selbstbestimmung. Das Argument würde aber auch innerhalb verschiedener historischer Perioden derselben Gesellschaft wirken, zumal in Verbindung mit Religion. Das Schächten von Schlachttieren oder das Beschneiden männlicher Kleinkinder sind innereuropäische Beispiele dafür. Ist es also unausweichlich, dass wir in unserer je vorgefundenen Heimat gefangen sind und als Moderne uns nur selbst belobigen, nicht anders als die Traditionellen ihrerseits?

Beim Plädoyer für einen kritischen Umgang mit Heimat gelangen wir damit in ein schwieriges Fahrwasser, wenn es dabei um mehr gehen soll als um eine den Gefühlen des Einzelnen überlassene Beliebigkeit. Heimat als ein soziales Haus mit Besonderheit führt zu der Gefahr, jede verbindliche Distanz gegenüber der eigenen wie der fremden Heimat zu verlieren. Die Tücke steckt in der Besonderheit. Nicht zufällig wird deshalb der Gegenpart zum kulturellen und moralischen Relativismus in der philosophischen Literatur ›Universalismus‹ genannt. Der Gegeneinwand zum Relativismus lautet, dass die wichtigsten Teile der Moral, wie insbesondere die Gleichheit zwischen den Geschlechtern, ›universell‹ gelten und deshalb auch problemlos weltweit analog angenommen und in der Kritik angerufen werden können. Die europäische Aufklärungsphilosophie hat die Vorstellung eingeführt, wonach diese moralische Universalität durch ›die Vernunft‹ erkennbar sein soll und die Vernunft außerdem die wichtigste Kraft im sozialen Zusammenleben zu sein hat. Heute wird das häufig in das pädagogische Gedankenspiel transformiert, was herauskäme, wenn Füchse und Jäger, heiratsfähige Mädchen und ihre traditionellen Väter gleichberechtigt miteinander diskutierten – offensichtlich nicht unbedingt die zelebrierte Jagd der Füchse oder die Zwangsheirat der Mädchen.

Ein hartgesottener Relativist wird daraufhin nicht sofort einknicken. Er wird in dieser typisch europäischen Haltung nur eine weitere Form von Heimat sehen, auch wenn das Bewusstsein als Heimat dieser abstrakt und ›vernünftig‹ gewordenen Heimat den Europäern verloren gegangen zu sein scheint. Sie erweitern in Gedanken ihre Heimat auf die ganze Welt und sind manchmal leicht überrascht, wenn Nichteuropäer es anders sehen. Und tatsächlich ist die Berufung auf eine für alle Menschen verbindliche ›Vernunft‹ unterschiedlich angemessen gegenüber den unterschiedlichsten Situationen. Die Zwangsheirat eines vernünftigen Mädchens kann man so kritisieren, aber Frauen mit heftiger und bewusster Neigung zur Unterordnung nicht so leicht. Vernunft ist kein geringeres Dogma als jungfräuliche Empfängnis und schwer zu entdecken.

An die Stelle eines Dogmas kann bestenfalls eine Hoffnung treten. Allerdings ist diese Hoffnung nicht nur ein Papierglaube, sondern tendenziell historisch bestätigt. Die Hoffnung lautet so: Die europäische Moral der Gleichberechtigung und Freiheit ist historisch gesehen die bisher erfolgreichste Grundlage für ein friedliches und materiell gewinnbringendes Zusammenleben. Das ist insofern ein ›realistisches‹ Argument (eine realistische Hoffnung), als es die Interessen eines Lebens in Frieden und materiellem Wohlstand anspricht – und nicht nur die Überzeugungskraft der Ideen Gleichheit und Freiheit als Ideen. Die so interpretierte Vernunft ist keine bloß der Ideen, sondern eine der stillen und nachhaltigen Interessen. Interessen können durch Ideen und die von ihnen angestachelten Gefühle auch überrumpelt werden, wie in Europa 1914 und 1933. Aber die Hoffnung besteht, dass sie aufgrund historischer Erfahrung schwerer wiegen als Ideen. Gleichheit und Freiheit führen zu Frieden und Wohlstand und sind ernst zu nehmen, wenn man Krieg und Armut vermeiden will.

Ist also mein spontanes Heimatgefühl beim Verfolgen der Ansprachen zum Benefizkonzert gut, kann ich mich ihm ohne Reserve anvertrauen? Kann ich mich sogar darüber freuen, dass ich ein solches Gefühl lokal empfinde, anders als etwa bei einem ähnlichen Konzert als fremder Besucher in der Carnegie Hall? Kann ich sogar Stolz empfinden? Alles das sind Heimatphänomene. Ja, das lokale Idiom macht im bemühten Hochdeutsch kenntlich, dass alle deutschen Sprecher einbezogen werden, ein Bemühen um einen erweiterten Gesprächskreis. Andererseits ist lautlich das Bewusstsein des eigenen Orts und der Herkunft nicht unterdrückt hin zur lebensfernen Standardsprache mit geographischer Neutralität. Ein Bewusstsein des Problems, sich zugleich zu verorten und zu erweitern, ist dabei eingefangen und bewahrt. Der Stolz kommt aus der lokalen Zugehörigkeit in Verbindung mit dem guten Anlass, einer Öffnung zur bedrohten Welt auch außerhalb der Stadt. Die Schwächeren sollen unterstützt und getragen werden, es wird etwas getan, was der Erwartung im Idiom real entspricht. Die Heimat ist zwar meine, aber sie schließt nicht aus. Im Gegenteil, sie öffnet und empfiehlt sich für die Fremden.

Muss Liebe sein?

KURZE ANTWORT: Ja, weil man sonst in seinem wichtigsten Ich unerkannt bleibt.

LANGE ANTWORT: Wie ist der meist vorhandene Widerwille zu verstehen, sich mit Liebe zu beschäftigen? Auf der persönlichen Seite sind es wohl einige zentrale Episoden des persönlichen Lebens, an die man ihrer Schmerzhaftigkeit wegen lieber nicht rühren will. Auf der Seite des allgemeinen Wissens herrscht ein unübersichtliches Chaos von Meinungen und Theorien. Dazu gehören die psychoanalytischen Dramen der Verbindung und Trennung (Freud), die sozialen Rollen des Bemächtigens und Unterwerfens (Sartre), die psychologischen Erfahrungen des männlichen oder weiblichen Selbst- und Fremdgestaltens (Beauvoir), alles zunächst im Allgemeinen und dann im Besonderen der Geschlechter-, Alters- und Kulturunterschiede. Ist es da noch möglich, sich mit einem eigenen Gefühl, einer eigenen Besinnung, einer eigenen Sicherheit zu beschäftigen und eine eigene Haltung zu finden? Oder läuft jeder Versuch auf ein Schwimmen im Bekannten hinaus? Kann man auf die Frage mehr als nur eine zutiefst persönliche Antwort geben, von der man zugleich bezweifelt, dass sie für andere interessant ist? Setzt man also eher vom persönlichen Innen her an oder von einer Zensur durch das allgemeine Wissen, das man besser nicht umgeht? Die Romanliteratur bietet dafür einige berauschende Vorbilder, aber ihre Beschreibungen sind nicht analytisch, lassen fast so viel offen wie das eigene Leben selbst. Ist eine sachliche Antwort also unmöglich?

Das gedankliche Chaos, in das einen sowohl eine neue wie eine unglückliche Liebe stürzen können, findet sich leicht in der Ansicht wieder, dass es eine objektive Auskunft darüber, was Liebe ist, überhaupt nicht gibt. Dem Gefühlschaos angemessen wäre dann nur eine völlig neue, nie gehörte Ansicht zur Liebe. Mit mitleidigem Bedauern sieht man gleichzeitig auf diejenigen, die eine abgeklärte und offensichtlich feste Vorstellung von Liebe haben, die häufig einer auf mittlere Temperatur gedrehten Beziehung entspricht. Der Liebesrevolutionär und die Botanikerin stehen sich da gegenüber, der Blick vom höchsten Glücksgipfel oder dem tiefsten Unglücksgraben heraus beim einen, konfrontiert mit der beiläufigen Selbstbestätigung stiller Zufriedenheit bei der anderen. Ihre bewusstlose Zufriedenheit wird natürlich ein Opfer des revolutionären Angriffs und wird als verborgener Mangel angeschwärzt. Soll das noch Liebe sein, wenn nicht mit geteiltem Eigentum und Alterssicherung als Basis, so doch im Glauben der ewigen Treue, die auf Fantasielosigkeit beruht? Die Sympathie gehört hier schnell dem Revolutionär. Für ihn ist das Liebesunglück jeder Liebeszufriedenheit vorzuziehen, der atemlose Schmerz, die schlaflosen Nächte unter Eifersucht, in abstoßendem Gegensatz zur fetten Gedankenlosigkeit und trägen Sicherheit. Müssen wir uns also, wenn wir über Liebe nachzudenken beginnen, notwendig entweder für das Unglück entscheiden oder resigniert eingestehen, dass wir Liebe sowieso eher vermeiden wollen?

Daran zeigt sich, dass das Interesse an Liebe vorrangig darauf gerichtet ist, wie man mit ihr umgehen soll, nicht, was sie ›ist‹ – und maximal gesteigert hat man dieses Interesse nur im Unglück. Sokratische Philosophen auf der Suche nach einer Definition von Liebe wirken so komisch wie Pinguine auf der Suche nach Futter. Der Irrtum besteht darin, einen Begriff unabhängig vom Prozess finden zu wollen, während der Prozess doch klar darin besteht, wie die Kindesliebe erneuert, überwunden, verändert werden kann. Die Sehnsucht geht immer darauf, sie zu wiederholen. Aber die Bedingungen haben sich verschoben. An die Stelle der sorgenden Mutter ist ein fremder Partner mit eigenen Absichten getreten, an die Stelle des blinden Fühlens der Zweifel der Angemessenheit, an den Ort der warmen Welt die kühle Realität. Diese Bedingungen waren für das Kind auch bereits vorhanden, nur waren sie ihm nicht präsent. Deshalb ist das, was in seiner Erinnerung so große Anziehungskraft hat, nicht immer ideal. Es kann arm, öde, nass, kalt und schmerzhaft gewesen sein. Die erste Liebe zu idealisieren ist jedenfalls oft gefährlich. Der Revolutionär wiederholt häufig nur ein altes, grausames Regime.

Ein wenig Botanik ist schon nötig. Liebe ist immer auch ein Gefängnis. Denn sie ist einzigartig darin, dass sie ein einzigartiges Objekt hat. Der Geliebte wird in seinen einzigartigen Eigenschaften geliebt, und am Ende nicht einmal in seinen Eigenschaften. Alles an ihm kann sich ändern, durch Krankheit, wechselnde soziale Position, mit steigendem Alter – die Liebe bleibt dennoch bestehen, weil sie nicht eine von Eigenschaften ist, sondern eine der Person. Diese einzigartige Hinwendung gibt es sonst nur noch gegenüber einem selbst, weshalb zwischen Liebe und Selbstliebe, Sehnsucht nach dem anderen und nach sich, Erkennen des anderen und von sich, Verfehlen des anderen und von sich zugleich starke Analogien wie Konflikte herrschen.

Einige andere soziale Beziehungen umlagern die Liebe, aber bleiben im Schatten ihrer strahlenden Einzigartigkeit. Freundschaft und Moral stechen aus ihnen hervor. Freundschaft ist Achtung und Hochschätzen einiger Eigenschaften und beruht auf diesen Eigenschaften. Anders als bei Liebe sind die Eigenschaften weiter geteilte, wenn auch vielleicht anspruchsvolle. Einen Verlust der Eigenschaften übersteht die Freundschaft deshalb kaum, im Gegensatz zur Liebe. Moral bedeutet ein Achten von anderen als Menschen generell, ein Achten von Menschen als Menschen: also eine diametral entgegengesetzte Haltung zur einzigartigen Liebe. Deshalb kann und muss Liebe auch amoralisch sein, in einem klaren Konflikt mit der Moral muss sie diese entweder übertrumpfen oder für beendet erklärt werden.

Nicht zuletzt deshalb ist Liebe gefährlich. Sie ist schon mal ungerecht, weil willkürlich und kaum kontrollierbar. Weil sie sich dem Handeln nicht ganz entzieht wie das Wetter, ist sie auch nicht völlig jenseits von gerecht, sondern steckt im verschwommenen Zwischenbereich. Dann hängt sie an ihren kindlichen Modellen, die für das erwachsene Leben gut oder schlecht sein mögen. In jedem Fall brauchen sie eine Überholung. Und schließlich, am gefährlichsten, tritt sie ein wie ein Schneerutsch, ungeplant und unvorhersehbar. Die Folgerung wäre aber falsch, Liebe würde einen wie eine Krankheit überfallen und zu einem willenlosen Zombie werden lassen. Kurzfristig mag das schon vorkommen. Aber wenn Hölderlins Spruch ›Wo aber Gefahr ist, wächst das Rettende auch‹ irgendwo passt, dann bei der Liebe. Die meisten von uns verwandeln sich im Leben in erfahrene Liebestechniker, die sich zum frühestmöglichen Zeitpunkt vor einer Ansteckung wappnen und die Distanz des geschickten Umgangs bewahren. Es stimmt schon, dass Liebe aus dem Hinterhalt überfällt; aber es stimmt auch, dass die Überfallenen viele Schleichwege kennen, um der Täterin wiederum zu entgehen. Klar, das ist auch notwendig ein Verlust. Aber in der von Freiheit geprägten Welt wird die Selbstkontrolle zuallerletzt aufgegeben. Der naheliegende Ausweg stammt aus der Wirtschaft: Liebst du mich, dann liebe ich dich auch.

Das Problem eines solchen *deals* ist das bekannte ›Gefangenendilemma‹. Kann ich wirklich sicher sein, dass sie mich liebt, während ich sie liebe? Die Konsequenz ist dann ein Liebesverhalten ohne Liebe als Gefühl. Aber geht das überhaupt? Es geht nicht im Ja-oder-nein-Modus, es geht als eine schleichende Strategie. Aber geht es darin, dass man Liebe ab- oder anschalten kann? Das scheint der Erfahrung zu widersprechen, wonach Liebe überfällt, aus dem Hinterhalt auf einen zukommt. Dass diese Erfahrung nicht von Dauer sein kann, ist ja schon aufgrund der extremen Folgen klar, wäre sie von Dauer. Beide würden sich dann als vollständige Opfer des Willens des anderen ergeben müssen. Ein eigenständiges Leben wäre nicht mehr möglich. Das japanische Liebespaar im Film *Im Reich der Sinne* praktiziert das im sexuellen Rausch über Tage hinweg. Das Experiment entfernt sich aus dem alltäglichen Leben und endet im Tod. Etwas länger dauert es bei *Tristan und Isolde*, aber auch das geht schlecht aus.

Bedeutet das Ausleben, in diesem Fall als Sex, nicht sowieso ein Missverständnis: wonach es sich eben um sexuelle Perversion und nicht um Liebe handelt? Nein, keineswegs. Liebe umfasst den anderen ganz, also auch und besonders im Begehren. Ohne Begehren ist es keine Liebe, auch wenn die Umstände (Entfernung, Moral, Alter) das erfüllte Begehren real verhindern mögen. Natürlich sind umgekehrt möglich: Begehren ohne Liebe, Freundschaft und Begehren, Moral und Begehren, Begehren und Amoral, Begehren und Hass. Aber Liebe ohne Begehren, das sollte man sich nicht einreden.

Im Kontrast mit allen herrschenden gesellschaftlichen und privaten Beziehungen, Arbeit, Kauf, Freundschaft, Sorge, Moral, ist Liebe von einer so außergewöhnlichen Art, dass sich die Frage umso dringlicher stellt, ob sie nötig sei. Weil Liebe eben geschickt umgangen werden kann, erübrigt sich die Frage auch nicht. Man kann sich zur Liebe unterschiedlich bereit machen und man kann sie mit Erfolg annehmen oder abwehren. Verstehen wir doch die Frage auch nicht auf platte Weise so, dass es darum ginge, ob eine Ehe oder Beziehung trotz mangelndem Begehren fortgeführt werden soll. Das ist keine Frage der Liebe, sondern der Moral. Das Begehren eines nicht geliebten Objekts beendet die Liebe, Unklarheit herrscht dann nicht. Aber indirekt vertieft es noch die Frage, warum Liebe nötig ist. Denn Liebe schafft nicht nur Leiden an sich – die Getrenntheit vom Geliebten, das sich dem Betrug Aussetzen, die unerfüllte Gegenliebe –, sie kommt in Konflikt mit der Moral und schadet dann auch noch anderen. Wieweit die Liebe erzwingen kann, unmoralisch zu handeln, ist eine Glückssache (Lügen ja, aber betrügen und morden?). Liebe ist nach allen Seiten gefährlich, also erneut, warum soll sie nötig sein? Weiß man das nicht, bleibt man im Konfliktfall auch gefangen in der Moral, die sozial erzwungen wird und die Liebe leicht bagatellisiert und als kindisch darstellt.

Nicht ungefährlich ist, Liebe innerhalb einer Theorie der sozialen Beziehungen im Allgemeinen zu erklären. In diese Falle geht beispielsweise Sartre, wenn er Liebe und Sexualität im Rahmen eines Kampfs der bedrohten Freiheiten analysiert. Würde man das ganze Thema der Liebe einzig als das eines Umgangs mit Liebe von außen, wie dem Interesse an Freiheit, sehen, dann wäre das plausibel. Wären wir immer nur bemüht, wie mit dem Gefangenendilemma geschildert, Liebe zu umgehen, dann träfe das zu. Aber nicht nur sind wir nicht alle gleich geschickt darin, Liebe zu umgehen, es ist auch von Interesse, was sie zu bieten hat. Dabei hilft die Einsicht in soziale Beziehungen im Allgemeinen nicht weiter, weil Liebe eben eine besondere, auf Einzigartigkeit gerichtete Beziehung ist. Sex und Ökonomie können deshalb nur als Kontrast dienen, nicht als Erklärung. Und Sartre geht am Phänomen vorbei, wenn er die bedrohte Freiheit als einzige Dynamik anbietet. Natürlich durchdringt das Bedürfnis nach Freiheit unsere ganze Existenz, aber das Liebesgefühl bildet da eine Ausnahme.

Sartre spielt die allgemeine Theorie der Anerkennung auf eine extreme Weise durch. Eine weniger extreme Version besagt, dass alle Menschen als soziale Wesen die Bestätigung ihrer Person durch andere benötigen und dass sie Schaden erleiden, wenn sie diesen Zuspruch nicht ausreichend erhalten. Liebe fügt sich in diese Erklärung dann ein, wenn man annimmt, dass es bei ihr um das Entbergen und Teilen des Ichs gegenüber dem anderen vor der Sozialisation geht, also des kindlichen Ichs, bevor es mit den Normen der Gesellschaft überzogen wurde. Ist dieses Entbergen und Teilen gegenseitig, dann entsteht die einzigartige emotionale Nähe, die wir mit dem Wort Liebe verbinden müssen. Sie hat einige rätselhafte Züge, die tieferen Zusehens bedürften, aber einige sind klar. Das Zeigen und Teilen hat eine bestätigende Wirkung, vielleicht weil dann der Zweifel an sich selbst gemildert wird. Es hat eine befreiende Wirkung, weil nichts mehr verborgen ist. Ähnlich, wie wenn man in der Gemeinschaft eine kontroverse Überzeugung ausspricht, die man loswerden muss, um sozial existent zu bleiben.

Nennen wir das ›kindliche Sichtbarkeitsarbeit‹. Diese Arbeit kann leicht in die übliche strategische Gegenseitigkeit zurückfallen und ihr Versuch kann leicht strategisch missbraucht werden. Dann ergibt sich das gegenseitige Spiel von Sadismus und Masochismus, das nach Sartre auch ein Muster von Liebesbeziehungen ist. Der an Sichtbarkeitsarbeit Bedürftige kann leicht Opfer des sadistischen Gegenübers werden, wenn der sich seinem eigenen Beitrag entzieht, aber das Bedürfnis des zum Masochisten Gewordenen genießt. Weil es ein Spiel mit dem eigenen und fremden kindlichen Ich ist, für das es kein objektives Maß geben kann, gibt es unendlich viele Varianten des Gebens und Nehmens sowie des Verbergens und Täuschens. Wann man also bereits zum Sadisten oder Masochisten geworden ist, ist nicht immer klar, die Wahrheit kann immer nur im anderen und in beiden zusammen liegen.

Das Bedürfnis, sich zu entbergen und teilen, trifft es allerdings noch nicht ganz, denn es scheint den Liebenden nur zu einem emotionalen Exhibitionisten zu machen. Außerdem ist er an das Entborgene des anderen gebunden, wenn er liebt, und nicht nur an das eigene Ich. Jede Beschreibung gerät in diesem Punkt schnell wiederum in ein strategisches Muster, das auch die Anerkennungstheorie tendenziell anbietet: Anerkannt werden wollen ist immer auch ein egozentrisches Ziel. In verschiedenen sozialen Sphären bedeutet Anerkennen aber jeweils Verschiedenes. Für Liebe gilt, im Unterschied zu allen anderen von Eigenschaften geordneten sozialen Sphären, dass die Sichtbarkeitsarbeit nicht einseitig betrieben werden kann und dass Sichtbarkeit nur gemeinsam Erfolg hat. Ich kann mein Ich nur sichtbar machen, wenn es vom anderen tatsächlich gesehen wird, und dasselbe gilt für den anderen. Ohne ein Teilen der beiden intimen Iche hat keiner von beiden Erfolg mit seiner Sichtbarkeitsarbeit. Deshalb lernt man in dieser Arbeit (muss man sie noch Arbeit nennen?) vorrangig das andere Ich kennen und liebt man vorrangig den anderen und nicht sich selbst. Man liebt den andern ja auch in der Erinnerung, entweder wenn er nicht präsent ist oder weil er gestorben oder sonst irgendwie abhandengekommen ist. Wieweit man ihn liebt, ist immer das konkrete Ergebnis dessen, was die Entbergungsarbeit hinterlassen hat. Das kann wenig oder viel sein. Je nachdem hat man eine nur schwache oder eine starke Vorstellung davon, wen man liebt oder geliebt hat.

Damit ist vielleicht das Motiv klar, warum Liebe sein muss. Warum Liebe alle anderen sozialen Möglichkeiten dominieren sollte, weniger. Angesichts der anderen Formen und Standpunkte und in Anbetracht der Gefahren und Peinlichkeiten des Liebesversuchs sind Spott und Komik über den Liebenden leicht ausgegossen. Warum nicht ein cooler Sadist bleiben oder etwas seriöser, eine Person des Berufs, der Öffentlichkeit, der Freundschaften oder auch der Moral? Eine Stiftung gründen statt einer Liebe nachjagen unter Gefahr des Schiffbruchs? Es gibt so viele Möglichkeiten. Eine Vermutung aber drängt sich doch auf: Wenn man nicht Angst vor dem eigenen kindlichen Ich hat, dann will man es kennen lernen. Und dazu benötigt man nun einmal einen anderen, den man liebt.

Kann Liebe sein?

KURZE ANTWORT: Ja, vorausgesetzt, man ist zu Schmerzen bereit.

LANGE ANTWORT: Die Frage, ob Liebe sein kann, verfolgt uns in der Gegenwart insbesondere seit Freuds Artikel *Zur Einführung des Narzißmus* von 1914. Eines ist seither klar: dass der Hinderungsgrund für Liebe mit dem Phänomen Narzissmus richtig eingekreist ist. Außer frühem Tod ist Narzissmus der Feind der Liebe. Aber nicht nur ist Narzissmus eine mehrdeutige und in sich gegensätzliche Eigenart, aufgrund von Freuds bis heute nachwirkender *Einführung* ist er auch eine theoretisch umstrittene, mit bedauernswerten Folgen für das Verständnis des jeweiligen Zustands. Bei allen, die sich mit Narzissmus entweder theoretisch oder therapeutisch, gedanklich oder selbst leidend beschäftigen, treffen nämlich eine Theorie und eine Verhaltenstypik aufeinander, die nicht völlig zueinander passen. Vor allem durch die genetische Theorie Freuds entsteht ein Spekulationsspielraum, der eine zutiefst pessimistische Sicht auf Liebe nahelegt. Nimmt man Freud sehr ernst, und besonders die Lacan folgenden Analytiker tun es, ist Liebe ein deprimierendes Wort. Wie konnte es dazu kommen, und welche Rolle spielt dabei der Narzissmus?

Auf der Ebene des bloßen Verhaltens sind die narzisstischen Symptome gegensätzlich und laden damit tendenziell zum Täuschen und Getäuschtwerden ein. Die neuere Forschung unterscheidet einen grandiosen und einen schutzlosen Narzissmus und mit parallellaufender Terminologie einen offenen, exhibitionistischen und häufig männlichen von einem verdeckten, ängstlichen und häufig weiblichen Narzissmus. Eine noch einfachere, tiefer liegende Unterscheidung ist die zwischen aktiver und passiver Liebe. Die entsprechenden Verhaltensweisen unterscheiden sich so radikal, dass sie nicht leicht demselben Ursprung zuzuordnen sind. Die grandiose Narzisstin zeigt

Selbstsicherheit und strebt nach Dominanz, der schutzlose Narzisst wirkt gehemmt, ängstlich und schamhaft. Als Idealtypen sind diese gegensätzlichen Verhaltensweisen zwar leicht zu erkennen, aber so lehrbuchhaft treten sie in der Regel nicht auf und noch dazu können sie je nach Situation verhaltensmäßig auch ineinander übergehen. Der gemeinsame Ursprung beider Tendenzen ist ein eingeschränktes, meist in der Kindheit geschädigtes Selbstwertgefühl, das zu diesen unterschiedlichen und gegensätzlichen Verhaltensweisen Anlass gibt. Die grandiose Narzisstin schützt ihr Ich durch besondere Sichtbarkeit, der schutzlose Narzisst durch Passivität und Identifikation mit der Starken. Beides sind unterschiedliche Strategien, die aber auf dasselbe Problem antworten. Warum sie so unterschiedlich antworten, warum es nicht eine einzigartige Korrespondenz von Verhalten und Ursache gibt, diese Frage verlangt nach einer Theorie. Offensichtlich ist dabei nur, dass es sich um eine genetische Theorie handeln muss.

Freunds Theorie ist bis heute interessant, weil er den Begriff 1914 zwar nicht erfunden, aber die entsprechende Problematik hellsichtig in die frühkindliche Phase verlegt hat. Die griechisch-mythische Geschichte des jungen Narziss, seine Ablehnung der verliebten Nymphe Echo und sein Verwünschtwerden in einen Zustand ewiger Selbstliebe, ist bis heute Anlass dafür, im Narzissmus ein Menschheitsschicksal zu sehen und darin der Freud'schen Theorie beizupflichten. Freud postuliert für die Erklärung der narzisstischen Verhaltenstendenzen einen Rückfall vom ›sekundären‹ Narzissmus im Erwachsenenalter in einen ›primären‹ Narzissmus beim Frühkind. Als primären Narzissmus beschreibt er die unausweichlich enge Verbindung von Säugling und Mutter, genauer von Säugling und Mutterbrust während der Zeit des Stillens. Diesen Zustand schildert er als eine das ganze menschliche Leben überschattende Ursituation der Nähe und Ganzheit, die durch die Entwicklung zum Erwachsenen gewaltsam aufgebrochen und bewältigt werden muss. Die typische Bewältigungsweise ist der Rückzug auf sich, die Selbstliebe.

Mit dem Zustand des Säuglings hat der Narzissmus insofern zu tun, als der Säugling in Freuds Darstellung noch keine Distanz zu einem Objekt kennt, sondern in einer Blase der ungetrennten Verbindung mit der Mutter lebt. Die Notwendigkeit, sich aus dieser Ganzheit zu einem Objekt hin zu befreien, also das Bewusstsein einer Trennung zu gewinnen, wird von vielen Analytikern als traumatische Erfahrung behauptet, die nachgängig auch zur Erklärung des sekundären Narzissmus dient. Die Ursituation bleibt als Sehnsuchtsort lebenslang bestehen und kann in den späteren Verbindungen deshalb nie mehr, von kurzen Augenblicken abgesehen, eingeholt werden, weil sie als entwickelte Zustände immer die Trennung von Ich und Objekt mit enthalten müssen. Gegenüber diesem Bewusstsein des Getrenntseins bleibt die Ursituation immer ein glänzendes, unerreichbares Ideal. Und Freud scheut sich nicht, beides, Ursituation und erwachsene Getrenntheit, Symbiose und Ich-Objekt-Trennung, Weisen der Liebe zu nennen.

Wie Descartes' Zweifel, ob eine Welt außer mir existiert, den Erkenntnisskeptizismus begründet, begründet Freud damit einen Liebesskeptizismus. Im Unterschied zu demjenigen von Descartes ist er wirklich aufregend, weil er, geht man mit ihm mit, anders als bei Descartes in das durchschnittliche Leben eingreift. (Wäre wirklich alles Erleben, so Descartes, nur ›ein Traum‹, so hätte das keinerlei praktische Relevanz.) Nach Freuds Erklärung hingegen liebe ich als Erwachsener entweder nicht vollständig, weil unter Hinzunahme einer Trennung, oder ich liebe versteckt immer nur mich selbst, weil ich auf der Suche nach einem zu liebenden Objekt immer auch in den Urzustand des Narzissmus zurückkehre. Wenn der Urzustand das unbewusst leitende Objekt der Liebe ist, dann bleibt das vermeintlich geliebte Objekt immer nur ein Mittel, um das verloren gegangene Ursprungsgefühl wachzurufen. Der vermeintlich Geliebte ist nur eine Durchgangsstation zum eigentlich immer gesuchten Selbst. Wenn somit notwendig alle Narzissten sind, dann sollten sich das besser alle eingestehen und das romantische Liebesideal definitiv begraben. Die vertraute Schwierigkeit, das romantische Ideal länger als einige Monate aufrecht zu erhalten, scheint dieser Diagnose zusätzlich auf die Schulter zu klopfen.

Dennoch ist in diesem Gedankengang etwas grotesk schiefgelaufen, und zwar aufgrund der vermeintlichen Allmacht einer

Theorie, die man ironischerweise ebenfalls narzisstisch nennen könnte. Freud liebt seine Theorie etwas zu stark und darin unschwer erkennbar sich selbst. Er verwendet ein sehr abstraktes Modell der Ursituation des primären Narzissmus und will damit alle späteren Erscheinungen mindestens miterklären. Das ist grundsätzlich ein Missverständnis der Persönlichkeitsentwicklung, denn hier umfasst die Theorie eine Determination komplexer Zustände durch sehr einfache frühere Zustände. Wie soll ein so einfacher früher Zustand spätere komplexe Zustände bestimmen können, wo er doch deren Differenziertheit nicht bereits enthält? Aus dem Gewitter folgt der Regen (enthalten bereits im Gewitter), aber nicht notwendig folgt aus ihm der Sonnenschein zwei Wochen später.

Freud kommt 1914 solchen Bedenken noch teilweise entgegen, indem er auf die Ambivalenz des primären Narzissmus verweist (1933 gibt er diese Bedenken dann auf). Diese Ambivalenz scheint auch die erwähnten gegensätzlichen Verhaltensweisen des Erwachsenen vorwegzunehmen. Der Säugling ist ganzheitlich auf sich bezogen, subjektiv im Empfinden, zugleich aber objektiv auf die Mutterbrust, und zwischen beiden subjektiv-objektiven Bezügen besteht ein Entwicklungsverhältnis. Der Säugling muss seine Lust von sich auf das Objekt transferieren und sich von der Eigenlust abtrennen. Aus dem Gelingen oder Misslingen dieses Vorgangs will Freud Erklärungen für die einen oder anderen narzisstischen Verhaltensweisen ableiten. Die Skeptizisten unter seinen Nachfolgern sehen darin einen hoffnungslosen Versuch, die weniger skeptizistischen eine nötige Korrektur seiner Beschreibung des primären Narzissmus.

Könnte Freud und könnten die Liebesskeptizisten aber nicht doch recht haben? Der zentrale Einwand gegen die Skeptizisten und gegen Freuds Modell des primären Narzissmus ist die Verschiedenartigkeit, in Qualität und Quantität, des narzisstischen Verhaltens beim Erwachsenen. Ein und dieselbe ›rein menschliche‹ Säuglingsproblematik kann nicht die Typenverschiedenheit des Narzissmus in unterschiedlichem Ausmaß beim Erwachsenen, vom ›gesunden‹ über den ›leichten‹ zum neurotischen und pathologischen Narzissmus, vom milden Selbstlob bis zur Megalomanie, von der Schüchternheit bis zur

Depression, von der Ironie bis zur Aggression, erklären. Obwohl die von Freud beschriebene Ursituation für die spätere Persönlichkeit nicht vernachlässigbar ist, muss sie anders gewichtet und eingeordnet werden.

Einen wichtigen Schritt dazu hat in der psychoanalytischen Tradition Michael Balint gemacht, indem er entwicklungsmäßig erweitert von einer ›primären Liebe‹ spricht und diese Liebe als unausweichlich immer bereits sozial einordnet. Sie ist insofern sozial, als Balint nicht im Prinzipiellen des Problems einer Ich-Objekt-Spaltung verbleibt, sondern die je unterschiedliche Qualität der sozialen Reaktion seitens der Mutter, aber auch des ganzen sozialen Umfelds einbezieht. Erst mithilfe eines Gewichtens des freundlichen oder feindlichen, liebenden oder hassenden Umfelds erklären sich dann auch die Unterschiede im Selbstwertgefühl des Heranwachsenden. Dabei geht es nicht um beliebige freundliche oder feindliche Reaktionen, sondern um die Qualität einer primären Liebe zu einem Objekt, das in der Regel die Mutter ist. Ihre Reaktion und Verhaltensweise ist von entscheidender Bedeutung und stellt neben dem engeren familiären Umfeld die Weichen für die eine oder andere Art des Narzissmus. Balint entwickelt seine Freud korrigierenden Beobachtungen aus seiner praktischen Erfahrung in der Analyse. Denn wie Freud selbst ebenfalls hervorhebt, alle Spekulationen über die mögliche Ursituation der Liebe sind nur möglich, indem indirekt Rückschlüsse aus den Lehren der analytischen Situation gezogen werden, mit der die frühesten Erfahrungen des Kindes wachgerufen und wiederholt werden sollen. Balint ist sich darin sicher, dass in den frühesten Empfindungen des Säuglings immer bereits auch ein Objekt vorhanden ist und die Trennungsproblematik deshalb später und bereits bewusster, damit aber auch verletzbarer entsteht. Im Fazit also: Die Selbstliebe ist kein unentrinnbares menschliches Schicksal!

Damit ersetzt Balint die quasi-physikalische Konstellation des ›Verschiebens‹ von Libido vom Ich auf ein Objekt bei Freud in eine offener beschriebene Situation der primären Liebe, in der ein aufwachsendes Kleinkind von verschiedenen Kräften durchzogen wird. Der einfachen Alternative Einheit / Trennung bei Freud werden jetzt Empfindungen der Omnipotenz, orale

Gier, analer Sadismus und Hass an die Seite gestellt. Die ersten beiden gehören dabei auf die Seite der fantasierten Verbindung mit dem Objekt, die letzten beiden sind Reaktionen auf das nicht erreichbare Objekt. Dass Liebe in Hass umschlagen kann, ist jedem von uns bekannt. Balint macht aber darauf aufmerksam, dass der wirklich gefährliche, nämlich anhaltende Hass auf der Stufe des primären Narzissmus verbleiben muss, während ein realitätsoffener Hass immer nur kurzfristig wirkt und längerfristig von der realitätsoffenen Liebe eingeholt wird. Die allen diesen Kräften gestellte Aufgabe ist, die infantile Form der Liebe zu überwinden und die Realität der Möglichkeiten anzuerkennen. Alle wirklich destruktiven Kräfte verdanken sich dem Verweigern der Realität, nach der sozialen Interpretation des frühen Kinds also der Realität der anderen. Mit dem Narzissmus ist die Fragilität dieses Prozesses insofern am besten zusammengefasst, als es bei ihm um die auf allen Stufen des Erwachsenwerdens bleibende Gefährdung, und häufig eintretende Verletzung, des inneren Kinds geht. Der zum frühestmöglichen Zeitpunkt einsetzende Kontakt mit der Umwelt kann nicht die von Freud suggerierte Problematik haben, weil noch überhaupt kein Selbst vorhanden ist, das verletzt werden könnte. Vielmehr steigt gerade umgekehrt die Verletzungsgefahr im Verlauf des Ausbildens dieses Selbst, während einer durchweg fragilen Periode der Entwicklung.

Meint man nun, das klingt alles wie eine Philosophie der Urliebe, wie sieht es denn konkret bei mir aus, dann ist man leider sofort wieder mit Descartes' Problem konfrontiert. Gut, der Narzissmus ist kein unentrinnbares Fatum, aber ist er konkret für mich gültig? In der Natur des Narzissmus – den frühkindlichen Ursprung einmal unterstellt – ist die Selbstverblendung wesentlicher Bestandteil, denn das Erkennen eines eigenen Verhaltensdefizits ist so sehr vom Defizit selbst beeinflusst, dass es im Erkennen versagt. Das Auge kann sich selbst nicht sehen und ebenso wenig das narzisstische Selbst die Art seines Narzissmus. Wie sich selbst also erkennen? Naheliegend scheint zu sein, die anderen zu fragen, zumal der Narzissmus ja gerade bei den jeweiligen Partnern seine Spuren hinterlässt. Sie sind mit ihm unausweichlich konfrontiert. Aber auf direktem Weg geht das nicht, denn Blinde erhalten von anderen Blinden keine neue Auskunft über die Welt, leiden sie doch alle unter demselben Defizit. Eine dritte Möglichkeit neben der, sich selbst zu beobachten oder die anderen um Beobachtung zu bitten, scheint es aber nicht zu geben. Wir landen wieder im Liebesskeptizismus, zumindest was uns selbst betrifft.

Ganz so unausweichlich ist die Lage aber nicht, wenn wir Balints anstelle von Freuds gemäßigterem Modell folgen. Der Verblendungseffekt bei uns und beim anderen ist mehr oder weniger stark, aber er ist nicht absolut. (Das kennzeichnet einen prinzipiellen Unterschied zu Descartes.) Es gibt Möglichkeiten des Durchblicks auf das frühe Kind. Wenn die psychoanalytische Theorie irgendeine Botschaft für die Konflikte im konkreten Narzissmus hat, dann die, dass das Trennende nur aufgelöst werden kann durch Rückkehr zum frühen Kind. Dafür, wie das zu erreichen ist, gibt es viele Methoden. Die erste ist natürlich, sich des Problems der Verblendung durch sich selbst bewusst zu sein und nicht auf vertraute Ansichten zu bauen, sondern auf das konkrete Verhalten. Wenn das soziale Labyrinth darin besteht, dass ich andere so behandle, wie man mich als Kind behandelt hat und wie ich gelernt habe, mich selbst zu behandeln, dann begreife ich etwas über mich beim Behandeln anderer. Wurde ich nicht geliebt, liebe ich mich selbst nicht und liebe auch niemand anderen; liebe ich niemand anderen, so in umgekehrter Reihenfolge zurück zu mir.

Das kann leicht so missverstanden werden, als ginge es darum, die reflexive Haltung eines Wissenschaftlers seiner selbst anzunehmen, der sein frühes Kind anhand einer Theorie beobachtet und dann entsprechend korrigiert. Real besteht aber ein großer Widerwille, sich zu beobachten, und ein noch größerer, die Folgen aus den Einsichten über das frühe Kind zu akzeptieren, geschweige denn sich neu zu ihnen zu verhalten. Das innere Kind zu ändern ist mit großen Schmerzen verbunden, und es überhaupt zu besuchen und zu akzeptieren, geht deshalb nur seinerseits aufgrund von großen Schmerzen. Der Anstoß ist deshalb immer das Misslingen in der Liebe, aus dem Streit, der Gewalt oder der Trennung und dem Verlust. Der Anstoß ist aber häufig gewaltig, weil die Schmerzen groß sind. In Verbindung mit den Schmerzen beherrscht allerdings gerade das frühe Kind die Bühne und es ist deshalb unmöglich, es im Zaum zu halten, ja überhaupt zu erkennen. Die Schmerzen dauern nicht ewig, und wenn sich eine Lücke öffnet, kann man sich klar machen, dass es eine lebenslange Aufgabe ist, das innere Kind zu besänftigen und es mit der Gegenwart zu verbinden. Dann ist nicht ausgeschlossen, dass Liebe sein kann.

Gibt es Ideale?

KURZE ANTWORT: Sie sind eine Hoffnung und ein Zweifel.

LANGE ANTWORT: Der Blick vom Mond. Die blaue Kugel schwebt vor einem schwarzen Vorhang. Ein einsamer Mensch wirft diesen Blick auf die Erde. Er könnte vergessen worden sein, die Bewohner der Erde sind von einer Pandemie hinweggerafft, ein Atomkrieg hat stattgefunden. Er ist vielleicht der einzige noch lebende Mensch. Manche sind der Meinung, dass in diesem Grenzfall sein Handeln keinen Sinn mehr ergibt.

Diese Situation scheint ein gutes Szenario für die Bedeutung von Idealen zu sein, denn wenn der einsame Überlebende auf dem Mond auch keine sozialen Anlässe durch andere Menschen mehr hat, dann immer noch Anlässe im Rahmen seiner Ideale. Zu Idealen gehört, dass sie von den realen Umständen entheben. Der Kaufmann blickt auf das reale Einkommen, der Idealist auf einen idealen Wert in seinem Produkt. Deshalb, sagt man, sollten erfolgreiche Kaufleute eher keine Idealisten sein, während Marktkritiker sich auf Ideale stützen. Das historische Gebäude ist für sie mehr wert als die Einkaufszeile, die an seiner Stelle gebaut werden soll.

Warum hat der Idealist das Bedürfnis, auch im Alltag, in seinem Beruf, einen idealen Sinn zu suchen? Jeder Mensch befindet sich unter dem Zwang, sich zu orientieren. Er muss begründen können, sich selbst gegenüber, warum er so oder so handelt. Eine mögliche und übliche Begründung ist die Berufung auf das Faktische und das Verhalten der anderen. Der Kaufmann wird sagen, dass er seinen Nutzen verfolgt, weil er in einem sozialen System handelt, dem nutzenorientierten Markt, in dem alle so handeln, und dass er, würde er ausscheren, nur noch viel Zeit für seine Hobbies hätte. Das ist ein wenig schwarz-weiß, natürlich, aber ein gemischteres Bild kann man nach dem einfachen immer noch malen. Nimmt man hinzu, dass der Kaufmann das soziale System selbst gewählt hat, verschiebt sich die Begründung auf eine allgemeinere Ebene.

Meist ist jemand aus einer Kombination von Umständen in ein System hineingeraten und damit auch an die anderen, die ihm zur Begründung dienen. Wir sind im normalen Leben, wenn wir nicht einsam auf dem Mond hausen, vom Handeln anderer abhängig. Das gilt auf zwei Weisen. Wir sind im Lebenserwerb von anderen abhängig, denn unseren Lebenserwerb können wir nicht einsam erzielen. Und wir sind von der Bestätigung als Person (über die Berufsrolle hinaus) von anderen abhängig, wir können uns nicht einfach selbst bestätigen. Eine Selbstbestätigung wäre so nutzlos wie die Bestätigung einer Zeitung durch ein Exemplar derselben Ausgabe (Beispiel von Wittgenstein).

Bestätigung aber brauchen wir. Menschen fragen nach dem Sinn ihres Handelns und sind nur dann beruhigt, wenn sie eine Antwort haben. Die Zustimmung der anderen ist eine solche Antwort. Freilich, die anderen sind nicht selten uninformiert, voreingenommen, kurzsichtig, desinteressiert, auf ihren Vorteil bedacht, so dass man ihrer Zustimmung nicht notwendig vertrauen kann. Man braucht und erfindet Ideale, teils um das Verhalten und die Auskunft der anderen zu beurteilen, teils um sich selbst an ihnen zu orientieren.

Das ist ein sehr allgemeiner Hinweis darauf, warum wir Ideale brauchen. Wir brauchen sie, in dieser Allgemeinheit, um uns von der faktischen Welt, insbesondere der sozialen Welt, etwas zu distanzieren. Dass das so einfach nicht geht, liegt daran, dass wir alle Ideale brauchen und die Ideale damit zu einer zweiten Faktizität werden, das Handeln nicht nur von Wünschen und Begierden, sondern auch von wirksamen Idealen gesteuert wird. Damit hebt sich der Zweifel an der Zustimmung oder Ablehnung seitens der anderen auf eine zweite Ebene, denn damit sind wir abhängig nicht nur von den Wünschen und Begierden anderer, sondern auch von ihren Idealen. Wenn sich die Orientierung unserer selbst unvermeidlich in der Auseinandersetzung mit anderen zuträgt, dann müssen auch die Ideale gemeinsam mit ihnen gefunden werden, man kann sich Ideale nicht isoliert selbst ausdenken – auch wenn man sie, einmal auf dem Mond, isoliert anwenden kann. Die eigentliche Aufgabe wird dann zu einer Orientierung innerhalb der Ideale. Selbst wenn die Ideale im sozialen Miteinander eine geringere Wirkung haben als die Begierden, sind sie nötig – allerdings aufgrund ihres Entstehens aus den Begierden nicht unvoreingenommen. Die Ideale stammen selbst nicht aus einer idealen Welt, sondern aus der realen.

Nötig ist also eine Orientierung gegenüber und innerhalb der Ideale. Nötig ist die Unterscheidung zwischen vertrauenswürdigen und zweifelhaften Idealen. Es ist naheliegend, dass man für das wichtigste Ideal eines hält, das praktisch identisch ist damit, dass man sich überhaupt orientieren will: Freiheit. Freiheit ist wiederum nicht nur ein Ideal, sondern auch, und für die meisten vorrangig, ein Bedürfnis. Dass es dennoch auch ein Ideal ist, liegt daran, dass innerhalb des Bedürfnisses oder innerhalb der Freiheit wiederum eine Orientierung nötig ist. Freiheit kann unterschiedlich verstanden und gesucht werden. Dabei gerät Freiheit in Konflikt mit anderen Idealen, aber in der Regel auch mit anderen Wünschen und vor allem mit den Wünschen oder Interessen anderer. Innerhalb dieser Konflikte ist es hilfreich, ein Ideal der Freiheit zu haben und nicht nur ein Bedürfnis. Ein Ideal hilft einem zu sehen, was man will. Damit entsteht aber bereits der erste Konflikt. Freiheit ist nicht identisch damit, tun zu können, was man will.

In der Diskussion über Freiheit als Ideal stechen zwei Gesichtspunkte heraus. Einmal der Blick darauf, welchen Anteil andere daran haben, dass ich frei bin. Behindern sie mich nur oder unterstützen sie meinen Willen? Zum anderen der Blick darauf, wann ich selbst, ganz unabhängig von anderen, als frei bezeichnet werden kann. Der erste Gesichtspunkt gilt den Umständen der Freiheit, wenn man einmal weiß, was die Freiheit fordert. Der zweite gilt dem eigentlichen Begriff der Freiheit. Diese Zweiteilung mag problematisch erscheinen, denn man kann denken, dass der Begriff der Freiheit immer nur in der Verbindung mit anderen bestimmt werden kann. Das ist für viele in der heutigen Diskussion selbstverständlich und am Ende wohl auch zutreffend. Aber es versteht sich nicht von selbst, sondern muss erst begründet werden. Um Klarheit zu gewinnen, muss man deshalb fragen: Ist Freiheit ein rein individuelles oder ein notwendig soziales Ideal?

Ein heute meist als überholt betrachteter Vertreter des rein individuellen Begriffs der Freiheit war der frühe Sartre. Frei sein heißt für ihn, eine Wahl der Einstellung zu allem haben, einschließlich der im normalen Leben größten Freiheitseinschränkungen wie Gefangenschaft, Krankheit, Folter, Tod. ›Ich bin immer frei, auch wenn ich die Wahlmöglichkeit gern verleugne!‹ Freiheit gegenüber Krankheit bedeutet dabei nicht, dass ich die Krankheit aufheben kann, sondern dass ich eine Wahl im Umgang mit und im Verständnis der Krankheit habe; und das auch bei solchen Einschränkungen, die man üblicherweise als Unfreiheit ansieht. In der Folge stellt nach diesem Begriff Freiheit kein soziales Verhältnis mehr dar und erlegt stattdessen dem Einzelnen extreme Bürden auf. Damit verändert dieses Ideal der Freiheit zwar das Sichverhalten des Einzelnen, aber es wird sozial bedeutungslos. Der Vertreter des Sartre'schen Freiheitsideals wird sich in Zwangssituationen mutiger, entschiedener, radikaler verhalten als derjenige, der sich von vornherein dem Zwang fügt und die Verantwortung von sich auf die Umgebung abschiebt. Auf der anderen Seite werden von diesem Ideal alle Grade der Unterdrückung durch andere ausgeblendet, die Verantwortung liegt immer nur beim Akteur selbst, wie auch die anderen nur eine Verantwortung gegen sich haben, nicht gegen den Akteur. Offensichtlich ist das ein einseitiges Ideal.

An dem Beispiel zeigt sich eine tendenzielle Gefahr von Idealen. Ideale abstrahieren von sozialen Umständen, etwas, das grundsätzlich nötig ist. Eine zu starke Abstraktion endet aber in einem Idealfanatismus. Das totale Sichbefreien von sozialen Situationen wäre unmenschlich, weshalb es nötig ist, das richtige Maß des Sichbefreiens zu finden, also ein angemessenes Verständnis des Ideals. Ob ein Ideal angemessen ist oder nicht, lässt sich nun nicht allein anhand der faktischen Umstände beurteilen, denn beides liegt nicht auf einer gedanklichen Ebene. Das Ideal abstrahiert ja gerade von den Umständen, also kann es durch die Umstände allein nicht korrigiert werden. Nötig ist vielmehr ein weiteres Ideal, quasi ein ›Superideal‹.

Ein Superideal muss dazu verhelfen, aus den Spannungen zwischen der Freiheit und ihren Umständen herauszuführen. Alle diese Konflikte entstehen in den sozialen Beziehungen, wie ich generell davon ausgehe, dass die Orientierung, oder das Verständnis des Ideals Freiheit, eine gegenüber, aber auch mithilfe der anderen ist. Das Superideal ist deshalb nur aufzufinden innerhalb eines psychologischen Szenarios der sozialen Beziehungen. Der Diskussionsrahmen für dieses Szenario ist seit Hegels erster prägnanter Formulierung das einer gegenseitigen ›Anerkennung‹. Das dabei unterstellte psychologische Axiom ist das bereits zu Beginn genannte der Bestätigung durch andere. Jeder und jede Einzelne benötigt für seine oder ihre persönliche Existenz die Anerkennung anderer. Ein völlig einsames menschliches Leben ist nicht möglich oder wie beim verlassenen Mann auf dem Mond nur als tragische Schwundstufe.

Sartre war sich dieses Axioms ebenfalls bewusst, aber weil er von seinem völlig individuellen Ideal der Freiheit ausging, musste für ihn Anerkennung die Form eines gegenseitigen Kampfs um Herrschaft annehmen (ähnlich wie bei Hegel, wenn auch aus einem anderen Grund). Die Freiheit des einen stößt an die Freiheit der anderen. Auch das ist eine menschliche Realität, die durch die unendliche und offensichtlich nicht zu beendende Geschichte von Kriegen belegt wird. Die Feinde ›anerkennen‹ einander darin, dass sie sich vernichten wollen. *Nur so* können Menschen natürlich nicht leben, sie benötigen einander auch zur gegenseitigen Bestätigung, die mehr ist als Vernichten: also Zustimmung. Aufgrund der nicht-idealen Form aller Äußerungen anderen gegenüber muss auch diese Zustimmung eine ideale sein, sie muss also eine Abstraktion gegenüber den tatsächlichen Zustimmungen berücksichtigen. Einem Extremsportler liegt nichts an der Anerkennung seines Niveaus durch einen Hobbysportler. Paulas Schönheit wird nicht gewürdigt durch Alberts schlechten Geschmack. Die glaubwürdige Anerkennung benötigt eine Anerkennungskompetenz. Reden wir nun nicht über die Anerkennung in solchen Spezialfällen, sondern von der Anerkennung in den meisten Formen der sozialen Existenz im Ganzen, dann benötigt das wirksame Anerkanntwerden die Zuwendung vonseiten ›sozial Gleicher‹, also von

Mitmenschen, die gleiche Kompetenzen, Bedürfnisse, Lebensumstände besitzen.

Das sich so ergebende Superideal ist das der sozialen Gleichheit. Nach einem verbreiteten Verständnis in der westlichen Kultur ist Freiheit das am wenigsten umstrittene Ideal. Auf die Bedeutung von Freiheit scheinen sich alle einigen zu können, während Gleichheit, Brüderlichkeit, Gerechtigkeit zu anspruchsvoll oder gar gefährlich erscheinen. Wird mit der Forderung nach Gleichheit nicht gerne unterdrückt? Nun zeigt sich aber, dass Freiheit immer ein Urteil benötigt (›bin ich frei?‹) und dass man dieses Urteil nicht einsam fällen kann, sondern man dazu andere benötigt. Die andere ist deshalb dafür nötig, in einem tieferen Sinn, weil das Handeln des einen ja auch sie betrifft. Das einschlägige Beispiel ist nicht das des bewundernden Hobbysportlers, er und der Profi sind einander keine Konkurrenz. Sondern dasjenige der Konkurrenten um eine Stelle oder der Bezahlung für eine Arbeit. Nur wenn sich die Betreffenden in ihren Eignungen und Leistungen anerkennen können, wird die Vergabe der Stelle oder das Lohnniveau akzeptiert werden.

Francis Fukuyama hat 1990 das ›Ende der Geschichte‹ auf der Grundlage eben dieser psychologischen Theorie zu diagnostizieren versucht. Seiner Meinung nach sind einzig Demokratien in der Lage, mithilfe der so wirksamen Gleichheit gegenseitiger Anerkennung soziale Stabilität zu erzeugen. Das Problem dieser Diagnose liegt darin, dass das Bedürfnis nach Freiheit nicht durchgängig gleich stark entwickelt ist und davon ausgehend auch nicht unbedingt das Bedürfnis, von Gleichen anerkannt zu werden; gesucht wird vielmehr häufig die Anerkennung durch Autoritäten. Das Superideal der Gleichheit wirkt nur in Verbindung mit dem starken Bedürfnis nach Freiheit. Wird dieses Bedürfnis durch das Bedürfnis nach Sicherheit gedämpft oder getilgt, dann werden Autoritäten eher gesucht als Gleiche. Je weniger Selbstvertrauen man hat (je ärmer man ist), desto mehr erwartet man von den anderen, und je mehr den anderen vertraut wird, desto eher verwandelt sich Gleichheit in Unterdrückung.

Auch in ungleichen, autoritären Beziehungen gibt es Ideale. Menschen brauchen und erzeugen immer Ideale. An die Stelle der Gleichheit treten dann neben Autorität selbst Loyalität, Parteilichkeit, Fürsorge, Vertrauen, Heiligkeit, im politischen Raum Nationalismus und Ehre. Alle diese Ideale schränken Freiheit und Gleichheit ein. Zum Widerstand führen sie erst, wenn die Einschränkungen zu stark werden, eine Tendenz, die unweigerlich aus autoritären Verhältnissen folgt. Das Bedürfnis nach Freiheit erwacht dann wieder und der Konflikt mit der Autorität wird fühlbar. Gibt es innerhalb dieses Zirkels von Freiheit und Sicherheit, Anerkennung und Unterdrückung ein Ziel? Leicht erkennbar jedenfalls nicht. Wie die Menschen so sind, pendeln sie zwischen diesen Extremen. Auf die ineffektiv gewordene Demokratie folgt autoritärer Widerstand, auf die auszehrende Diktatur ein Versuch der Selbstbefreiung. An den jeweils sozial dominanten Idealen kann man ablesen, an welchem Punkt des Kreislaufs man sich gerade befindet.

Der Mann auf dem Mond verkörpert eine Hoffnung auf die Wirkung der Ideale. Aber wenig spricht dafür, dass diese Hoffnung ein längerfristiges Ziel hat. Aber immerhin, die Zukunft ist offen.

Soll ich als Ungläubiger Gläubige achten?

KURZE ANTWORT: Die aktuelle Wandlung im Glauben vereinigt Gläubige und Ungläubige im gegenseitigen Tolerieren auch ohne hochachten oder verachten.

LANGE ANTWORT: Die Frage könnte aus der Perspektive der Atheisten gestellt sein, und weil sie vermutlich provozierend klingt, muss sie erst erläutert werden. Die Atheisten halten die Naturwissenschaften für die letztmögliche Autorität in Fragen des Wissens und sehen meist den religiösen Glauben in Konkurrenz mit der Wissenschaft. Eine erste Teilfrage ist deshalb, ob das Wissenschaftsdogma der Atheisten generell, und auch speziell gegenüber dem Glauben, akzeptiert werden muss. Oder anders, was für ein Ungläubiger soll hier unterstellt werden?

Eine zweite, vielleicht wichtigere Teilfrage ist die nach den Bedingungen des Achtens. Muss man, um im Lager der Atheisten zu bleiben, jemanden geringschätzen, der wissenschaftlich falsche Überzeugungen hat? Die religiös Gläubigen sind offensichtlich nicht vergleichbar mit Impfgegnern, die Umstände der Vereinbarkeit ihres Glaubens mit der Wissenschaft sind viel schwerer zu beurteilen. Impfgegner verstehen die Wissenschaft nicht, Gläubige meistens schon. War nicht, beispielsweise, Einstein religiös gläubig?

Diese zweite Frage, die des Achtens, stellt sich genauer in drei Hinsichten, politisch, rational und moralisch. Politisch kann man Gläubigen Rechte nicht absprechen, selbst angenommen, ihre Ansichten seien irrational. Die liberale Demokratie toleriert private Ansichten jeder Art, wenn aus ihnen kein Schaden für andere entsteht. Eine andere Hinsicht betrifft das rationale Achten, und ob Gläubige irrational sind, wäre erst zu zeigen. Die am Ende wichtigste Hinsicht ist die moralische, denn es folgt keineswegs, dass aufgrund (angenommen) irrationaler Ansichten auch der Entzug moralischen Achtens folgt – abhängig allerdings davon, was unter Achten verstanden wird. Im Folgenden geht es nur um das rationale und moralische Achten, die politische Toleranz wird im liberalen Verständnis als gegeben unterstellt.

Eine dritte Teilfrage betrifft den Umfang dessen, was der Begriff ›Gläubige‹ umfasst. Ein wichtiger Unterschied ist der zwischen dem religiösen Glauben allgemein und dem Glauben an einen personalen Gott. Diese Unterscheidung wird innerhalb wie außerhalb der überlieferten Religionen getroffen. Innerhalb, etwa in Versionen des Protestantismus, gibt es Gläubige, die abstrakte ›göttliche‹ Größen wie Ordnung, Heiligkeit, Erhabenheit als Erfahrungsgegenstand des Glaubens akzeptieren; außerhalb, vorrangig im Buddhismus und in pantheistischen Religionen, solche, die keinen personalen Gott kennen. Ernst Tugendhat unterscheidet zwischen Mystik und personalem Gott und hält die Mystik für eine anthropologische Erfahrungsweise, hingegen den personalen Gottesglauben für eine spezielle kulturelle Zutat, die heute ›intellektuell unredlich‹ ist. Der christliche Glaube ist wesentlich ein solcher personaler Glaube, deshalb trifft diese massive Kritik die meisten christlich Gläubigen; allerdings eingeschränkt in Bezug nur auf ihren Glauben, was dem Urteil einiges an Härte nimmt. Jenseits der Wirkung des Glaubens wird man solche Gläubige immer noch rational und moralisch achten können.

Zum ähnlichen Ergebnis gelangt man auch auf einem anderen Weg. Hans Schneider beginnt (inspiriert durch Bruno Bettelheim) ein philosophisches Buch über Religion mit einem Vergleich zwischen Religion und Volksmärchen. Der Vergleich ist nicht polemisch gemeint, Märchen haben eine anthropologisch tiefgehende Funktion und sind vor allem als Entwicklungsdiagnose unverzichtbar. Der Vergleich ist auch darin interessant, dass der religiöse Glaube meist in der Kindheit angenommen wird und sich bei ihm ähnlich wie bei Märchen die Aufgabe einer Transformation der Inhalte in ›erwachsene‹ Sozialkonstellationen stellt. Wie die Märchenwelt verstehen Kinder auch die religiöse Welt realistisch, sodass auch das Überwinden des religiösen Realismus zentraler Inhalt dieser Aufgabe ist. Wie man als erwachsener Gläubiger den Dualismus von Natürlichem und Übernatürlichem handhabt, könnte dabei das Kriterium einer gelingenden Transformation sein. Kann man einen erwachsenen Gläubigen mit immer noch kindlichem Realismus rational achten? Im Einzelnen ist offen, was Ausdruck dieses kindlichen Realismus ist, aber ein ›gütiger Gottvater‹ gehört sicher in diese Kategorie. Der Vater ist menschlich gedacht und als Gottesvorstellung widersprüchlich. Allmächtig, nichtstofflich, außerhalb von Raum und Zeit, aber immer noch eine Person: Wenn Widersprüchliches nicht verstehbar ist, so lässt sich das nicht verstehen. Widersprüchliches zu glauben, ist nicht rational.

Die Antwort auf die Frage, ob Ungläubige religiös Gläubige achten können, ist im Rahmen einer solchen widersprüchlichen, kindlichen Vorstellung deshalb schnell und unausweichlich beantwortet: nein. Die christlichen Kirchen propagieren allerdings die personale Vorstellung mit allen Mitteln, ihre klassischen Überlieferungstexte sind davon durchdrungen und die Rituale, Bilder, Erzählungen an den christlichen Feiertagen schwelgen in menschlichen Geschichten, die zum Zweck der Verehrung als göttliche behauptet werden. Die Matthäuspassion ist eine tragische Oper, die emotionale Vereinigung mit der menschlichen Version Gottes auf Golgatha ist eine schmerzgesättigt menschliche. Auch wenn diese Art des Glaubens nützliche soziale und psychologische Nebeneffekte – und sicher ästhetischen Wert – haben mag, rational achtenswert ist sie nicht. Das negative Urteil typischer Atheisten, von polemischen und politischen Obertönen bereinigt, trifft offensichtlich zu.

Dass sich dieses Urteil mit der Verachtung der Gläubigen durch die wissenschaftlichen Atheisten deckt, wirft aber einige Fragezeichen auf. Die Atheisten, jedenfalls so, wie ich sie eingeführt habe, sind häufig Wissenschaftsdogmatiker (meine erste Frage). Meist gehen sie ohne weiteres davon aus, dass sich die religiösen Gewissheiten im selben Erfahrungs- und Argumentationsraum befinden wie die wissenschaftlichen oder die alltagsrealistischen. Für das Erfahrungswissen gehen sie häufig mit einer direkten Konfrontation etwa des Alten Testaments mit der Naturwissenschaft vor, also der Erklärbarkeit des Universums mit oder ohne Gott. Dabei ist die Autorität der Wissenschaften für die verschiedenen Erfahrungsbereiche außerhalb des harten Kerns wie Physik, Chemie, Mathematik nicht gerade selbstverständlich. Das zeigt sich beim Erfassen der psychologischen und sozialen Realität, besonders an Schnittstellen wie der Medizin. Ein zweiter Denkpfad beginnt deshalb besser sowohl mit einem anspruchsvolleren Modell des empirischen Wissens als demjenigen der wissenschaftlichen Atheisten, wie bei einer Revision der Vorstellung, wonach der Glaube direkt mit den Wissenschaften konkurriert. Zunächst zum zweiten Punkt.

Worin der Atheist, so wie ich ihn dargestellt habe, zu kurz greift, ist die Vorstellung, wonach es den Gläubigen (den christlichen Gläubigen Mitteleuropas) wesentlich um die Existenz Gottes ginge, ihr ›Glaube‹ im Wesentlichen ein ›Glaube daran ist, dass Gott existiert‹. Damit ist der religiöse Glaube nicht angemessen wiedergegeben. Das sieht man im Englischen besser als im Deutschen, weil dort die Unterscheidung zwischen *belief* und *faith* möglich ist. *Belief*, also *glauben, dass*, ist ein Glauben an einen beliebigen Sachverhalt. *Faith* hingegen ist keine vergleichbare Erkenntnishaltung, sondern ein Vertrauen in etwas. Die englischsprachige Diskussion verläuft deshalb nicht vorrangig über *belief*, sondern über *faith*. *Faith* ist eine tiefe, personale Verbundenheit mit einem Gegenstand, während der *belief* keinerlei persönliche Identifikation mit dem Geglaubten erfordert. *Ich glaube, es regnet*, kann mit konträren Haltungen zum Regen einhergehen, *ich glaube an dich* hingegen nicht. (Gläubige benutzen nicht zufällig so umständliche Formulierungen wie *ich setze meinen Glauben an/in Dich.*) Würde man religiösen und wissenschaftlichen Glauben auf eine Stufe stellen, müsste man deshalb das eine oder andere verzerren: entweder das Vertrauen in Gott neben der Existenzannahme ausblenden oder eine persönliche Identifikation mit Schallwellen oder Boson-Teilchen als wissenschaftliche Haltung fordern. Kurzum: Beides kann nicht direkt verglichen werden, religiöser Glaube ist nicht unmittelbar dem Maßstab des wissenschaftlichen Glaubens zu unterwerfen.

Wie sähe ein anspruchsvolleres Modell wissenschaftlichen Wissens aus? So, wie ich den Atheisten geschildert habe, ist sein Modell ebenfalls realistisch, so ähnlich wie bei Kindern in Bezug auf Märchen. Ein realistisches Wissen ignoriert konstitutive Voraussetzungen des Wissens und suggeriert einen unbedingten Zugang zur entsprechenden Welt. Tatsächlich aber geht es bei jedem Wissen um ein Wissen innerhalb eines Handlungsbereichs besonderer Art. Die Eigenart dieses Handlungsbereichs zeichnet die ihm zugehörige Art des Wissens aus. Beim Erklären kochenden Wassers geht es um die Fähigkeit, mit Wasser nach unseren Zwecken effizient verfahren zu können. Märchen unterstehen nicht diesem Zweck, sie werden etwa nicht erzählt, um Hexen genauer zu studieren oder zu heilen. Obwohl der Glaube manchmal zweckdienlich verstanden wird, etwa als Hilfe bei einer Krankheit, ist das nicht sein Zweck. Um welchen Zweck geht es dann beim Gottesglauben?

Glauben als *faith*, Vertrauen, führt einen dazu auf eine mögliche Spur. Wenn Gott als allmächtiges, allwissendes, gerechtes, wahrhaftiges, gütiges Wesen vorgestellt wird, dann lässt sich das so zusammenfassen, dass mit ihm eine vertrauenswürdige Ordnung veranschaulicht und als möglich zugänglich gemacht werden soll. Das Bedürfnis nach Glauben entspringt den existenziellen Schwierigkeiten eines jeden menschlichen Lebens, insbesondere der Erfahrung von Leid und Tod. Zu diesem Zweck ist ein unpersönliches *Glauben, dass* nicht sonderlich geeignet, benötig wird die ganzheitliche Hinwendung zu einem Objekt, das als Versprechen von Ordnung und Sinn glaubhaft ist. Eine abstrakte Ordnung kann nicht allmächtig, allwissend, gerecht, gütig sein, während diese Eigenschaften im Fall des personalen Gotts mögliche Erklärungsgründe sind, ihm zu vertrauen. Gott selbst hat diese Eigenschaften, weil er/sie Gott ist. Ein Verzicht auf den personalen Gott als Objekt des religiösen Vertrauens verschöbe das Denken so weit in eine Abstraktion, dass es unwirksam wird. Vertrauen will nicht nur gedacht, sondern auch empfunden werden.

Es ist sicher unstrittig, dass ein typisch menschliches Bedürfnis nach Sinn angesichts von Leid und Tod besteht. Aber ist der Glaube rational, und rational insbesondere in Form des personalen Gottes? Bei der Binnenanalyse des Begriffs Glauben lässt sich die Frage dahingehend verschärfen, inwieweit das epistemische *Glauben, dass* vom nicht-epistemischen Vertrauen abspaltbar und als möglicher Grund der Irrationalität vermeidbar ist. Vertrauen heißt Hoffnung, und auch wenn eine Hoffnung meist mit Realitätsannahmen einhergeht, also einem *Glauben, dass*, muss das nicht immer der Fall sein. Eine Hoffnung kann auch dann gehegt werden, wenn die Erwartung auf Erfolg sehr gering oder sogar nicht-existent ist. William James hat das Beispiel angeführt, dass ein Bergwanderer hoffend über eine Spalte springt, auch wenn er nicht glaubt, dass es ihm gelingen wird. Viele Lottokunden treffen Einsätze, ohne zu glauben, dass sie gewinnen werden. Sie hoffen, zu gewinnen, aber die Hoffnung ist nicht an ein realistisches Glauben gebunden. Eine Liebeserklärung wird gemacht, auch ohne dass der sich Erklärende glaubt, dass sein Gefühl erwidert wird. Lässt sich folgern, dass die Hoffnung in einen personalen Gott auch ohne einen Glauben an seine Existenz möglich ist? Dieser Gläubige würde dann auf die Führung durch einen Gott hoffen, ohne zu glauben, dass er existiert. Ähnlich wie beim Sprung über die Spalte ist diese Hoffnung nicht klar irrational, weil über Erfolg oder Misserfolg nicht bereits entschieden ist. Der Hoffende ohne positiven Glauben in die Existenz Gottes bleibt agnostisch in Bezug auf die Existenz.

Das anti-realistische Wissensmodell hat in letzten Jahrzehnten zunehmend Vertreter gefunden. Wissenschaft und Religion unterstehen verschiedenen praktischen Zielen und die Kritiker des Realismus vertreten die Position, dass die jeweiligen Existenzannahmen nur intern innerhalb einer Wissensform aufgestellt und überprüft werden können. Manche Philosophen wenden Wittgensteins These der ›Sprachspiele‹ an und behaupten, dass über die Geltung von Wahrheiten nur innerhalb eines ›Sprachspiels‹ entschieden werden kann. Wissenschaft ist ein Sprachspiel, Religion ein anderes. Wird diese Vorstellung radikal gefasst, dann bietet jedes Sprachspiel auch völlig andere Kriterien für die Existenz der in ihm gegebenen Dinge auf. In den Wissenschaften sind es Experimente bei äußerer Beobachtung, in der Religion sind es ›religiöse Erfahrungen‹ (James). Religiöse Erfahrungen sind Empfindungen, in denen eine Alltagssituation mit der Ahnung einer übernatürlichen Ordnung verbunden wird. Ein religiöses Glücksempfinden kann sich schlagartig einstellen, wenn man erfährt, dass ein befürchtetes medizinisches Todesurteil nicht zutrifft.

Der pragmatische Pluralismus, ob nach dem Muster der Sprachspiele bei Wittgenstein oder nach dem Muster verschiedener Denk-›Werkzeuge‹ zum Bedienen verschiedener Zwecke bei Rorty, hat gerade in praktischer Hinsicht allerdings einen erheblichen Mangel. Er zerlegt die Welt der Erfahrung in Einzelteile, in untereinander getrennte Erfahrungswelten – wir Lebenden müssen jedoch ein in sich geeintes Leben leben. In der realen Welt manifestieren sich diese Brüche meist anhand der moralischen Konsequenzen. Wissenschaft urteilt anders als Religion, vorrangig in medizinisch zugespitzten Fällen wie etwa beim Gebot oder Verbot einer notwendigen Blutspende. Der Zwang zur Einheit zeigt sich in der nötigen Entscheidung entweder für die lebenserhaltende Sicht der Medizin oder für die gebotstreue Haltung der Religion. Der abstrakten philosophischen Frage, ob es sphärenrelative Existenzweisen gibt, kann man im Alltag leicht entkommen – den praktischen Folgen der Sphärenexistenz im Glauben hingegen nicht. In solchen Entscheidungskonflikten sind wir praktisch gezwungen, uns mehr auf die eine oder die andere Seite zu stellen.

Wenn wir den allzu einfachen Standpunkt des Atheisten in Verbindung mit wissenschaftlicher Autorität ablehnen, dann müssen wir auch das allzu einfache Urteil der intellektuellen Unredlichkeit der Gottesgläubigen ablehnen. Angesichts der schwierigen Abgrenzung zwischen personalem und nicht-personalem Glauben und der Unhaltbarkeit eines wissenschaftlichen Realismus ist ein solcher Vorwurf unberechtigt. Moralische Vorwürfe wie ›redlich/unredlich‹ sollte man in einem so schwierigen Grenzgebiet wie der Rationalität oder Irrationalität des Glaubens sowieso eher vermeiden. Denn wie man leicht sieht, gibt es sehr verschiedene Formen des Gläubigseins, und außerdem gibt es verschiedene Arten des Achtens. Moralisches Achten kann schwach und minimal gemeint sein und fällt dann mit politischer Toleranz zusammen, ohne notwendig (wie bei Toleranz) eine moralische Abwertung zu enthalten. Ich achte die Handlungen anderer, indem ich ihnen gleiche Rechte wie mir einräume, habe aber darüber hinaus keine Meinung zu ihren Handlungen. Stark und maximal wird das Achten dann, wenn ich das Handeln anderer gut oder grandios finde. Der Vorwurf intellektueller Unredlichkeit liegt auf dieser Ebene und bedeutet ein starkes Missachten.

Eine erste Folgerung aus diesem Überblick ist, dass den verschiedenen Arten des Gläubigseins auf der Seite des Achtens ebenfalls verschiedene Qualitäten des Achtens oder Nichtachtens entsprechen sollten. Es gibt kein pauschales Achten oder Missachten der Gläubigen. Den religiösen Fanatiker, den Mutter-Maria-Gläubigen, den abstrakt nicht-personal Gläubigen, den inegalitär muslimisch Gläubigen – diesen Gläubigen gegenüber wird man ganz unterschiedlich reagieren. An die Seite dieser Folgerung wäre eine zweite zu stellen, die sich angesichts des Strukturwandels im Glauben aufdrängt.

Wie wir am Zurücktreten von *glauben, dass* innerhalb eines Glaubens als Vertrauen gesehen haben, geht das vermeintliche Wissen von Gott über in eine emotionale Hinwendung. Und wie sich am pragmatischen Pluralismus zeigt, löst sich der Wissensrealismus in unserer Kultur zunehmend in den pragmatischen Pluralismus auf. Beides lässt sich in der Diagnose zusammenfassen, dass die Religion aufhört, ein ›ontologischer Glaube‹ zu sein. Sie sagt immer weniger über eine übersinnliche Welt aus und immer mehr über die symbolische Gestaltung unseres modernen Lebensgefühls. Der vermeintliche Weltbezug wird abgelöst durch einen erweiterten Gefühlsausdruck, die Kommunikation mit Gott über Strafe und Buße wird ersetzt durch ein gemeinsames Sorgen um existenzielle Probleme. Die Beziehung der Gläubigen untereinander wird nicht mehr gemessen an der ontologischen Tiefe ihres Glaubens, sondern an deren Gefühlstiefe.

Ob Gott existiert oder nicht, wird dann für die Religion zunehmend bedeutungslos. Die Existenz Gottes wird transformiert in eine Hoffnung, Erwartung, ein Vertrauen oder einen reinen Wunsch. Gott existiert, wenn ich die alles umfassenden Gefühle habe. Der Gottesbeweis liegt in meinen religiösen Empfindungen, die ihrerseits keinen ontologischen Beweis benötigen. Der Glaube hat sich ontologisch unabhängig gemacht und die traditionelle Kritik der Atheisten ist darin von der Zeit überholt. Sie denken immer noch wie im 18. Jahrhundert, als mit Diderot und Holbach die ersten wissenschaftlichen Atheisten auf die Bühne traten.

Wenn diese kulturelle Diagnose zutrifft, dann ist besonders die Konfrontation der Religion mit der Wissenschaft überholt. Auf der anderen Seite ist völlig offen, wie sich Gläubige und Nichtgläubige in ihren Anerkennungsbeziehungen verständigen sollten. Vertrauen und Hoffnung angesichts existenzieller Herausforderung sind eine verständliche, aber auch durchschnittliche menschliche Reaktion. Sie sind als solche keine hoch zu schätzenden Leistungen, im Unterschied zu der bei christlich Gläubigen häufiger auftretenden Nächstenliebe. Dann werden Gläubige aber über ihre ungewöhnliche moralische Zuwendung geachtet, nicht über ihren Glauben. Und natürlich teilen altruistische Gläubige ihren achtenswerten Altruismus auch mit altruistischen Nichtgläubigen.

In der säkularen Kultur haben wir also keinen Grund mehr, unter Rückzug auf Wissenschaft Gläubige gering zu schätzen; aber wir haben umgekehrt auch keinen Grund, den bloßen Glauben, ungeachtet moralischer Folgen aus ihm, hoch zu schätzen. Gläubige verdienen rein als Gläubige das Ausmaß an Toleranz, das auch gegenüber Ungläubigen angebracht ist, und darüber hinaus die Reaktion, die der speziellen Qualität ihres – in der Praxis sehr unterschiedlichen – Glaubens entspricht.

Ist das Leben von Ungläubigen ärmer als das von Gläubigen?

KURZE ANTWORT: Es bleibt den Ungläubigen überlassen, das zu entscheiden.

LANGE ANTWORT: Klar ist das Leben von Ungläubigen ärmer, denn es fehlt ihnen der Glaube, also eine bestimmte Haltung zur Welt, zur Gemeinschaft und zu sich selbst, Haltungen, die alle vom Glauben bestimmt werden. Den Ungläubigen fehlt der Glaube, den die Gläubigen haben, und wenn einem im Vergleich etwas fehlt, dann ist man ärmer.

Ganz so einfach ist es aber nicht. Damit einem etwas fehlt, muss es von unzweifelhaftem Wert sein. Bin ich ärmer, weil ich die Rückseite des Monds nicht aus erster Hand kenne? Im Rahmen dessen, was ich für wichtig halte, käme der Mond nicht an erster Stelle. Man muss etwas wertschätzen, damit man das Nichtbesitzen als einen Verlust empfindet. Damit die Ungläubigen den Nichtbesitz der Religion als Verlust empfinden, müssten sie Religion wertschätzen. Wenn sie tatsächlich Ungläubige sind, ist das, Religion ganz pauschal betreffend, unwahrscheinlich. Sie haben dann keinen Sinn für den Glauben und empfinden dessen Fehlen nicht als Verlust. Objektiv gesehen wäre es nur einer, wenn der Glaube ein objektives Gut ist. So haben, im Fall der Religion, Kreuzzüge angefangen.

Hält man die Weltsicht der Gläubigen und der Ungläubigen für derart verschieden, dann liegt sogar die Folgerung nahe, dass es zwischen beiden keine Vergleichsbasis gibt. Die Frage danach, ob eine Kultur ärmer oder reicher ist als eine andere, lässt sich dann nicht beantworten, weil beide in sich abgeschlossen sind. Religion und Unglaube lassen sich nur je in sich beurteilen, vom einen zum anderen kommt man nicht durch rationale Gründe. Diese Folgerung wäre zwingend, wenn die Prämisse stimmte.

Tatsächlich sind die Weltsichten nicht so abgrundtief verschieden, dass man zwischen ihnen nicht vergleichen könnte. Eine solche Behauptung muss natürlich belegt werden. Ein allgemeines Argument zugunsten einer mindestens teilweisen Offenheit liefert ein Kriterium von Donald Davidson: Zwar müssen wir beim Verstehen anderer immer von uns ausgehen, aber wenn wir sie als (auch) vernünftig Handelnde wahrnehmen, dann sind sie uns nicht völlig fremd. Wir teilen dann mit ihnen einen gemeinsamen Hintergrund an Tatsachen und Wertvorstellungen. Und das ist tatsächlich der Fall: Ungläubige können mit Gläubigen einer bestimmten Sorte gut zusammenleben und auf Basis des Gemeinsamen lässt sich darüber urteilen, wie man den Rest des Fremden einschätzt. Im Weiteren kommt es auf die Details an.

Um über die sprechen zu können, muss man freilich wissen, worin sich Gläubige und Ungläubige unterscheiden sollen. Das ist, angesichts der Vielfalt von Religionen und angesichts der verschiedenen Versionen dessen, worum es in ihnen geht, eine unmögliche Frage. Im Übrigen ist es eine Frage, die man unterschiedlich angehen wird, je nachdem, was man wissen will. In unserem Fall interessieren die unterschiedlichen Weisen, ein Leben zu leben, gläubig oder ungläubig. Platon hat in einem seiner frühen Dialoge versucht, diesen Unterschied zu minimieren, indem er die Rolle der Götter klein- und die Bedeutung des menschlichen Denkens großzuschreiben versuchte. Sokrates argumentiert im *Eutyphron*, dass das Fromme nicht deshalb fromm ist, weil die Götter es lieben, sondern auch die Götter das Fromme lieben, weil es fromm ist – kurzum, dass das Fromme unabhängig ist von den Göttern. Im Weiteren hat Platon das Fromme zu den ewigen Ideen verallgemeinert und den menschlichen Eigenschaften dem Sein nach gegenübergestellt. Dadurch fiel es den Kirchenvätern nicht schwer, nach ihm das *Eutyphron*-Argument dadurch zu entkräften, dass sie, in Anschluss ebenfalls an Platon, Gott und das Gute einfach identifizierten.

Dass dies möglich war, lag einerseits an der Abstraktheit der Idee, die eine Identifikation mit Gott zuließ, es lag aber auch an der behaupteten ontologischen Selbständigkeit der Ideen gegenüber den Menschen. Die Ideenlehre bot sich der Religion als transzendentale Lehre an und konnte deshalb theologisiert werden. Für die Suche nach einem Kern des Phänomens Gläubigkeit haben wir damit einen Hinweis. Zur Gläubigkeit gehört ein Sinn der Abhängigkeit im eigenen menschlichen Tun von einer transzendenten Sinnquelle, während die Ungläubigen ein solches Bewusstsein nicht haben. Ungläubige wissen sich abhängig von Naturgesetzen sowie von Gesetzen der Gesellschaft und Kultur. Sie sind sich bewusst, dass sie diese Gesetze, die sie nicht einmal vollständig kennen, nur teilweise kontrollieren können. Bei allen handelt es sich um empirische Gesetze, und Tatsachen sind von sich aus stumm dazu, wie mit ihnen umgegangen werden soll. Aus dem Sein folgt kein Sollen. Für Ungläubige kommt das Sollen individuell durch den Willen zustande und kollektiv durch Übereinkünfte, beides sind diesseitige, weltliche Vorgänge.

Wenn der Unterschied zwischen Gläubigen und Ungläubigen also in einem ›Ja‹ bzw. ›Nein‹ zu einer ›sinngebenden Ordnung‹ liegt, dann müssen wir ontologische Unabhängigkeit für eine ›religiöse‹ Ordnung als Kriterium hinzufügen, weil Ideologien ebenfalls eine sinngebende Funktion annehmen, die ihnen nur einen quasi-religiösen Charakter verschafft. Eine religiös sinngebende Ordnung kann polytheistisch, monotheistisch oder pantheistisch sein. Ob eine dieser Ordnungen gegeben sein kann, ist dann die eine Frage, ob das Leben der Ungläubigen ärmer ist durch mangelnde transzendente Ordnung, ist eine andere. Wenn wir diese Fragen verfolgen, geraten wir wieder in eine Situation, die derjenigen des *Eutyphron*-Arguments in einer Hinsicht ähnlich ist. Wir müssen wie in diesem Argument einen Bereich ausfindig machen, der für Gläubige und Ungläubige identisch ist. Gelänge das nicht, zerfielen die Lebensweisen so sehr, dass sich Vergleiche ausschließen.

Hubert Dreyfus und Sean Kelly haben vor einigen Jahren einen Versuch unternommen, der im Kern die Dichotomie ›sinnabhängig/sinnunabhängig‹ als entscheidend ansetzt und von der Diagnose eines ›Sinnverlusts in der Moderne‹ zu der Empfehlung führt, irgendwie zum homerischen Polytheismus der Zeit *vor* Platon zurückzukehren. Dreyfus / Kelly illustrieren die Unterscheidung zwischen einer sinnabhängigen und einer sinnunabhängigen Lebenseinstellung sehr anschaulich, nämlich an unterschiedlich agierenden Akteuren. Für die sinnabhängige Seite steht ein hilfsbereiter Bauarbeiter, Mr. Autrey, der 2007 unter Einsatz seines Lebens in der New Yorker U-Bahn einen auf die Gleise gefallenen Fahrgast spontan vor dem einfahrenden Zug rettete; aber auch ein außergewöhnlicher Basketballspieler, Bill Bradley, der sich in seiner langjährigen Karriere durch ein ungewöhnlich perfektes Spiel auszeichnete. Die Sinnabhängigkeit manifestiert sich, so Dreyfus / Kelly, in diesen Personen nicht etwa darin, dass sich in Reportagen nachträglich ihre Bibelfestigkeit gezeigt hätte, sondern in der Art, wie sie gleichsam natürlich zu ihrem Handeln gelangen. Beide handeln wie von einer äußeren Kraft gelenkt und ohne langes Nachdenken. Nur deshalb sind beide in Bruchteilen von Sekunden dazu in der Lage, ihre Taten zu vollziehen.

Das etwas megalomane Modell einer sinnunabhängigen Existenz von Personen finden Dreyfus / Kelly bei Descartes, gereinigt von seinem *deus ex machina* im Realitätsbeweis. Descartes stellt sich die Aufgabe, die ganze Welt aus einer menschlich-subjektiven Perspektive heraus autonom aufzubauen, wenn auch nur in Gedanken. Im 20. Jahrhundert kommt der frühe Sartre dieser Forderung ohne Gott noch näher. Versucht man hingegen statt der Berufung auf Philosophen lebensweltliche Beispiele zu finden, ist die Wahl erheblich schwieriger. Die realeren Figuren in David Foster Wallace' Werk oder Kapitän Ahab in Herman Melvilles *Moby Dick* sind mehrdimensionale Akteure, wie es die meisten im realen Leben sind. Wieweit ist unsere gegenwärtige westliche Lebensweise also von einem Sinn für Abhängigkeit abgefallen, oder inwieweit sind in ihr erlebte Momente der Abhängigkeit noch enthalten, in denen eine religiöse Weltsicht vermutet werden kann?

In den fein geschilderten Beispielen von Dreyfus / Kelly kommen zwei Ebenen eines ›Sinns für Abhängigkeit‹ ins Spiel, die einen unterschiedlichen Grad von Verlust darstellen, ohne über ihn eine direkte Verbindung zur konventionellen Religion herzustellen. Eine erste Schicht von Beispielen orientiert sich am Sinnverlust gegenüber der Umwelt, die Folge fortschreitender Technologisierung ist. Darunter fallen der Rückgang handwerklicher Fähigkeiten und der verbreitet zweckrationale Umgang mit den Alltagsdingen. Der handwerkliche Schreiner hatte über seine Werkzeuge, Handsäge und Hobel, noch eine reichhaltigere Erfahrung vom Werkstoff Holz, als der Maschinenarbeiter sie hat, der nur noch die Motor-Bandsäge durch das Holz laufen lässt. Sofern der Schreiner seine Erfahrung von Holz auch von seiner Kenntnis der Bäume und deren Wachstum bezog, hatte er eine Beziehung zum Wald und zur Natur. Für den Maschinenarbeiter überbrückt die Maschine solche Erfahrung, ähnlich wie das Navigationssystem im Auto die Fähigkeit der Orientierung in der Landschaft ersetzt. Im Alltag ersetzt die Kaffeemaschine alle Fertigkeiten, einen genießbaren Kaffee hervorzubringen, und liefert das fertige Produkt. Noch wollen wir auf die ästhetischen Reize des Kaffees und des Trinkbechers nicht verzichten; aber die dampfende Tasse durch eine Koffeinpille zu ersetzen, liegt aufgrund der Abkehr vom Rohstoff und dessen natürlicher Herkunft eigentlich nahe. Jüngere ersetzen auch heute bereits das heiße Getränk durch einen koffeinhaltigen Saft aus einer Aludose.

Sind das Entwicklungen der Verarmung? Es sind Beispiele für die Rücknahme eines Sinns von Abhängigkeit. Der Maschinenarbeiter und der Dosentrinker sind real davon abhängig, dass Bäume und Kaffee wachsen. Diese Abhängigkeit ist ihnen bekannt, aber sie spielt in ihrem Leben keine Rolle mehr. Eine Verarmung stellt diese Entwicklung insofern dar, als mit dem Erfahrungsverlust ein Wertverlust einhergeht oder jedenfalls einhergehen kann. Der den Herstellungsprozess kennende Kaffeetrinker war sich der Schwierigkeit des Produzierens bewusst, vom Urwald bis zur Ladentheke. Für den Trinker aus der Aludose könnte das Getränk von beliebiger Art sein, erfunden in einem Labor, vorausgesetzt, es erfüllt die stimulierende Wirkung. Indem die Technisierung die an Fähigkeiten gebundene Erfahrung der Welt ersetzt, verarmt sie den Wert der Dinge, die technisch hergestellt werden. Dieser Prozess ist aufgrund seiner anderweitigen Vorteile kaum aufzuhalten und er verläuft in seiner wertreduzierenden Wirkung weitgehend unbewusst. Die technisierte Welt ist ärmer an Wert als die vortechnische. Jedoch, dieser technologisch bedingte Rückzug in eine immer künstlicher werdende Welt mag richtig diagnostiziert sein, die Natur mag uns im Alltag immer ferner rücken, aber warum ist dieser Prozess aussagekräftig in Bezug auf die Religion?

Dreyfus / Kelly beschreiben den traditionellen Schreiner als jemanden, der das Holz noch als ›heiliges‹ Material erfahren hat, weil er sich, frei von der vereinheitlichenden Wirkung der Maschine, mit jedem einzelnen Stück Holz in seiner Eigenart befassen musste. Er war sich der Abhängigkeit seiner Kunst von der natürlichen Materie auf eine Weise bewusst, die durch die Technik ausgelöscht worden ist. Das ist zwar richtig beschrieben, aber kein Beleg für eine religiöse Erfahrung. Der Grund ist einfach: Der sichtbar gemachte Erfahrungs- und Sinnverlust ist einer innerhalb der menschlichen Arbeit. Der bewusste Arbeiter ist sich der physikalischen und biologischen Voraussetzungen seiner Arbeit bewusst, aber der Sinn seiner Arbeit stammt nicht von diesen Voraussetzungen, sondern von seinem autonomen Arbeitsziel. Der Arbeiter erfährt die Abhängigkeit seiner Arbeit als Behinderung oder Ermöglichung seines Arbeitsziels und nicht als Begründung dieses Ziels.

Beispiele wie die genannten, vor allem solche aus der Arbeitswelt, sind zu sehr von unserer menschlichen Rationalität durchdrungen, als dass sie unabhängigen Sinn veranschaulichen könnten. Damit das Holz ein ›heiliges Holz‹ würde, müsste es, wie die Hostie als ›heiliges Brot‹, aus dem geschlossenen Kreis des zweckrationalen Umgangs mit der Natur herausfallen. Für diesen Zweck ist der traditionelle Schreiner kein geeigneter Akteur, denn auch er fügt sich in die übliche verwertende Arbeit ein. Eine zweite Sorte von Beispielen finden Dreyfus/Kelly allerdings nicht bei Handwerkern, sondern bei Akteuren, die nach einer Unterscheidung von Aristoteles zu einer ganz anderen Art gehören. Aristoteles unterscheidet ein zweckdefiniertes und ein zweckfreies Handeln, *poiesis* und *praxis*. Die Handwerker fallen in die erste Kategorie, die Spieler und Künstler in die zweite. Spiel und Kunst sind Selbstzweck. Auch Reden und Denken können so gebraucht werden, ohne sie wäre Kunst kaum möglich. Die massenwirksame Art der *praxis* heute ist der Sport. Doch inwiefern veranschaulicht Sport ein religiöses Erlebnis, gebunden nun nicht mehr an menschliche Arbeitszwecke, die eine ontologische Abhängigkeit gleichsam immer noch mit menschlichen Vorgaben durchdringen?

Zur Illustration dienen perfekte Sportler wie Bill Bradley, Roger Federer oder Muhammad Ali. Ihre perfekten Leistungen halten Dreyfus / Kelly neben den heroischen Handlungen (Mr. Autrey) oder den weltverändernden von Marilyn Monroe oder Einstein für Erfahrungen von Heiligkeit, weil die in ihnen erbrachten Leistungen nicht mehr aus autonomer Kontrolle allein erklärbar sind. Ein bestimmter Grad der Perfektion, eine für unmöglich gehaltene Bewegung, ein Überschreiten von Konventionen und Grenzen sind nicht mehr kontrolliert zweckrationale Ergebnisse, sondern ›ereignen‹ sich an diesen Akteuren. Das Befördern des Golfballs mit einem einzigen Schlag über hunderte Meter in das Loch ist keine Handlung, sondern ein Ereignis. Solche Ereignisse sind nicht nur Widerfahrnisse beliebiger Art, sondern Zugaben zu Handlungen, die sich jenseits der Grenzen des Handelnden ereignen, aber eben die Handlungen erweitern und sie nicht etwa behindern. In ihnen kommt eine Abhängigkeit zum Vorschein, die unterschiedlich interpretiert werden kann. Eine nicht-religiöse Interpretation sieht in diesen Ereignissen glückliche Zufälle und letztlich physiologisch erklärbare Leistungen, eine religiöse hingegen sinnstiftende Zutaten zum eigenen Leben. Der ungläubige Golfer weiß, dass sein Schlag durch den Wind begünstigt war und nicht wiederholbar ist. Der gläubige Golfer weiß das vermutlich auch, aber er glaubt sich in seiner ganzen Existenz unterstützt und bestätigt.

Dreyfus / Kelly schwanken in ihren Belegen für solche sinnstiftenden Erfahrungen. Ein Teil des Sinnverlusts, den wir durch die moderne Gesellschaft erfahren, fällt unter das Defizit mangelnder Aufmerksamkeit, die das Thema vieler kulturkritischer Analysen ist. Dieses Defizit trifft konventionell Gläubige ebenso wie Ungläubige, es ist kein Defizit, gegen das Gläubige als solche gewappnet wären. Und Ungläubige sind ganz ebenso befähigt, es zu beheben, sie müssen Kaffee nicht aus Aludosen trinken. Die Welt der Ungläubigen wird aufgrund der zunehmenden Entfernung von der Natur ebenso ärmer wie die der Gläubigen, auch wenn es ihnen prinzipiell offensteht, diesen Prozess zu stoppen.

Was die zweite Sorte des möglichen Sinns betrifft, wie er bei sportlichen oder heroischen Taten entstehen mag, bleibt den Ungläubigen völlig offen, wie sie sich dazu verhalten. Analog muss man diejenigen, die diese Taten als sinnstiftend empfinden, noch nicht bereits als Gläubige bezeichnen. Dieser Art von Sinnstiftung liegt kein religiöses Sinnkonzept des Transzendenten zugrunde, und der Vergleich mit einer Rückkehr zum Polytheismus der homerischen Zeit ist sicher überzogen. Niemand wird für die Rückkehr konkreter Götter plädieren. Die so geschilderten ›Gläubigen‹ und Ungläubigen sind in ihren Reaktionen nicht sonderlich weit voneinander entfernt.

Der Unterschied zwischen ihnen würde allerdings dramatisch, wenn Sinnstiftung nur extern, also nur über die Erfahrung von ungewöhnlichen Taten oder Ereignissen möglich wäre.

Würden sich Gläubige anhand einer solchen extremen These definieren, entstünde eine so tiefe Kluft, dass der Vergleich der Lebensweisen nicht mehr möglich und die Frage nach ärmer oder reicher offenbleiben müsste. Das kann auch gegenüber konventionellen Gläubigen eintreten. Aufgrund reichhaltiger Voraussetzungen erfahren christlich Gläubige alltägliche Dinge als transzendent: die Hostie als Leib Christi, das Kreuz als Tod Christi, Kerzen als Anwesenheit Gottes usw. Je nach dem Grad, in dem diese Symbolik durch Überlieferung aufgeladen wird, ist sie von den Ungläubigen zu teilen oder nicht zu teilen. Ein Leben ohne diese Symbole ist für sie nicht ärmer, wenn die Symbolik unvergleichbar wird. Das christliche Leben ist dann weder reicher noch ärmer, sondern nur anders.

Ist der Glaube an menschliche Gleichheit so unerschütterlich, wie er manchmal scheint?

KURZE ANTWORT: Keineswegs, weil die abstrakte Gleichheit mit der realen Ungleichheit in eine befriedete Balance gebracht werden muss.

LANGE ANTWORT: Bestimmte moralische Überzeugungen scheinen so tief, dass man sich schwer vorstellen kann, sie könnten auch falsch sein. Das gilt heute unter Europäern bei der Ablehnung der Sklaverei oder des Sexismus, worin kaum bestreitbar ein Glauben an menschliche Gleichheit steckt. Der Glaube ist so stark, dass über seine Begründung nicht diskutiert werden muss, ja nicht einmal darf. Stattdessen werden Leugner der Gleichheit, wie die nie aussterbenden Antisemiten, als geistig Verwirrte betrachtet. Wer die menschliche Gleichheit nicht erkennt, weiß wohl auch nicht, dass die Erde rund ist. Dann würden Fakten und ruhigeres Atmen das politische Problem beheben. Darf man dieser Prognose trauen?

Der westliche Glaube, dass menschliche Gleichheit unerschütterlich sei, hat seinen historischen Ursprung in der Aufklärung des 18. Jahrhunderts, die nicht nur, aber doch überwiegend eine philosophische Aufklärung war. Sie war philosophisch in dem Sinn, dass sie eine abstrakte, nicht auf Erfahrung beruhende Überzeugung verbreitete, wonach alle Menschen entweder unter bestimmten fiktiven Bedingungen faktisch gleich seien, gleich geschaffen seien oder gleich (oder annähernd gleich) an einer elementar menschlichen Fähigkeit namens Vernunft teilhätten. Diese Annahmen erfordern ein ziemlich hohes Maß an wohlwollender Phantasie und waren, und sind, angesichts der realen Unterschiede in menschlicher Art und menschlichem Handeln nicht einfach zu bejahen. Woher kann diese normative, stark idealisierende Idee dann kommen?

Genauer, worin hat die Idee einen sozialen Rückhalt? Auch wenn es sich um eine normative Idee handelt, so kann die Idee nicht nur dem Beschönigen dienen, in dieser Funktion hätte sie sich längst überholt. Etwas im Verhältnis der Menschen untereinander muss der Idee entgegenkommen, denn ansonsten hätte sie ihre langfristige Aktualität wohl nicht behalten. Eine normative Idee fixiert die Rechte und Pflichten von Menschen gegeneinander. Deshalb lässt sich vermuten, dass sich der soziale Unterbau der Idee aus dem sozialen Gegeneinander herausfiltern lässt. Wie bei der Idee selbst, kann natürlich dieses Gegeneinander mehr oder weniger idealisierend, mehr oder weniger realistisch angesetzt werden. Realistisch heißt nicht unbedingt identisch mit den ganz konkreten Verhältnissen, die immer mehr oder weniger konflikthaft sind. Aber doch innerhalb der Grenzen, die Menschen einander in sozialen Beziehungen im Durchschnitt auferlegen.

In Anschluss an diese Überlegung haben die Aufklärer zwei Sozialmodelle entwickelt. Die einen Aufklärer haben sich auf die sprachliche Vernunft bezogen und das Gegeneinander als eine Art Diskussionsklub veranschaulicht, in dem alle miteinander argumentieren, wobei sie sich in der Voraussetzung des gleichberechtigten Diskutierens bereits auf Gleichheit, Gleichheit in ihrer Vernunft, beriefen. Die anderen hielten diesen Diskussionsklub für zu ideal gedacht und brachten stattdessen die Vorstellung gemeinsamen Wohlverhaltens und Arbeitens ins Spiel. Wohlverhalten: Thomas Hobbes wies darauf hin, dass auch die unfähigsten Menschen für andere eine tödliche Gefahr darstellen können. Wenn das zu unwahrscheinlich klingt, Amokläufer aus dem Nichts heraus belegen es mit erschreckender Regelmäßigkeit. Eine Art menschlicher Gleichheit steckt bereits darin, dass alle einander lebensgefährlich bedrohen können. Im Umkehrschluss ist es für alle besser – und zwar gleich besser –, friedlich miteinander auszukommen. Arbeiten: David Hume und Adam Smith haben etwas optimistischer darauf hingewiesen, dass es für alle vorteilhaft sei, kooperativ zu arbeiten. Smith hat das mit dem Vorteil der Arbeitsteilung in der Stecknadelproduktion für ewig im Gedächtnis verankert.

In der philosophischen Literatur sind das zwei berühmte Weisen, die soziale Basis von Gleichheit in den tatsächlichen Verhältnissen zu identifizieren. Aber beide haben ihre Schwierigkeiten, wie sich im Meinungsstreit untereinander schnell offenbart. Miteinander diskutieren, schön und gut; aber warum soll der Rassist mit den aus seiner Sicht Ungleichen allererst diskutieren? Wird er mit anderen diskutieren, muss er am Ende mit ihnen übereinstimmen? Miteinander arbeiten, schön und gut; aber warum soll eine Starke mit einer Schwachen gleichberechtigt arbeiten? Warum soll sie sie als gleiche Arbeiterin anerkennen, wo sie doch viel schwächer, langsamer, unfähiger ist? Natürlich kann man die Idee der Gleichheit in beiden Ansätzen bereits voraussetzen, dann wären diese Einwände beseitigt. Aber man will die Idee ja begründen, nicht voraussetzen.

Wenn nach dieser zweifachen Kritik noch etwas zu retten ist, dann nur durch Kombination der beiden Ansätze. Es liegt ja auch nahe: Wir sind denkende *und* handelnde Wesen, so dass sich die sozialen Beziehungen kaum nur aus dem Denken oder nur aus dem Handeln regeln lassen. Zudem ist ein folgenschwerer Schritt nötig. Um den zuletzt erwähnten Einwänden zu entkommen, muss Gleichheit speziesabstrakt verstanden werden: Gleichheit von Menschen im Unterschied zur Gleichheit von Kriegern oder Arbeitern. Das speziesabstrakte Postulat ›Alle Menschen sind gleich‹ ergibt sich als Einsicht dann, wenn man prüft, was für die menschliche Ungleichheit sprechen könnte: Ungleichheit also ungeachtet des konkreten Verhaltens als Arbeiter oder Krieger, und das ab der Geburt.

Wir müssen das nicht detailliert durchspielen: Rassisten, Sexisten und Nationalisten, die es nach wie vor, und aktuell vielleicht gerade vermehrt, gibt, treten zwar neuerdings wieder öffentlich auf, aber erfolgreich überzeugen können sie nicht. Die liberale Kultur des Zweifels untergräbt eher konstruktive Beweise der Ungleichheit, als dass die Gleichheit selbst einen konstruktiven Beweis benötigte; sie ergibt sich, wenn die Gründe für Ungleichheit – relative Stärken der Weißen oder der Männer oder der Russen – als lächerlich in sich zusammenfallen. Bei Gleichheit landet man, wenn ungleiche kollektive Vorzüge ein schlechter Witz sind.

Leider haben nicht alle Gesellschaften heute diesen Stand der Aufklärung erreicht, solche Witze zu erkennen, und nicht alle erreichen ihn je mit Sicherheit. Putin kann einen auszehrenden Krieg im Namen des russischen Nationalismus führen. Islamische Religionen können ihren Frauen einen gleichberechtigten Lebenswandel mit den Männern verwehren. Und selbst in den westlichen Gesellschaften deckt sich das Handeln nicht mit der abstrakten Einsicht. Europäische Unternehmer sind keine Frauenverächter im Stil früherer Jahrhunderte, nutzen aber dennoch die geschlechterbedingt unterschiedliche Lohnstufe, einfach, weil sie vorteilhaft ist. Ausbildungs- und Berufschancen sind geschlechterbezogen nicht dieselben, die Familienbelastung liegt nach wie vor überwiegend bei den Frauen. Männliche und weibliche Verhaltensnormen in zentralen Lebensbereichen sind zu Lasten der Frauen ungleich.

Die reale Situation ist also vor allem ambivalent. Einerseits sind die kulturellen Ressourcen versiegt, um menschliche Ungleichheit programmatisch zu verteidigen, andererseits sind die wenigsten in der Lage, aus dieser kognitiven Einsicht konsequente Lehren zu ziehen. Die relative Bedeutungslosigkeit von normativ gehaltvollen Einsichten zeigt sich daran, dass die Beziehungen nicht entsprechend dem Diskursmodell gestaltet werden und dass das Kooperationsmodell zwar angenommen, aber entsprechend den realen Verhältnissen praktiziert wird. Der anhaltend vertretene Rassismus, Sexismus und Nationalismus benötigt keine Mythen mehr, für ihn reicht der durchschnittliche Egoismus. Die abstrakt nicht zu verleugnende Gleichheitsidee hält dem ungleichen Interessengewinn nicht stand und die real ungleichen Eigenschaften von Menschen zahlen sich in ungleichen Vorteilen aus. Zwei typische Bereiche können das illustrieren.

Beispiel Arbeitswelt. Arbeitswillige kommen mit ungleichen Fähigkeiten in den Arbeitsmarkt. Der Arbeitsmarkt belohnt sie nach seinen Kriterien von Leistung und Nachfrage. In beiden Kriterien steckt ein Element der Willkür. Selbst bei bestem Willen können nicht alle Arbeitenden dieselbe Leistung erbringen, denn ihre natürlichen Talente und ihre soziale Vorgeschichte machen ihre Leistungserbringung ungleich. Die einfache Gleichheitsidee ist deshalb um die Forderung nach ›Chancengleichheit‹ erweitert worden. Die Idee der Gleichheit führt zu der Forderung, dass alle dieselben Chancen auf dasselbe Einkommen haben sollten. Beim Ausmaß der realen Ungleichheit im Zustandekommen von Fähigkeiten und Talenten sind gleiche reale Chancen politisch aber nicht realisierbar. Um sie zu erreichen, müsste man den Fähigeren die Hände binden (›levelling down‹). Die reale Ungleichheit kann in einer freien Gesellschaft politisch nicht überwunden werden. Mit der ungleichen Arbeitsleistung muss das Einkommen ungleich bleiben und in der Folge die Lebenschancen.

Beispiel Geschlechterbeziehungen. Als sie 1949 *Das andere Geschlecht* schrieb, war Beauvoir noch nicht beeinflusst vom heute wirksamen Postfeminismus, nach dem Frauen Gleichheit wörtlich nehmen und das Leistungsprofil von Männern ohne Abstrich übernehmen wollen. Beauvoir schildert jedoch die biologischen Unterschiede zwischen Männern und Frauen und betont die speziellen Bürden, die Frauen zugunsten des Erhalts der Spezies zu tragen haben. Anders als bei Beauvoir werden diese ungleichen biologischen Bürden heute im Namen von Gleichheit gern tabuisiert, eben gerade in einer Spielart des Feminismus. Männer akzeptieren das bereitwillig, umgehen sie damit doch sonstige Forderungen; Frauen akzeptieren es blind, unterlaufen sie damit doch Stigmata der Bedürftigkeit und Schwäche. Auf ähnliche Weise können besondere weibliche Schutzbedürfnisse gegenüber männlicher Gewalt, einseitige familiäre Arbeitslasten, einseitige soziale Lasten durch Kinder im Namen der doktrinären Gleichheit übersehen werden.

Die Aufklärung hat die Vorstellung kollektiver Ungleichheiten, Rassen, Geschlechter, Nationen, als kollektiver beseitigt. Versuche, entsprechende Mythen heute wiederzubeleben, müssen scheitern. Aber die Aufklärung konnte nicht individuelle Ungleichheiten beseitigen, denn sie beruhen auf biologischen und sozialen Bedingungen. Individuelle Ungleichheit kann nur politisch gesteuert, nicht grundsätzlich aufgehoben werden. Und wieweit die Überzeugung der menschlichen Gleichheit, wie sie sich indirekt aus der Kritik der Ideologien der Ungleichheit ergibt, in eine positive Politik der Gleichheit überführt werden kann, ist die strittige Aufgabe der Gerechtigkeit und deshalb von Missverständnissen durchzogen. Ab wo die ungleiche Fähigkeit zur Arbeit der Gesellschaft zur Last gelegt werden kann, ist immer strittig. Worin sich Frauen als ungleich biologisch bedürftig bekennen dürfen, ist immer strittig. In beiden Fällen kann das Ideal der Gleichheit zu Lasten der ungleich Beschaffenen ausfallen.

Das umfassendere Band in den sozialen Beziehungen ist das der Anerkennung als Gleiche, aber diese Anerkennung erfordert in einem bestimmten Ausmaß auch die Anerkennung als Ungleiche. Arbeitswelt und Geschlechter benennen für jede Gesellschaft zentrale Bereiche. In beiden sehen wir die reale Ungleichheit aufgrund der menschlichen Eigenart unausweichlich entstehen. In beiden schlägt eine Politik der Gleichheit ohne Grenze in Zwang und Unterdrückung um, versinnbildlicht am Sozialismus. In beiden Bereichen muss Ungleichheit deshalb akzeptiert werden, wenn sie unter bestimmten Bedingungen unausweichlich oder sogar erwünscht erscheint. Wenn die Wirtschaft stabil sein soll, müssen sich Kapitalbesitzer und Arbeitnehmer in ihren ungleichen Rollen anerkennen. Wenn die Geschlechter zusammenleben wollen, müssen sie sich als mit ungleichen Bedürfnissen und Interessen verbunden anerkennen. Während der Klassenkampf als ein hundertjähriges Geschehen die fortwährend zu erkämpfende ökonomische Gleichheit in der Ungleichheit im Bewusstsein bewahrt hat, gilt dasselbe für den Geschlechterkampf nicht ähnlich. Die Geschlechter benötigen ein schärferes Bekenntnis zur Ungleichheit. Wie schwierig es ist, gegen die Gleichheitsdoktrin Anerkennung als ungleich zu erkämpfen, belegt die sich gerade entwickelnde Gendervielfalt.

Das vielleicht positive Erstaunen über die heute verbreitete Bereitschaft zur sozialen, gender-, internationalen Gleichheit muss deshalb gegengerechnet werden mit dem Versuch, Gleichheit als bewusste Ungleichheit zu akzeptieren. Nur wenn wir uns als Ungleiche gleich begegnen können, hat der Glaube an Gleichheit einen pazifizierenden Charakter. In diesem Zustand schrumpft die Gleichheit selbst inhaltslos auf das Anerkennen der Ungleichheit, wie das in Liebesbeziehungen der Fall sein kann. In der großen Gesellschaft ist das allerdings eine unrealistische und deshalb gefährliche Utopie. Das eigentliche Kunststück liegt darin, aus den ungleichen Verhältnissen die Gleichheit herauszufinden und ein aggressives Fordern von Gleichheit zu zügeln. An welchem Punkt sind sich Kapitalbesitzer und Arbeiter, Mann und Frau gleich, wenn sie in ihren Rollen und Zugängen zueinander zutiefst ungleich sind? Wieweit lässt sich bei anhaltender Ungleichheit der Kampf um weitere Gleichheit befrieden und ein Verständnis der fatalen Folgen stärkerer Gleichheit gewinnen? Gleichheit und Freiheit widersprechen sich von bestimmten Schnittstellen an, so dass es immer nur um die beste Balance zwischen beiden gehen kann.

Gibt es objektive Gründe für den Schutz des werdenden Lebens?

KURZE ANTWORT: Nein, aber welche für die Skepsis gegenüber mancher Philosophie.

LANGE ANTWORT: Der ›Kampf‹ um das Recht auf Abtreibung wurde und wird politisch geführt. Die dabei verkürzte Frage lautet, ob Frauen ein ausschließliches Recht darüber haben sollen, ›was in ihrem Körper geschieht‹. Nach Jahrtausenden der weiblichen Unfreiheit gerade im Umgang mit einer Schwangerschaft ist diese als Aufschrei inszenierte Frage verständlich, verkürzend gegenüber der zugrundeliegenden Problematik ist sie dennoch.

Etwas unfreiwillig demonstrierte das eine amerikanische Philosophin, Judith Thomson, vor fast 50 Jahren mit einem Vergleich. In Form einer Frage: Wäre ein berühmter Geiger zum Zweck einer lebensrettenden Blutwäsche für die Dauer von neun Monaten gegen den Willen einer Frau an ihren Körper angeschlossen worden – dürfte sie sich dennoch umstandslos von ihm befreien, selbst wenn sie ihn dadurch zum Sterben verurteilt? Thomsons Antwort war ›ja‹. Ihre Rechtfertigung stützte sich auf die Unfreiwilligkeit des Angeschlossenwerdens – analog vermeintlich bei einer Schwangerschaft. Bei aller Erfindungskraft überzeugt der Vergleich in einem Punkt nicht: Eine Schwangerschaft ist in den meisten Fällen nicht so eindeutig unfreiwillig wie beim Gekidnapptwerden der Frau in Thomsons Geschichte. Im Gegenteil: Wäre man daran beteiligt, den Geiger in seine Bedürfnislage allererst gebracht zu haben, wäre man für ihn mitverantwortlich und dürfte sich nicht ohne weiteres von ihm abkoppeln.

Thomson erfand ihr skurriles Beispiel in der Absicht, die umstrittene Frage, wie das ›werdende Leben‹ in seinem Lebensrecht einzuschätzen sei, elegant zu umgehen und dennoch zu einer ethischen Ermächtigung der Schwangeren bei Abbruchentscheidungen zu gelangen. Beim ›Geiger‹ handelt es sich um einen durchschnittlichen Erwachsenen mit uneingeschränktem Lebensrecht. Aber selbst für das beschriebene Szenario räumt sie ein, dass die Moral milde gebietet, die Bürde der neun Monate auf sich zu nehmen, auch wenn der Geiger kein Recht auf derlei umfassende Hilfe hat. Ist die Schwangere aber ursächlich mitbeteiligt, anders als beim Geiger, sollte ein solches Recht folgen. Daran, den – wie sich in der Literatur zu sagen eingebürgert hat – ›moralischen Status‹ des Ungeborenen zu ermitteln, führt also kein Weg vorbei. Das beliebte Argument, sich einfach auf seine Einbettung in den weiblichen Körper zu berufen (›mein Bauch gehört mir‹), reicht dafür nicht hin.

Seit den Kämpfen um die Abtreibungsfreiheit in den Sechzigerjahren des letzten Jahrhunderts hat sich die Thematik des umstrittenen Lebensrechts beim ›frühen menschlichen Leben‹ in wissenschaftlich neu eröffnete Bereiche hinein erweitert. Bei der künstlichen Befruchtung außerhalb des Körpers ist das aktive oder passive Töten von Embryonen regulärer Bestandteil des Behandlungsplans. Bei der Embryonenforschung werden Embryonen bis zu einem bestimmten Zeitpunkt ihres Wachstums ›vernichtend‹ beforscht. Die pränatale Diagnostik ist für die ersten Schwangerschaftsmonate zunehmend einfacher und verfügbarer geworden. Aktuell (2024) geht es in Deutschland darum, ob der § 218 so reformiert werden sollte, dass ein Abbruch während des ersten Trimesters der Schwangerschaft generell straffrei bleibt, während er nach dem geltenden Paragraphen unter Bedingung einer Zwangsberatung nur nicht strafverfolgt wird. Wie aus dem Nichts erneuert sich die alte Konfrontation aus den Sechziger- und Siebzigerjahren, in der Regel mit denselben, wohlbekannten Argumenten, wenn auch heute mit eher versteckt religiöser Tönung, im Unterschied zu ihrer früher explizit vertretenen.

Das gilt vor allem für die Abtreibungsgegner, die sich der besonderen Voraussetzungen ihrer Forderung der Schutzwürdigkeit des Fötus während der gesamten Schwangerschaft nicht immer bewusst sind. So galt und gilt für christlich Gläubige –

mit Ausnahme einiger Phasen in der Geschichte – der Zeitpunkt der Beseelung als Beginn einer vollwertigen menschlichen ›Person‹, und sie vollzieht sich angeblich 14 Tage nach der Zeugung. Daraus folgt der notwendige Schutz des Ungeborenen im Rang eines Erwachsenen während praktisch der gesamten Schwangerschaft, und das sogar im Konflikt mit dem Leben der Schwangeren und konsequenterweise auch bei Vergewaltigung. Im Argumentespektrum der deutschsprachigen Diskussion ist an die Stelle der Beseelung der säkular gewendete Begriff der ›Menschenwürde‹ getreten, mit einer ansonsten unveränderten Argumentation. Für die Abtreibungsgegner rückt der Fötus dann von Beginn an unter den Schutz des Grundgesetzes, analog wie jeder erwachsene Bürger.

Sowohl für Gläubige wie noch mehr für Nichtgläubige ist diese Argumentation alles andere als überzeugungsfähig. In der langen Geschichte des Dogmas zur Beseelung gab es durchaus unterschiedliche Annahmen dazu, wann die Beseelung eintritt, und die ausgeklügelte Kasuistik hinter den zwei Wochen ist alles andere als zwingend. Beseelung kann man nicht beobachten, und warum sie schlagartig eintreten sollte, ist ebenfalls unklar. Gläubige sind deshalb, sofern sie bereit sind, Dogmen anzuzweifeln, in keiner allzu verschiedenen Situation gegenüber Nichtgläubigen. Nichtgläubige können mit einer Seele, die vom Bewusstsein völlig unabhängig ist, keinen Sinn verbinden. Und ähnlich geht es ihnen mit der Ersatzformel der Menschenwürde, wenn sie auf einen Menschen noch vor der Bewusstseinsfähigkeit angewandt wird. Dass die Menschenwürde ›verletzt‹ wird, benötigt unter Nachdenklichen eine Erklärung dazu, was es eigentlich ist, das verletzt wird. Sind es etwa Bedürfnisse, von denen die Menschenwürde fordert, sie nicht zu verletzen, dann steht eben in Frage, ob das Ungeborene diese Bedürfnisse tatsächlich hat. Sowohl ›Seele‹ wie ›Würde‹ sind nur rhetorische Hinweise darauf, dass die tatsächlichen Eigenschaften des Ungeborenen ernst zu nehmen sind, und keine erschöpfende Antwort darauf, was ihm gegenüber erlaubt ist.

Damit steht man vor dem eigentlichen Puzzle. Um ein Puzzle handelt es sich aus zwei ineinandergreifenden Gründen. Ähnlich wie Beseeltheit oder Würde lässt sich ein Recht des Ungeborenen am Ungeborenen selbst nicht beobachten. Beobachten lässt sich sein Herzschlag. Es muss, wie Philosophen sagen, die ›Sein-Sollen-Kluft‹ überwunden werden, was heißt, dass dem Ungeborenen ab einem bestimmten Zeitpunkt ein Sollen, also ein Recht, ›zugelegt‹ werden muss. Anders als Beobachten ist ein solches Zulegen grundsätzlich schwieriger, also irrtumsanfälliger. Hinzu kommt, dass das Ungeborene im Verlauf der neun Monate seine Eigenschaften dramatisch ändert, von einem auf Teilung angelegten ›Zellhaufen‹ bis hin zu einem außerhalb des Körpers lebensfähigen Gesamtorganismus. Für das ›Zulegen‹ stehen deshalb eine Fülle von Möglichkeiten offen, je nach Erreichen einer Qualitätsstufe in dieser Entwicklung.

Könnte das Menü von Entwicklungsstufen (Beweglichkeit, Herzschlag, Empfinden, minimales Bewusstsein, Träumen, usw.) auch umgangen werden? Dazu wurden von Ethikern zwei Hinweise verfolgt, die sich um die Stichworte ›Potentialität‹ und ›Identität‹ ranken. Das Ungeborene ist potentiell ein rechtebesitzender Erwachsener, und es ist in seiner DNA identisch mit dem späteren Erwachsenen. Das sind beides suggestive Hinweise, sie bleiben aber wie Beseelung und Würde eine definitive Antwort schuldig. In der alltäglichen Welt fallen Potentialität und Aktualität meist auseinander. Ein Baumschössling, potentiell ein ausgewachsener Baum, hat weniger Wert als ein ausgewachsener Baum. Die DNA zum Träger von Rechten zu erheben, als eine mögliche Variante von ›Identität‹, würde jeder einzelnen Zelle dasselbe Recht einräumen wie einem Erwachsenen. Schon aufgrund dieser extremen Konsequenz stellen sich Zweifel ein.

An einer Antwort auf die ›Sein-Sollen-Kluft‹ kommen wir dennoch nicht vorbei. Muss dann jeder Überbrückungsversuch willkürlich bleiben, einfach weil es sich um eine Kluft handelt? Nicht zwingend, wenn man beachtet, dass sich dasselbe grundsätzliche Problem ja bei allen Rechten stellt und wir ›Willkür‹ und sein Gegenteil ›Objektivität‹ daran messen können, was üblicherweise in der Moral und im Recht als realisierbar gilt. Man kann sich dann bei der Suche nach objektiven Gründen an den Gründen für Rechte im Allgemeinen, oder genauer für das Lebensrecht unter bereits Geborenen, orientieren. Bleibt man im Rahmen gleichsam der ›Logik‹ der Gründe für übliches Lebensrecht bei Geborenen, dann hätte man, so scheint es, auch für Ungeborene die realistisch mögliche Objektivität erreicht.

Ein grundsätzliches Problem dieser, auf den ersten Blick einleuchtenden Methode entsteht aber daraus, dass mit dem Ausgangspunkt der Rechte unter Geborenen die Eigenschaften der Geborenen als Bedingungen akzeptiert werden – und damit die Eigenart des Ungeborenen von vornherein außer Betracht bleibt. Schon vor der konkreten Übertragung der Logik des Lebensrechts auf das Ungeborene droht deshalb tendenziell die Konsequenz, dass es kein Lebensrecht hat. Sich am Lebensrecht der Geborenen zu orientieren, wird sich als bedenkliche Prämisse erweisen, was in der Vorgehensweise allerdings leicht übersehen wird.

Das ist ein pauschal gefasster Einwand, der so weit nur einen Verdacht ausdrückt. Die konkreten Eigenschaften, auf denen die ›Geborenenrechte‹ beruhen, könnten ja vom Ungeborenen geteilt werden. Bei näherem Zusehen erweist sich das aber als unwahrscheinlich. Dazu muss man nur beachten, dass Schutzrechte notwendig Bezug auf das zu Schützende haben müssen und der Maßstab dann die zu schützenden Interessen von Geborenen sind. Soweit das Ungeborene diese Interessen teilt, fällt es unter das Schutzrecht, nicht hingegen, wenn es über die entsprechenden Interessen nicht, im Fall des Ungeborenen noch nicht, verfügt.

Die Konsequenzen dieser Übertragungslogik haben sich vor allem in der Argumentation von Peter Singer gezeigt. Singer ist für viele (einschließlich dem Schreibenden) zum Initiator dafür geworden, entsprechend dem eben geschilderten Gedankengang ein Lebensrecht auf ein ›Lebensinteresse‹ zu gründen und das Lebensinteresse wiederum auf ein Bewusstsein von Leben, gemeint je eigenem Leben. Auf die zuletzt genannte Voraussetzung gerät man dann, wenn man sich an gängigen Urteilen über Interessen orientiert. ›Der Geschädigte hat ein Interesse, dass sein Fahrrad repariert wird‹. Dabei wird mindestens unterstellt, dass der Geschädigte vom Schaden Kenntnis haben kann. Überträgt man diese ›Logik‹ des Schadens mit ihren Voraussetzungen, dann benötigt das Ungeborene ein

Bewusstsein von seinem Leben, um Lebensinteresse und damit Schadensfähigkeit zu haben. Es verwundert nicht, dass die Neonatologie die Auskunft gibt, dass Neugeborene erst einige Monate nach der Geburt beginnen, diese Fähigkeiten überhaupt erst zu entwickeln. Während der gesamten Schwangerschaft wäre dann das Ungeborene nicht schutzfähig und entsprechend nicht möglicher Besitzer eines Lebensrechts.

Philosophen zeichnen sich gegenüber Alltagsmenschen meist dadurch aus, dass sie einem, wie sie denken, gut begründeten Gedanken furchtlos dahin folgen, wohin er sie führt. In diesem Fall bleiben drei Alternativen. Nach der radikalsten und ›furchtlosesten‹ Alternative ist ein uneingeschränktes Abtreibungsrecht während der gesamten Schwangerschaft zu folgern. Die persönlichen Gründe für eine Abtreibung können auch belangloser Art sein, sie sind genaugenommen moralisch irrelevant. Nach einer gemäßigten Variante wird der zentrale Statusgrund durch flankierende Zusatzgründe abgeschwächt, etwa solche der ›Verrohung‹ im Umgang mit dem werdenden Leben oder mit Leben generell. Die herrschende Praxis etwa wäre danach nicht verrohend, eine erweiterte Freiheit wäre es. (Ähnlich argumentiert Kant für den moralisch gezügelten Umgang mit Tieren.) Nach einer dritten, skeptischen Alternative wird die Prämisse des Vergleichs von Ungeborenen mit Erwachsenen ganz in Frage gestellt und das Zentralargument verworfen. Die dabei zugrundliegende Skepsis kann sich auch an einer noch furchtloseren Folgerung mancher Philosophen entzünden, die aufgrund des mangelnden Bewusstseins auch unmittelbar nach der Geburt keinen moralischen Einwand gegen die Kindstötung von Neugeborenen sehen.

Spätestens an diesem Punkt wendet sich die hier geschilderte Argumentation gegen sich selbst und man ist an einem Zweifel gegenüber der Gedankenmethode zum vorgeburtlichen Lebensrecht angekommen. Glaubt man unbeirrt an die Richtigkeit der Gedankenmethode, etwa im Namen einer für alle verbindlichen ›Rationalität‹, oder schreckt man angesichts der gefühlten Monstrosität des völlig schuldfreien Tötens von Frühgeborenen oder Neugeborenen – also Babys außerhalb des Mutterleibs – zurück? Nicht zurückzuschrecken würde den ansonsten durchaus wohlmeinenden Philosophen in einen abstoßenden Fanatiker verwandeln.

Eine Bürde tragen die Philosophen insofern, als sie sich eingestehen müssen, dass die unter ›rationalen Erwachsenen‹ angewandte Methode, üblich in allen Spielarten der modernen Ethik, auf das Ungeborene nicht erweiterbar ist. Nicht, dass die Methode fehlerhaft wäre, sie ist von glasklarer Prägnanz, die in der öffentlichen Debatte in den Achtzigerjahren viele gegensätzlich engagierte Teilnehmer in Diskussionsforen hat verstummen lassen, obwohl sie nicht überzeugt waren. Ihr Eindruck war, dass die Folgerungen rational zwingend, aber dennoch unannehmbar sind. Politisch geschickte Philosophen vermeiden zwar den Weg zur letzten Konsequenz, verwässern aber auch ihre Methode hin zur Beliebigkeit. Es sind die Unbeirrten, die einen mindestens teilweisen Rückzug vom klaren Argumentieren bei den weniger Unbeirrten anstoßen. Für den auf Freiheit und Rationalität festgelegten Denker ist das ein schwer zu ertragendes Eingeständnis, weil die Werte Freiheit und Rationalität in der überwiegenden Zahl von Anlässen von unverzichtbarer Hilfe sind – aber eben nur unter Erwachsenen. Beim werdenden Leben muss man dagegen einsehen, dass einzig Vorsicht und Gefühl angebracht sind und dass glasklare Logik bei ihm ins Unheil führt.

Soll man die Verbreitung der Pornographie begrüßen oder verdammen?

KURZE ANTWORT: Weder noch, mit Verstand in ihr und gegen sie manövrieren.

LANGE ANTWORT: Zwei Beobachtungen zu unserer aktuellen Kultur gehen dahin, dass Pornographie subkutan eine enorme gesellschaftliche Bedeutung hat und dass sie, soweit spärlich öffentlich thematisiert, eher angepriesen als kritisiert wird. Beide Beobachtungen stehen in starkem Gegensatz zu früheren Reaktionen, vor allem zu den Zeiten wütender Kritik durch moralisch Konservative und streitfähige Feministinnen. Während die Konservativen ihre Kritik auf der Basis der patriarchalen Geschlechtermoral vorbrachten, argumentierten die Feministinnen mit dem Einwand weiblicher Repression. War diese Koalition von vornherein eigenartig, weil sie von untereinander unvereinbaren Positionen ausging, hat sie den Wandel in der Frauenrolle und entsprechend den Wandel im Feminismus auch nicht überstanden. Dieser soziale Wandel drückt sich aktuell in der offensiven Verteidigung der Pornographie durch sich feministisch nennende Autorinnen aus, während die Konservativen ausgestorben sind.

Dass die öffentliche Diskussion über Pornographie eher spärlich und zurückhaltend ist, könnte eine Konsequenz des liberalen Verständnisses sein, wonach Sexualität eine Privatangelegenheit ist, wird sie tatsächlich privat gepflegt. Und sicher ist, dass die Pornographie einen wichtigen privaten, eben aufgrund des Privaten aber auch stark unterschätzten Teil des Alltags ausmacht. Das Internet liefert Pornographie (in Deutschland) jeder Spielart in unüberschaubarer Menge frei an alle potentiellen Interessenten – wobei das männliche Genus hier besonders zutrifft. Während die Verteidigerinnen der Pornographie bei diesem kostenfreien Angebot nichts weniger als das ethische Problem einer ›Moral des Bezahlens‹ wichtig finden, sorgen sich Kritiker mehr über die längerfristige Auswirkung auf die Beziehungen zwischen Männern und Frauen, die dann auch nicht unbedingt privat bleiben. In der überwiegend männlichen Pornographie (Nutzer, Produzenten) werden traditionell männliche Fantasien inszeniert, und dass sie in ihrer Wirkung auf die kurze Phase der sexuellen Erregung begrenzt bleiben, ist unwahrscheinlich.

Eine Möglichkeit, die Existenz der Pornographie zu beschreiben und sie zugleich zu erklären, benutzt die Neuschöpfung ›Porn(o)utopia‹. Die feministische Philosophin Nancy Bauer fasst damit die übergreifende Erscheinung der sexuellen Szenarien zusammen, die sich im pornographischen Universum finden. Pornutopia ist ein Gegenangebot zur offiziellen Sozialwelt der westlichen Zivilisation. In der offiziellen Welt herrscht das kantische Prinzip des Achtens anderer ›um ihrer selbst willen‹; darin wird ihre ›Würde‹ im Unterschied zu ihrem ›Preis‹ gesehen. In Pornutopia gilt das Umgekehrte: Andere, vorrangig Frauen, zum Objekt zu machen, ist das von allen Beteiligten akzeptierte und verfolgte Ziel. Explizit gewalttätige Sexualität ist eine Randerscheinung, im Mainstream herrscht, wie immer gespielt, Einverständnis und grenzenloses Begehren. In ihrer Umkehrung dessen, was als offizielles moralisches Ideal gilt, ist die Pornographie ein Angebot, das den Nutzern zur Erholung und Selbstbestätigung frei zur Verfügung steht. Utopisch ist die kosten-, folgen- und grenzenlose Verfügbarkeit von Frauen in ihrer rein körperlichen Erscheinung. Anders als im realen Sex, bei dem die Gegenreaktion einen unverzichtbaren erotischen Antrieb, aber auch Anspruch und eine Grenze darstellt, liegt die Erotik in der Pornographie in der fantastischen, ganz einseitigen Verfügbarkeit von Frauen zu Diensten der Männer. In ihrem Kern ist Pornographie eine Erotik der Macht.

Dieser Einordnung und auch dem Begriff Pornutopia würden die gegenwärtigen Verteidigerinnen der Pornographie vehement widersprechen. Ihre Argumentationslinie verläuft schlicht und begrenzt auf der Basis von Freiheit und Lust, und soweit von ›Befreiung‹, so einer Befreiung nur von externen, sozialen

Verboten. Außerdem stützen sich die Verteidigerinnen auf die behauptete kommunikative und gewaltfreie Kultur des modernsten Pornogeschäfts, das sogar eine Standesethik umfasse. Anders als bei Teilen der Prostitution handeln die weiblichen Darstellerinnen in der Regel nicht aus Armutsängsten. Anders als bei den berüchtigten Snuff-Filmen der Andrea-Dworkin/Catherine-MacKinnon-Protestbewegung gegen Pornographie in den USA der Achtzigerjahre herrscht bei der gegenwärtigen Produktion dokumentiertes Einverständnis, wie sowieso bei der zunehmend umfangreichen, völlig freiwillig gelieferten Amateurpornographie. Sofern im Pornogeschäft dennoch Gewalt auftritt, sei sie immer noch geringer als in anderen Berufen und in der Gesellschaft insgesamt.

Frauen sind in der Pornographie keineswegs einseitige Lustobjekte der Männer, sondern übernehmen durchaus männliche Rollen, und ihre Teilnahme ist, anders als in der Frühzeit, im Sinn der Machtverhältnisse aufgeklärt. Sie sind keine Opfer und deshalb auch keine ›Objekte‹. Eine Schilderung à la Pornutopia ist ein Relikt des ›alten Feminismus‹, der den Verhältnissen der Gegenwart nicht nur nicht gerecht wird, sondern die Befreiung der Frau, innerhalb wie außerhalb der Pornographie, sogar behindert. Die aktuelle Pornographie könnte die weiblichen Jugendlichen sogar besser darüber aufklären, wie sie die patriarchalischen Fesseln abstreifen, als es Schule und Eltern können – zeigt sie doch Frauen ohne Angst vor Männern und ohne Ängste in ihrer zwangslosen, freien Lustgestaltung. Sie bietet Modelle für ›befreite Frauen‹ und ist darin ›zeitgemäß feministisch‹.

Was angesichts dieses Pro-und-contra die Diskussion über Pornographie schwieriger macht als je zuvor, ist eine mehrfache Diversifizierung. Einmal die zunehmende Verschiedenartigkeit der sexuellen Praktiken und Spielarten, gebunden auch an die zunehmende Geschlechterdifferenzierung. Neben dem heterosexuellen Mainstream entwickeln sich andere, in den Praktiken spezialisierte Sexformen. Ein einfacher Blick auf die wichtigsten Plattformen kann das illustrieren, abgesehen von einer sich ausbreitenden Vielfalt von spezialisierten Angeboten. Mit der Vielfalt an pornographischen Vorlieben geht aber auch eine Vielfalt an moralischen Ansichten zu diesen Vorlieben einher und daran geknüpft unterschiedliche Auffassungen zur Rolle und Bedeutung der Pornographie im Allgemeinen. Wie bei anderen Themen des sozialen Lebens, wie Tierschutz, veganer Konsum, Klimaverhalten, ist es schwierig, unter den Pornonutzern und ihren Sprechern und Verteidigerinnen gemeinsame Maßstäbe zu finden; wie auch, vermutlich, bei den Akteurinnen selbst aufseiten der Produktion.

Wird damit dem Diskutieren über Pornographie nicht von vornherein jeder Boden entzogen? Bleibt die jeweilige Haltung nicht abgrundtief beliebig, ohne Hoffnung auf Gewissheit? Wäre es so, könnte man sich zur Pornographie nicht rational verhalten. Angesichts der geschilderten Meinungsvielfalt ist der Versuch interessant, ob sich so etwas wie ein strittiger Kern in einer ›Ethik der Pornographie‹ herausfinden lässt. Beschreiben lässt sich dieser Kern auf verschiedene, einander ergänzende Weisen, die alle um die Frage kreisen, ob freies Einverständnis zu Sexpraktiken die Machtungleichheit zwischen den Geschlechtern neutralisieren kann. Die Pornographie stellt einen der wichtigsten Werte unserer westlichen Gesellschaften, die Freiheit, auf die vielleicht härteste Probe.

Alles Folgende sei auf heterosexuelle Pornographie beschränkt, einfach weil sie den einflussreichsten Mainstream darstellt. Um sich nicht beim Urteil über bestimmte Sexpraktiken oder strittige Statistiken zu verlieren, ist es besser, das Offensichtliche zu erfassen. Offensichtlich ist, dass zwischen den Geschlechtern in der Gesellschaft eine Machtungleichheit herrscht, vorrangig sichtbar im Berufsleben und allen mit Kindern und Weiblichkeit verbundenen Dingen. Machtungleichheit bedeutet dabei nicht, dass gegen Frauen im Alltag fortwährend sichtbare Gewalt ausgeübt würde, sondern dass die Handlungschancen für Frauen vergleichsweise geringer sind. Erwartbar ist, dass sich neben Literatur, Film und Theater dieses Verhältnis auch in der Pornographie abbildet, und darin extremer und gleichzeitig versteckter, weil Sex als Elementarbedürfnis mit der Differenz von Weiblichkeit und Männlichkeit oszilliert. Die Pornographie nach expliziter Gewalt zu durchforsten oder mit ihren Verteidigerinnen darüber zu streiten, ob bonding, chocking und slapping Gewalt sind, ist unergiebig. Angesichts der Präsenz dieser Praktiken ist die relevantere Frage vielmehr, ob sie durch das Einverständnis der Frauen akzeptabel werden; und genauer, ob das Einverständnis, unterstellt, es sei frei, dadurch auch richtig wird.

Die neuen Verteidigerinnen der Pornographie führen dadurch in die Irre, dass sie neben einem wenig klaren Begriff des Einverständnisses verengt mit Gewaltfreiheit argumentieren und damit nur explizite Gewalt meinen. Nancy Bauers Pornutopia ist darin hellsichtiger, dass sie das Kriterium der ›Verfügbarkeit‹ und der darin versteckten einseitigen Macht benutzt. Macht ist dann am stärksten, wenn sie keine Gewalt benötigt. Frauen sind im Alltag überwiegend verfügbar in den sozialen Berufen, ihre im Vergleich zu Männern zahlenmäßig überproportionale Rolle als Pflegerin, Krankenschwester, Erzieherin, Putzhilfe spiegelt sich im Porno als zum Sex uneingeschränkt Bereitwillige wider, die entweder einen ritualisierten Ablauf der sexuellen Episode streng befolgt oder passiv dem Mann die Initiative überlässt. Im Mainstream spielt der weibliche Partner der Episode eine aktive Rolle meist nur zu Beginn, woraus sich im weiteren Verlauf eine zunehmend passive und erleidende Haltung ergibt. Den Mann zum Sex aktiv einzuladen, ist dabei zwar aktiv, aber aufwertend aktiv zugunsten des Mannes. An Letzterem zeigt sich auch, dass interpretationsabhängig ist, inwieweit aktives und passives Verhalten ein Machtverhältnis ausdrückt. Es ist zwar schwer, dem Eindruck zu entgehen, dass über eine Frau, die sich seriell 50-mal anal penetrieren lässt, nicht Macht ausgeübt wird. Aber in diesem wie in noch extremeren Fällen können die Verteidigerinnen der Pornographie immer mit Einverständnis und weiblicher Lust argumentieren und tun es auch.

Nancy Bauer berichtet über die sie ratlos lassende Bereitschaft ihrer jungen Studentinnen, bei rituell ablaufenden Datings männlichen Mitstudenten auch ganz ohne persönliche Nähe davor oder danach Fellatio angedeihen zu lassen. Auch im Mainstream der amerikanischen Pornographie nimmt die Fellatio eine ähnlich zentrale Rolle ein wie die Gabenbereitung in der katholischen Messe. Sie ist in der Regel einseitig, zeitlich ausgedehnt und verbunden mit einer ausführlichen Blende auf den weiblichen Kopf in der, vorgeblich auch für die meist kniende Frau, lustvollen Aktion. Dieses in der üblichen (filmischen) Pornographie herausragende Element allein widerlegt eigentlich die Vermutung, die sexuellen Rollen seien gleich verteilt. Das eindeutig dienende Handeln der Frau wird von Bauer und ihren Studentinnen als darin lustvoll geschildert, dass bei ihm die Frau Kontrolle über den Mann erhält. Die Frau versetzt den Mann in einen Zustand willenloser Lust, während sie selbst die Kontrolle behält. Den Vorgang aufseiten der Darstellerinnen (oder ähnlich bei Prostituierten) als rein ökonomisch motiviert zu verstehen, wäre deshalb falsch. Das reine Geldinteresse könnte Frauen nicht zu den perfekten Schauspielerinnen machen, die sie dann sein müssten. Ihr Handeln verströmt meist mehr als dasjenige der Männer eine lustvolle Beteiligung, also tatsächlich die Verbindung von Freiheit und Lust.

Solche Einzelphasen der weiblichen Kontrolle ausgenommen und im ganzen Ablauf betrachtet, liegt die Kontrolle insgesamt dennoch aufseiten des Mannes und nicht der Frau. Bauer liest die einseitige Fellatio deshalb als Episoden der lustvollen Selbstobjektifizierung. Von diesem Punkt der Beschreibung an trennen sich der alte und der neue Feminismus, die juristische und die psychologische Perspektive, die Pro- und Antihaltungen zur Pornographie. Denn jetzt werden die benutzten Begriffe selbst strittig. Pro: Ist eine freiwillige Selbstobjektifizierung noch eine solche? Behält die Frau nicht die Kontrolle, selbst wenn sie sich verhaltensobjektiv der männlichen Gewalt aussetzt, vorausgesetzt eben, der Vorgang läuft so informiert und zwangsfrei ab, wie es behauptet wird? Contra: Selbstobjektifizierung ist immer noch auferlegter Zwang, der aufgrund der Gewohnheit nicht mehr kontrollierbar, ja nicht einmal mehr wahrnehmbar ist.

Beide, Kritikerin und Verteidigerin, betreten sehr unsicheren Boden, wenn sie die Selbstobjektifizierung klar verurteilen oder klar verteidigen, denn die gewohnten Maßstäbe für Macht und Freiheit für Handlungen greifen nicht einfach für Gewohnheiten. Die Beobachter und die Akteure selbst wissen nicht so genau, was sie da eigentlich tun. Das ist, zugegeben, der auf die Spitze getriebene, wohl nicht alltägliche Fall im realen Pornogeschäft, der aber in der idealisierenden Verteidigung beschworen wird. Ihn muss man deshalb ernst nehmen.

Der Angelpunkt ist danach: Ist lustvolle und freiwillige Selbstobjektifizierung der Frau richtig? Eine Kritik der Pornographie sollte nicht mit dem Einwand operieren, wonach Sex nur in Verbindung mit Liebe geschehen darf; das wäre eine unrealistische und moralisch nicht geforderte Idealvorstellung. Etwas platt gesagt, Sex ohne Liebe schadet nicht, und Schaden ist ein zentrales moralisches Kriterium. Die Kritik muss auch nicht mit dem Einwand arbeiten, dass Sex privat sein sollte, während die Pornographie exhibitionistisch ist. Privat oder öffentlich, das ist eine Geschmacksfrage und damit subjektiv und nicht bindend. Manche Krawatten sind geschmackloser als manche Pornographie, ohne dass man sie verbieten müsste. Manche Fellatio ist geschmacklos, aber generell ist das nicht zu entscheiden. Damit bleibt unter den Gründen neben Freiheit und Lust nur noch Gleichheit. Und die Ungleichheit in der lustvollen Unterwerfung ist der einzig mögliche Gegenpunkt zur Pornographie. Ich glaube, ein verlässlicher und weitreichender Gegenpunkt.

Dass nicht jede Lust gut ist, zeigt die Sucht. Und die weibliche Selbstobjektifizierung ist eine generationenübergreifende, historisch gewachsene Sucht. Diese Sucht durchdringt und manifestiert sich in der gesamten, körperlichen und kulturell inszenierten Weiblichkeit. Sie ist so natürlich, dass sie nicht wahrgenommen und auch nicht absichtlich und bewusst gewählt oder ausagiert wird. Von daher ergeben sich zwei Perspektiven, eine weitere und eine engere. In der weiteren Perspektive ist die lustvolle Selbstaufgabe der Pornodarstellerinnen im Kontext der weiblichen sozialen Rollen im alltäglich-realen Leben zu sehen. Teilt man die Diagnose, dass auch im realen Leben eine unbewusste und lustvolle Dienerschaft der Frauen herrscht, vorrangig in Berufssituationen, dann trägt die Pornodarstellerin die moralische Bürde, dass sie mit dieser Situation der weiblichen Unterdrückung nicht nur konform geht, sondern sie symbolisch darstellt und überhöht. Der Vergleich mit der katholischen Messe ist nicht so abwegig. Die Pornofrau opfert ›die‹ Frau im Rahmen einer ›ursprünglichen‹ menschlichen Zeremonie der Sexualität. Das ist nicht gerade bedeutungslos.

In der engeren Perspektive wird sich die einzelne Darstellerin das allgemeine Geschlechterverhältnis nicht zu Herzen nehmen, ganz abgesehen davon, dass sie es in der Regel weniger dramatisch beurteilen wird als etwa Beauvoir oder Bauer. Sie wird sich stattdessen fragen: Was kann an Gleichheit so wertvoll sein, dass ich ihr zufolge den Lustgewinn aufgeben soll? Die einfache Antwort ist: Selbstachtung geht nicht ohne Gleichheit, und ohne Selbstachtung ist alles andere weniger wert, eine Weisheit des politischen Philosophen John Rawls. Stimmt das: Benötigt Selbstachtung wirklich Gleichheit? Die Pornographin wird vielleicht (wirklich nur vielleicht) geachtet von ihrem Produzenten und männlichen Gegenpart, soweit es ihre Rolle betrifft, aber wird sie nicht verachtet im Ganzen? Entsteht die männliche Lust nicht gerade aus der Erfahrung der einseitigen Verfügbarkeit? Die Unterwerfungslust kann das aufseiten der Pornographin überspielen, und ihre materielle Freiheit kann es verschönen. Aber auf die Dauer belehrt das psychische System eher eines Besseren als der beeinflussbare Kopf.

›Freie Lust‹ aufseiten der Pro-Porno-Sprecherinnen mag auf den ersten Blick ein starker Slogan sein, aber wie Menschen sind, ist er ein zu einfacher und darin ein ideologischer, gedankenverwirrender Slogan zu Lasten der anhaltenden Unterdrückung von Frauen. Ohne Leitfaden sind Menschen zwar zu freier, aber nicht zu befreiender Lust fähig. Freiheit stellt sich nicht ohne weiteres ein, sondern muss geschaffen, ja befreiend erzwungen werden. Sie braucht ein Geländer. Das einzige geeignete Geländer, das neben Freiheit und Lust normativ noch zur Verfügung steht, ist der Wert der Gleichheit. Nur bei gleicher Lust ist die Lust auch frei. Ob die Lust der Frau, die sich seriell 50-mal anal penetrieren lässt, vorausgesetzt sie empfindet dabei auch Lust, nicht nur frei, sondern eine befreiende und befreite ist – das kann sie anhand von Gleichheit dann selbst beurteilen.

Auszeit

26

Gibt es einen Unterschied zwischen alltagsphilosophischen und philosophischen Fragen?

KURZE ANTWORT: Die Alltagsphilosophie will einer Sucht entkommen, der die Philosophen im Allgemeinen unterliegen.

LANGE ANTWORT: Es ist nicht schwer, zu sagen, was ›typische philosophische Fragen‹ sind. Zweieinhalbtausend Jahre europäischer Philosophie haben eine Tradition geschaffen, in der ein Kern dieser Fragen wiederholt gestellt und behandelt wird. Darüber zu streiten, ob es durchgängig dieselben sind, ist müßig. Abhängig von der sich ändernden Kultur ändert sich auch die Hierarchie und Bedeutung der Fragen. Auf allgemeinste Weise gefasst, gehören die philosophischen Fragen und Themen in einen Kanon, der insgesamt ›die‹ Philosophie als Disziplin prägt. Diese Themen sind: Können wir die Welt erkennen? Wie ist die Welt oder wie sind Teile der Welt beschaffen? Wie verhält sich unser Geist zum Rest der Welt? Haben wir einen freien Willen? Können wir mit anderen Menschen zusammenleben? Für alle diese Themen interessieren sich teilweise auch empirische Wissenschaften. Wo deren Auskünfte ihrer Art nach nicht zufriedenstellen, fängt meist auch das philosophische Interesse an.

In der jeweiligen Gegenwart, wie der jetzigen, begegnen einem die typisch philosophischen Fragen allerdings nicht in dieser allgemeinsten, sondern auf eine technisch verklausulierte und für Laien oft schwer verständliche Weise. Philosophie erscheint in der Gegenwart als eine Wissenschaft, oder zumindest als eine Disziplin mit großer Wissenschaftsähnlichkeit. In ihr werden begriffliche Details von Spezialisten für Teilbereiche der ›großen Fragen‹ behandelt, die ›großen Fragen‹ selbst verschwinden dabei hinter vielen kleinen Fragen. Ähnlich wie bei Gesetzestexten in der Jurisprudenz ist man erst einmal gezwungen, gleichsam zum Repetitor zu gehen und sich durch endlose Kommentare hindurch zu quälen, in der Hoffnung, am Ende doch wieder zum Ausgang zurückzukommen.

Im Unterschied zu dieser ›Philosophie‹ als einer festgefügten akademischen Disziplin gibt es so etwas wie ›Alltagsphilosophie‹ nicht. Der Ausdruck hat keine verbindliche Bedeutung. Soweit er dennoch verwendet wird, verspricht er etwas hochtrabend Lebensweisheit oder Lebensberatung, fast in der Nähe von ›Firmenphilosophie‹. Im Menü der traditionellen Philosophie deckt dieses Verständnis nur einen sehr schmalen Bereich der Ethik ab, zudem einen, dessen Aktualität umstritten ist: die Tugendethik. Ihren klassischen Auftritt hatte diese Ethik in der griechischen Antike bei Aristoteles, den Epikureern und Stoikern. Der schottische Philosoph Alasdair MacIntyre hat vor 40 Jahren ein vielbeachtetes Buch geschrieben, in dem er die Rückkehr zu dieser Ethik als nötige Antwort auf die Orientierungslosigkeit der Gegenwart anmahnte. Es gelang aber weder ihm noch seinen Anhängern, diese Tradition in der Gegenwart neu zu beleben. Die Tugendethik ist einer Zeit verhaftet, die völlig andere soziale und politische Bedingungen kannte als die Gegenwart, und MacIntyre hat die riesige soziale Differenz zwischen der griechischen Polis und der ›nihilistischen Moderne‹ zwar selbst kritisch beschworen, aber, entgegen seiner sonstigen soziologischen Hellsicht, die Abhängigkeit philosophischer Lehren von einer lebenden Kultur irgendwie missachtet.

Das Bedürfnis nach Philosophie ist freilich ein allgemein menschliches Bedürfnis. Weil es von der Verwissenschaftlichung der Philosophie nicht beantwortet wird, gibt es die Alltagsphilosophie doch. Allerdings nur als Bedürfnis, sie hat keine Stimme und keine selbstbewusste Vertretung. Denn jeder, der versuchen würde, die akademische Philosophie auf den Alltag nur ›anzuwenden‹, unterläge einem grundlegenden Irrtum. Was sich völlig aus dem Alltag entfernt hat, kann man auf ihn nicht mehr zurückbinden; und wo man es dennoch versucht, hilft man der Philosophie nicht und ignoriert den Alltag.

Die Rede vom ›Alltag‹ ist unbeholfen und leicht irreführend. Mit ihr schwingt (vielleicht im Deutschen besonders) ein Anflug von Abwertung mit, eine Geringschätzung des Gewöhnlichen und Durchschnittlichen, wovon sich Kunst, Wissenschaft und

Philosophie bewusst und anspruchsvoll abheben wollen. Der Alltag ist persönlich und gestaltet sich bei vielen Menschen individuell und kulturell verschieden, so dass die Erwartung schwach ist, in ihm etwas Interessantes für alle zu entdecken. Dieser Eindruck ist aber falsch, denn jedes alltägliche Leben wird von einer Reihe allgemein menschlicher Probleme und Themen, Möglichkeiten und Zwänge zusammengehalten, ohne die es kein menschliches wäre. Zu den allgemeinen Themen des Alltags gehören Leben und Tod, Schmerzen und Freude, Liebe und Hass, Böses und Gutes, Kinder und Eltern, Moral und Glaube, Schönheit und Hässlichkeit, Realität und Illusion, Nahrung und Wohnung, Körper und Geist.

Man kann leicht übersehen, dass diese Dinge zum Alltag gehören, weil sie, so allgemein ausgesprochen, bereits eine abstrakte Form annehmen, die sie im Alltag nicht haben. Dennoch bilden sie das Netz, auf und in dem unser Leben vor jeder Besinnung verläuft. Fast alle alltäglichen Dinge und Handlungen enthalten einen Bezug zum alltagsphilosophischen Hintergrund, der uns mehr oder weniger auch bewusst ist. Mit dem angestoßenen Teller denken wir an die Mutter und die Geschichte der Kindheit, also unsere Zeitlichkeit; mit der Wahl der Bluse an die Blicke der Männer, also an die Geschlechterdifferenz; mit dem Füllen des Tanks an die Kraft der Natur, also an Klimawandel und Naturgesetze. Teller, Bluse und Benzintank sind gewöhnliche Dinge, aber sie enthalten auch ungewöhnliche Fragen. Über so gut wie alle Dinge des Alltags sind wir unausweichlich verbunden mit den äußeren Linien, entlang derer unser Leben in einer sozialen und natürlichen Umwelt verläuft. Ein diffuses Bewusstsein dieser Verbindungen ist im Alltag in der Regel präsent, allerdings fehlen Zeit und Fähigkeit, sich ihnen zu widmen. Die Rituale der Feier-, Geburts- und Urlaubstage, die offiziell dafür einspringen sollen, sind meist ähnlich alltäglich zerstreut wie der normale Alltag, wenn nicht sogar stärker.

Weil der Ausdruck ›Alltagsphilosophie‹ so schnell unter Banalitätsverdacht gerät, könnte man versucht sein, ihn durch gehobenere Titel zu ersetzen: ›Lebensphilosophie‹, ›Lebenskunst‹, ›Existenzphilosophie‹, ›Pragmatismus‹. Damit vergäbe man sich aber die Chance, dem Aufgehen in der allgemeinen Philosophie vorzubeugen. Unser Denken pendelt ungehindert zwischen dem Konkretesten, diesem Teller hier, und dem Abstraktesten, Universalien. Der Sinn für jeden von uns in einem Gegenstand wie diesem Teller kann nicht über die Thematik einer allgemeinen Ontologie (der Bedeutung von Sein, etc.) erschlossen werden. Es sollte stattdessen die Möglichkeit geben, das Konkrete des Alltags nicht zu verlieren, ohne es abstrakt zu überhöhen. Das ist nur möglich, indem man es im Zusammenhang sieht – hier zunächst im Zusammenhang des eigenen Lebens, aber dann auch der Lebensmöglichkeiten und seiner Eigenschaften über die Einzelperson hinaus.

An der akademischen Philosophie enttäuscht, dass sie an der Verbindung zwischen dem, was sie für philosophische Fragen hält, und dem philosophischen Bedürfnis des Alltags überwiegend kein Interesse zeigt. Sie stützt sich teilweise auf ›alltägliche Intuitionen‹, entzieht ihnen aber gleichzeitig den Erkenntnisanspruch; mit dem Vertrauen auf Alltagsansichten schwindet zugleich der philosophische Ehrgeiz. (Der wichtigste politische Philosoph der letzten Jahrzehnte, John Rawls, nennt diesen Rückzug ›politisch, nicht metaphysisch‹.) Die Dinge des alltäglichen Umgangs sind der Philosophie nicht allgemein genug, sie fügen sich nicht in ihren Hang zum Platonismus. Im Anschluss an die Phase der Sprachphilosophie in der Mitte des 20. Jahrhunderts hat der Hauptstrom der Philosophie an der Vorstellung festgehalten, was immer man nur allgemein genug und widerspruchsfrei sprachlich formulieren könne, sei als solches eine sinnvolle und respektable Thematik, jeder ›Begriff‹ sei als solcher untersuchenswert.

Dieser *Begriffsplatonismus* entfaltet seine entfremdende Wirkung im Zusammenhang mit einer zweiten Tendenz, einer *Unterscheidungsmanie*. Unterscheidungen sind, besonders bei sozialen und moralischen Belangen, für einen differenzierten Diskurs elementar, von ihnen lebt neben den Wissenschaften vorrangig die Jurisprudenz. In diesen Disziplinen wird die Relevanz der Unterscheidungen aber durch den empirischen oder praktischen Teil der Disziplin kontrolliert. In der Philosophie fehlt dieser Teil, und Begriffe können sich nur untereinander kontrollieren. Die Einführung und nachfolgende ›Analyse‹ von allem, was unter einen neu gewonnenen Begriff fällt, muss sich immanent steuern, der Gewinn besteht dann nur noch im Unterscheiden ohne klare Relevanz. Die sich selbst steuernde Begriffsproduktion bringt endlos neue Arbeitsfelder und Analysebereiche, Zeitschriften und Forschungsprojekte und vor allem Experten hervor.

Am folgenreichsten ist eine dritte, die zweite in ihrer Wirkung verschärfende Tendenz, die zum *verborgenen Dualismus*. Dualismen sind gedankliche Zustände, in denen zwei Letzturteile miteinander unvereinbar erscheinen. Über die Urteile gelten sie auch für ›letzte Dinge‹, wie beim berühmtesten cartesianischen Dualismus, dem von Körper und Geist. Offiziell herrscht die Ansicht, dass Dualismen zu vermeiden sind, dass einen Dualismus zu behaupten gleichzusetzen sei mit Erklärungsnotstand. In der Praxis aber werden viele Unterscheidungen so gehandhabt, als seien sie Dualismen. Die im Alltagsdenken bestehenden netzartigen Bedeutungsbeziehungen werden ignoriert und drängen sich bei künstlichen Begriffen auch weniger auf. Die von künstlichen Begriffen geschaffenen neuen Sachgebiete sind dann von anderen säuberlich getrennt und jedes Interesse an Verbindung ist getilgt. Die Sachgebiete werden aufgrund ihrer steigenden Zahl nicht dualistisch, sondern pluralistisch gehandhabt, wodurch der Verlust an Verbindung unbemerkt bleibt.

Alltagsphilosophisch hemmend sind insbesondere zwei Unterscheidungen, Beispiele für verborgene Dualismen: die *Subjekt-Objekt-Trennung* und die *Sein-Sollen-Trennung*. Die methodisch dominante Sprachphilosophie hat die traditionellen Metaphern Subjekt und Objekt zwar abgeschafft, aber zugleich die Rückbindung des Erkennens und der Gegenstände an die Erkennenden für uninteressant erklärt. Wenige Gegenpositionen, wie insbesondere der Pragmatismus und die Phänomenologie, führen eine Sonderexistenz. In der Tendenz gilt seit dem Aufkommen der ›Analytischen Philosophie‹ vor 100 Jahren die Überzeugung, dass die Erkenntnis- oder gar Handlungsbindung an die Umwelt in die Psychologie gehört, nicht in die Philosophie. Diese Bindung gilt als nicht hinreichend rational seriös, um philosophische Erkenntnis zu sein.

Die Sein-Sollen-Trennung spaltet die Beziehung der Menschen zu ihrer Umwelt in zwei Sphären, die des wertfreien Erkennens und die des wertabhängigen Handelns. Den getrennten Blickwinkeln entsprechen getrennte ›Welten‹, die materiell/ideelle Welt und ihre Eigenschaften auf der einen Seite, die Gebote und Werte auf der anderen. Die Welt der sozialen Phänomene zerfällt wechselweise in eine von beiden. Man muss sich vor Augen halten, dass im Kontrast dazu in der realen Welt beides, Wertfreies und Gewertetes, eng miteinander verknüpft sind. Man legt die Biobanane (Reales) aufgrund einer Wertentscheidung (Ideelles) in den Einkaufskorb. Man kann beides trennen: die Substanz der Banane und die Haltung der Käuferin. Aber um beides zu trennen, muss man spezielle Interessen haben: solche der Lebensmittelchemie etwa und solche der Käufersoziologie oder -psychologie auf der anderen Seite. Beides kann je für sich interessant sein, aber es ist nicht offenkundig, warum sich gerade die Philosophie auf je nur eine Seite der Beziehung fokussieren sollte. In der Regel erörtert sie das ›normative‹ Umweltproblem unter völligem Absehen vom ›tatsächlichen‹ Umweltverhalten und dessen Möglichkeiten.

Diese Kritik ist nicht so zu verstehen, als sollte sich die Alltagsphilosophie vollständig auf die Ebene des alltäglichen Bewusstseins begeben, getragen von soziologischen oder psychologischen Hinweisen. Die in den Angeboten der Lebensweisheit und der Tugendethik begegnende Öde des bereits Bekannten resultiert gerade daraus, dass das durchschnittliche Leben nicht hinterfragt, sondern pathetisch überhöht wird. Ein Bedürfnis an Philosophie besteht hingegen darin, das Ungewöhnliche im Gewöhnlichen zu entdecken. Dieses Ungewöhnliche ist in der Regel eher erschreckend und verwirrend, kaum tröstlich und unmittelbar lehrreich. Aber alle Philosophie hat die Absicht, Illusionen zu erschüttern, und die alltäglichen Illusionen sind folgenreicher als alle anderen.

Zusammenfassend ergibt sich die Alltagsphilosophie aus zwei Änderungen gegenüber der dominanten Philosophie. Erstens dadurch, dass strikte Trennungen zwischen dem Bewusstsein und seinen Gegenständen (Subjekt – Objekt) vermieden werden. Weder Artefakte und Natur noch die sozial anderen werden in die zweite Reihe verbannt. Ein Bleistift hat ebenso menschliche Bedeutung wie die Willensfreiheit. Und zweitens wird kein Graben zwischen den Dingen und den Handlungen ausgehoben, nicht zwischen Erkennen und Tun systematisch getrennt. Das heißt, dass die Interessen und Bedürfnisse, unter denen Dinge relevant werden, ebenfalls nicht in die zweite Reihe verbannt werden, sondern im Vordergrund stehen. Nicht Wahrheit und Bedeutung im Allgemeinen, sondern der Wille zu beidem steht an erster Stelle. Das kann aus der Sicht der ersten Person geschehen oder auch aus der Sicht der dritten. Aus Sicht der dritten wird der Vorrang des Erkennens durch den Vorrang von Macht und Anerkennung ersetzt, die in der realen Welt das Erkennen dominieren. Aus Sicht der ersten Person ist der erste Schritt, das eigene Interesse am alltäglichen Leben überhaupt erst wahrzunehmen.

Dieses Überwinden der beiden Trennungen ist keine einfache Aufgabe, weder prinzipiell noch hinsichtlich der Folgen. Die Unterscheidung der jeweiligen Begriffe, diese Begriffe selbst – Subjekt, Objekt, Sein, Handeln – soll und sollen nicht völlig aufgegeben werden. Durchbrochen werden soll nur der Zwang, sie absolut zu setzen. Dem philosophischen Denken eignet ein innerer Zwang, seine Objekte zu verabsolutieren, sie von allen Beziehungen zu befreien. Dadurch entzieht es die Objekte dem realen Leben und überhöht sie zu idealen Entitäten. Einfach zu sehen ist das an der wichtigsten Entität, uns selbst oder ›der‹ menschlichen Person. Nach aller Selbsterfahrung und psychologischen Weisheit existieren wir nur aufgrund der Verbindung zu anderen Personen, wir sind ›soziale Wesen‹. Wird die Person absolut gesetzt, wie in vielen Theorien zu Wille, Entscheiden, Bewusstsein, Sprechen und zur Autonomie, dann wird sie von der stützenden Beziehung zu den anderen abgeschnitten. Die entstehenden idealen Theorien mögen in sich kohärente Gebilde sein, sie haben nur nichts mehr mit lebenden Menschen zu tun. Sie sind, mit anderen Worten, Philosophie, nicht Alltagsphilosophie.

Ist das nicht unfair? Sollte man nicht sagen, das ist doch selbst eine philosophische Einsicht, also geht es um die ›bessere‹ Philosophie? Man benötigt keinen neuen Titel, um die

Fehler der Philosophie zu korrigieren. Tatsächlich ist die Gefahr des Trennens von klassischen philosophischen Autoren auch erkannt worden, allerdings auf einem ganz anderen Weg als dem der Unzufriedenheit mit der Philosophie aufgrund ihrer Ferne von alltäglichen Bedürfnissen. Husserl hat innerhalb eines modern-klassischen Projekts der Erkenntnistheorie die Einsicht vertreten, dass die Objekte von Gedanken untrennbar zum Gedanken hinzugehören, und diese Einsicht hat sich von ihm aus über den Begriff der ›Intentionalität‹ als menschlicher Eigenschaft erhalten. Dieser blutleer technische Begriff lädt aber wiederum dazu ein, seine Bedeutung zu unterschätzen. Erst Heidegger, Sartre und Merleau-Ponty haben das korrigiert. Sartre, ähnlich ausgehend von der cartesianischen Erkenntnistheorie, hat Husserls Einsicht übernommen und ihr in seinem Werk, dem theoretischen wie dem literarischen, zu einem anschaulicheren Leben verholfen. Überliefert wird dazu die häufig erzählte Anekdote, wonach ihn sein Freund Raymond Aron auf die Spur geschickt habe, indem er ihm Husserls Intentionalität als Rezept dafür empfahl, einen Aprikosencocktail philosophisch zu erläutern. Also nichts anderes, als beliebige Dinge in der Welt zum Gegenstand der Philosophie zu machen, im Kontrast zu den – im Vergleich zu dieser Konkretheit – üblichen idealen Entitäten.

Sicher, in einer Hinsicht ist die Alltagsphilosophie, so verstanden, eine bessere Philosophie. Der Zwang zum Idealen ist aber nicht zu unterschätzen, und inwieweit ihm zu entgehen ist, ist offen. Auch ist offen, ob wir bereit sind, den großen traditionellen Schatz der Idealisierungen zu opfern, der sich Philosophie nennt – ob wir ohne diese quasi-mathematischen Gebilde auskommen wollen. Und ob die Alltagsphilosophie angesichts von Einwänden der Trivialisierung, Psychologisierung, begrifflicher Unklarheit, Modeerscheinung usw. überhaupt Gehör finden kann. Der Zwang zum begrifflichen Trennen und Abstrahieren ist eine philosophische Grundeigenschaft, und wie bei Alkoholikern wäre der erste Schritt, sie als Sucht anzuerkennen. Aber wie wir wissen – wiederum eine Alltagserfahrung –, ist es nicht leicht, sich eine Sucht einzugestehen.

Was tun eigentlich Philosophen?

KURZE ANTWORT: Sie beruhigen ihre existenzielle Unruhe.

LANGE ANTWORT: Es gibt verschiedene Arten von Antworten auf diese Frage – oder verschiedene Arten von Versuchen, sie zu beantworten. Es gibt historische, soziologische, psychologische, um nur die wichtigsten relevanten Disziplinen zu nennen. Es gibt auch den alltäglichen Versuch. Der alltägliche Versuch liegt in der Antwort eines Kindes, das seinen Vater oder seine Mutter beobachtet, wenn sie arbeiten, vorausgesetzt, beide sind ›offizielle‹ Philosophen, also an einer Universität mit diesem Beruf angestellt. Die Antwort des Kindes wird nicht sehr informativ sein, denn es wird von Lesen und Schreiben berichten, und wenn man dem Kind sagt, das sei etwas sehr allgemein und werde bei Gelegenheit von fast jedem Menschen getan, dann wird das Kind vielleicht besondere Bücher nennen, die seine Eltern lesen. Wenn es philosophische Bücher sind, dann sagt es so viel wie: Philosophen wie Mutter und Vater sind Menschen, die philosophische Bücher lesen, sie ernst nehmen, aus ihnen zitieren, so ähnlich schreiben, sich von ihnen anregen lassen, usw. Die Auskunft ist erkennbar zirkulär.

Geht man zu den Fachleuten aus den drei genannten Disziplinen, wird die Auskunft im Prinzip nicht besser, wenn auch in ihrer Art aufwändiger und scheinbar informativer. Die Auskunft wird in einer Hinsicht sogar dunkler, denn das begleitende Ungenügen wird weniger deutlich als bei dem Kind. Die verbreitetste Art der disziplinierten, oder auch gelehrten, Auskunft ist die historische. Es liegt vermutlich nahe, dass man historische Beispiele bemüht, um die Arbeit von Philosophen zu illustrieren. (Einführungskurse in Philosophie kommen kaum ohne sie aus.) Um dabei historisch möglichst umfassend zu sein, wird man sich nicht mit einzelnen Klassikern zufriedengeben, sondern versuchen, die Geschichte der europäischen Philosophie seit der Antike irgendwie allgemein in Worte zu fassen. Beispielsweise wird man den Wandel der Weltbilder seit der Antike ansprechen, die damit verbundenen neuen Fragen und Denkweisen, ihre Verbindung mit der Wissenschaft und Religion. Wenn man das in sehr allgemeine Worte fasst, also sich nicht etwa auf Platon, Leibniz oder Kant im Detail bezieht, dann kann der Eindruck entstehen, es würde erklärt, was Philosophen tun. Aber das wäre ein Irrtum.

Bei der historischen Antwort entsteht, betrachtet man sie genauer, die Frage, was die einzelnen Epochen miteinander gemeinsam haben. Der Ideenhistoriker stößt auf dieses Problem und wird dann, wenn er zu ihm Stellung nimmt, entweder eine universale, durchgängige Thematik in den Epochen behaupten oder einen radikalen Wandel zwischen ihnen. Stellt er sich auf den zweiten Standpunkt, dann tun die gegenwärtigen Philosophen nicht mehr dasselbe wie Plato oder Marc Aurel. Wenn der Historiker klug ist, wird er aber die Frage, was die verschiedenen Epochen miteinander gemeinsam haben, nicht beantworten. Natürlich kann er zeigen, dass die Schriften aus verschiedenen Epochen unterschiedliche Schwerpunkte haben. So interessierten sich die griechischen Philosophen besonders für Politik und Lebensführung, die mittelalterlichen besonders für die Vertiefung der christlichen Religion, die neuzeitlichen für die Voraussetzungen der Naturwissenschaften. Ob ihre Art und Weise, diesen Interessen ›philosophisch‹ nachzugehen, aber im Kern jeweils verschieden ist oder eine Gemeinsamkeit enthält, das ist eine viel schwierigere Frage, die über das bloße Aufzählen von Schwerpunkten hinausgeht.

Was der Historiker guten Gewissens sagen könnte, ist: Die Philosophen (in der Geschichte) betreiben eine Art Wissenschaft, die von den normalen Wissenschaften angeregt wird, sie aber transzendiert, und die eigene Methoden erfindet. Das ist wahrscheinlich keine falsche, aber tendenziell eine nichtssagende Antwort. Sie hat immer noch den Nachteil, dass in ihr der Zirkel weniger leicht erkennbar ist. Gegen diesen Einwand könnte man allerdings auch opponieren. Ist ein Zirkel nicht mit der Frage selbst bereits vorgeben, und zwar mit allen möglichen inhaltlichen Varianten dieser Frage? Was tun Skifahrer? Sie fahren Ski. Wenn man erklären will, was das bedeutet, muss man wohl oder übel darauf eingehen, wie sich Skifahrer bewegen, was sie beabsichtigen, wie es ihnen gelingt, den Berg hinunterzukommen, usw. Niemand würde daraufhin sagen: Du bewegst Dich in einem Zirkel, weil Du ja schon voraussetzt, was Skifahrer sind!

Der Vergleich ist nicht ganz treffend, weil Philosophieren keine vergleichbar einfache Tätigkeit ist wie Skifahren (ohne Skifahren zu unterschätzen). Das sieht man gerade in dem Bemühen mancher Historiker, oder geschichtlich vorgehender Philosophen, in den verschiedenen Epochen vereinfachend ›ewige Fragen‹ erkennen zu wollen. Die Philosophie würde dann eine Weisheitslehre des ›letzten Wissens‹ oder der ›Grundlagen von allem‹ sein, was überhaupt ›ist‹. Sie würde, um in dem bekannten alten Bild zu bleiben, den Elefanten zu erkennen versuchen, der angeblich die Erde auf seinem Rücken trägt (oder die Schildkröte, auf der der Elefant steht). Das ist nun, leider, nur ein nettes Bild, denn nicht nur gibt es diesen Elefanten nicht, sondern es gibt auch die ewigen Fragen nicht, also Fragen, die über die Jahrhunderte dieselben geblieben wären. Sicher, wir könnten uns heute, käme er durch die Tür, mit Thomas von Aquin hervorragend unterhalten, sein Sprachspiel mitspielen. Aber seine Interessen und die unseren wären so verschieden, dass es bei einer Episode bliebe, es sei denn, er gäbe auf, Thomas von Aquin zu sein, und begänne, neueste ›atheistische‹ Artikel zu lesen.

Indem der Historiker den Ausweg wählt, in der Geschichte ewige Fragen zu vermuten, trennt er sich auch bereits von seiner Disziplin, dem Erzählen der Geschichte, und versucht sich in einer anderen, er versucht eine philosophische Antwort zu geben. Der Versuch besteht darin, auf die Frage nach den Philosophen selbst eine philosophische Antwort zu geben, auch wenn das natürlich den Zirkeleinwand zu neuem Leben erweckt.

Für die Unausweichlichkeit des Zirkels spricht Folgendes. Der Ausdruck ›Philosophie‹ wird nun einmal seit Jahrhunderten benutzt und verspricht damit irgendeine Einheit, wenn auch unklar ist, welche. Es kommt darauf an, den Zirkel möglichst ›dünn‹ zu halten, also die inhaltlichen Überzeugungen bestimmter Epochen einzuklammern. So verfährt einer meiner

Lieblingsphilosophen, Richard Rorty, wenn er auf die ›Fähigkeit des Argumentierens‹ verweist, die Philosophen meist gemeinsam sei. Die Philosophie hat über die Jahrhunderte weder durchgängig denselben Gegenstand noch dieselben Methoden. Was Philosophen kennzeichnet, ist vielmehr eine thematisch überhaupt nicht festgelegte Begeisterung dafür, Beliebiges zu prüfen und kritisch zu diskutieren.

Die Antwort auf unsere Frage wäre dann diese: Philosophen suchen die gängigen Meinungen der Wissenschaft und des Alltags zu erschüttern und, wenn möglich, zu verbessern. Das scheint die Möglichkeit offen zu lassen, dass jeder einigermaßen kritische Zeitgenosse ein Philosoph sein könnte. Aber das muss nicht völlig falsch sein, denn wenn Philosophieren eine menschliche Eigenart ist, dann muss sie jeder Mensch irgendwie besitzen (im Unterschied zum Skifahren). Dabei widmen sich manche dem kritischen Fragen extensiver als andere, und sie betreiben dann das philosophische Tun auf deutlicher erkennbare Weise. Beispielsweise, indem sie ausführliche ›Gedankensysteme‹ entwickeln.

Rorty hat neben dem kritischen Fragen noch eine zweite Tätigkeit genannt, die manche ebenso von den Philosophen erwarten, die Rorty aber eher den Literaten und beliebig kreativen Menschen zuschreibt: das Erfinden neuer Sichtweisen. Wenn ich es recht erinnere, ist der Ausdruck ›Diskurs‹ in den Achtzigerjahren vor allem von Foucault ausgehend in die Philosophie eingedrungen. Mittlerweile wird jede nicht völlig parteiliche Debatte ein Diskurs genannt, womit sowohl diese Debatten aufgewertet als auch der ursprünglich den Wissenschaften entnommene Begriff abgewertet wird. Der Vorgang ist ein Ausdruck des Vordringens der liberalen Demokratie, die sich damit ein Eigenlob verpasst. Ein anderes Beispiel ist die Einführung des Begriffs ›Würde‹ in das deutsche Grundgesetz von 1949. Dieser davor zumindest politisch bedeutungslose Begriff beherrscht seit Jahren die öffentliche Debatte und lässt die sozialen Verhältnisse und die politischen Pflichten anders erscheinen, als es früher üblich war. Die Verfassungsväter waren keine Philosophen, sondern Juristen. Muss man dennoch sagen, sie hätten mit dem Artikel 1 GG eine philosophische Erfindung gemacht?

Ich meine, nein. Rorty hat meines Erachtens recht, wenn er das Erfinden neuer Sichtweisen und Begriffe nicht für das Wesen der Philosophie hält. Der Würdeartikel bestätigt das insofern, als sich gerade Philosophen daran abgearbeitet haben, diesen Begriff zu enträtseln, und als dabei die Ablehnung überwiegt. Dass es so etwas wie eine ›Würde des Menschen‹ gibt, halten viele Philosophen für fraglich und den Slogan bestenfalls für ein sozialpolitisch förderliches Instrument. Soll Menschenwürde erkennbar sein, müsste sie eine biologische Eigenschaft sein, die sie aber wohl nicht ist. Welche Eigenschaft sie dann ist, bleibt unergründlich. Das illustriert, dass die Philosophen heute tatsächlich zu Sophisten geworden sind und dass sie die Weisheit anderen überlassen, sie für eine überholte Idee halten. Weisheit bedeutet *positives* Erkennen und Wissen um menschliche Lebensumstände. Sophisten erschüttern solche Ansprüche. Weil Menschen ohne Weisheit offensichtlich nicht auskommen, haben Esoterik, Religion und Psychologie diese Aufgabe übernommen, die Philosophen hingegen die Aufgabe der Kritik.

Es besteht allerdings ein Unterschied, ob man die Vorstellung von Würde oder die steigenden Mietpreise kritisiert. Im Kritisieren ganz allgemein kann ›das Philosophische‹ also auch nicht liegen. Die bloße Fähigkeit, beliebige Annahmen zu hinterfragen, kann noch kein hinreichendes Markenzeichen von Philosophen sein. Was aber, wenn Weisheit ebenso als weiteres Merkmal ausfällt? Eine bestimmte Qualität der Kritik kann nur einem Motiv entspringen, das Anlass gibt für eine bestimmte Art der Kritik.

Man hat die Rolle des berühmtesten philosophischen Kritikers, Descartes, damit abzuschwächen versucht, dass er seinen Skeptizismus vom einseitigen subjektiven Standpunkt entwickelt und damit den Zweifel, ob ›ich vielleicht immer von einem bösen Geist getäuscht werde‹, unbeantwortbar hat werden lassen – jedenfalls ohne Zuhilfenahme von Gott. Aber etwas in Descartes' Zweifel, in Sokrates' Fragerei unter den athenischen Bürgern oder auch in Beauvoirs Frage ›Was ist eine Frau?‹ ist allen diesen Fragern gemeinsam und darin dann ›ewig‹. Ohne ein größeres Stück französischer Philosophie voraussetzen zu wollen, finde ich den Begriff einer ›existenziellen Unruhe‹ ganz passend für den Ursprung des philosophischen Zweifels, und dann nachfolgend für philosophische Kritik. Existenziell ist die Unruhe dann, wenn sie sich auf die allgemeinen Lebensbedingungen bezieht, die natürlichen wie die sozialen, auf deren Erkenntnis wie auf deren Gegebenheit. Der Sozialkritiker kennt diese Unruhe vielleicht auch, und man könnte vermuten, dass auch der Naturwissenschaftler manchmal von ihr ausgeht. Was aber die ›existenzielle‹ Unruhe von der kognitiven Unruhe des Revolutionärs, des Erfinders oder des Entdeckers unterscheidet, ist das Gerichtetsein auf die netzartige Verbindung einzelner Lebensbedingungen untereinander. Die existenzielle Unruhe entzündet sich am menschlichen Leben und dessen Bedingungen. Solche ›untersten‹, allgemeinsten, einfachsten, bekanntesten Umstände interessieren nicht unbedingt den Revolutionär oder die Wissenschaftlerin.

Das ist nur ein Hinweis zur Richtung, in der eine genauere Antwort zu suchen ist. Denn diese Unruhe von den Motiven der Gläubigen, Politiker, Wissenschaftler genauer abzugrenzen, ohne dabei bereits eine spezielle philosophische Ansicht einzuführen, ist ein aufwendiges Unterfangen. Es wird auch nicht dadurch erleichtert, dass in größeren Teilen der gegenwärtigen akademischen Philosophie wie in den Wissenschaften gearbeitet, sprich ›geforscht‹ wird. Es gibt eine zunehmend große Zahl von als Philosophen Angestellten, die ähnlich eng umgrenzte Phänomene untersuchen wie Physiker die Leitfähigkeit von Materialien bei einer speziellen Temperatur. Diese Fachleute wirken nicht sonderlich existenziell beunruhigt.

Aber es ist ja offen, ob man diese gegenwärtigen Philosophen dann nicht doch besser Wissenschaftler nennen sollte. Ich vermute, ja. Ein solcher Zwist innerhalb der Disziplin illustriert noch einmal das inhaltlich voraussetzungslose kritische Fragen, das sich immer auch gegen die Philosophen selbst richtet. Kein Inhalt bleibt von ihm verschont. Damit es freilich nicht uferlos wird, benötigt es eine spezielle Triebkraft: wie die existenzielle Unruhe. Sie richtet das kritische Fragen immer auch gegen seine Voraussetzungen, etwa auch dagegen, was existenzielle Unruhe selbst heißen kann. Damit bewegt es sich innerhalb des beschriebenen dünnen Zirkels, denn die existenzielle Unruhe sucht, gerade in der weisheitslosen Welt, wieder nichts anderes, als das menschliche Leben im Zusammenhang zu sehen. Und das ist es, was Philosophen tun.

Sind die alltagsphilosophischen Fragen nicht alle Psychologie?

KURZE ANTWORT: Wäre es so, wären sie am Ende keine Fragen.

LANGE ANTWORT: Liegt die Vermutung, sie seien alle Psychologie, darin, dass viele mit psychologischen Eigenschaften zu tun haben oder auf ihnen beruhen? Sie derart einzuordnen, würde zweierlei nach sich ziehen. Psychologie ist eine empirische Wissenschaft, die mit Hypothesen und mengenorientierten Daten Urteile über menschliche psychologische Eigenschaften aufstellt. Die Eigenschaften betreffen menschliches Handeln und das geistige Leben. Dass Psychologie empirisch ist, bedeutet, dass sie als solche nichts darüber sagt, wie man sich zu den Eigenschaften verhalten *soll*. Jedoch, wie bei jeder empirischen Wissenschaft kann sich an diesen deskriptiven Teil auch ein präskriptiver anschließen, in dem die gesetzmäßigen Zusammenhänge im Menschen normativ interpretiert werden. Beispielsweise (sehr einfache Beispiele), wie es möglich ist, eine Sucht loszuwerden oder wie man Schlaflosigkeit bekämpft. Wenn alle lebenspraktischen Fragen ›Psychologie sind‹, sind wir nicht zur völligen Passivität verdammt, allerdings zur Aktivität einer bestimmten, technischen Sorte.

Wir Menschen sind nicht einfach Faktisches, und die Rezepte wirken deshalb nur teilweise. Dass die Psychologie zu einem technischen Umgang verführt, ist naheliegend, aber nicht zwingend. Der letztliche Unterschied zwischen Mensch und Sauerteig bleibt den Psychologen auch nicht verborgen und dann beschreiben sie Menschen modellhaft so, dass das Selbstverhältnis in die Beschreibung mit hineingenommen wird. In diesem Hineinnehmen entsteht aber eine weitere Grenze dadurch, dass die Psychologie daran gebunden ist, etwas zu beschreiben, während das menschliche Selbstverständnis aktiv, in Bewegung ist. In

Erweiterung eines Begriffs, der vom Philosophen John Austin stammt, hat sich eingebürgert zu sagen, dass Handlungen – und also Menschen – ›performativ‹ sind. Ihre Art zu existieren, besteht darin, etwas zu vollziehen, in Bewegung hin zu einem Ergebnis zu sein.

Eine Theorie über oder ein Beschreiben von etwas, könnte man einwenden, ist nun mal kein Handeln und kann es nicht sein. Der Einwand des mangelnden Performativen ist nicht der eigentliche Einwand, aber er führt auf die Spur zum eigentlichen Defizit. Als wissenschaftliches Beschreiben bleibt die Psychologie in einer bemühten Distanz zu menschlichen Phänomenen, die sie im Einzelnen darstellen und erforschen will. Wie die Idee der biologischen Gattung an die Absicht des Zerlegens und Ordnens gebunden ist oder die chemischen Elemente sich in eine Ordnung fügen, so muss die Psychologie Einzelteile in ein System bringen. Ihr Interesse gehört den Einzelteilen. Ein solcher Blick deckt sich natürlich nicht mit ihren realen Objekten, die ein Ganzes und nicht zuerst eine Summe von Einzelnen sind, etwa von Träumen und Handlungen. Bei den realen Menschen verhält es sich genau umgekehrt, alles Einzelne in ihrem bewussten Leben ergibt sich aus ihrem Ganzen. Dieses Ganze kann unterschiedlich beschrieben werden, es ist jedenfalls nicht das vorrangige Thema der Psychologie.

Unter den Philosophen, die sich am Beginn des 20. Jahrhunderts um dieses Ganze bemüht haben, war terminologisch umstritten, wie man es nennen und abgrenzen sollte. Unter Husserl, Scheler und Heidegger herrschte terminologische Uneinigkeit, die sich aus ihren unterschiedlichen methodischen Absichten und Ansprüchen heraus ergab. Die drei wichtigsten Titel sind Phänomenologie (Husserl), Anthropologie (Scheler, Plessner) und Ontologie (Heidegger). Was allen, und auch Nachfolgern wie Gehlen (Anthropologie) und Sartre (Ontologie), gemeinsam ist, ist der Versuch, anders als die Psychologie die Eigenart von Menschen nicht über einzelne ihrer Eigenschaften, sondern aus einem Gesamtentwurf ihrer Lebensform heraus zu entwickeln. Diese philosophischen Ansätze stellen in einem Vorgriff das Typische des menschlichen Lebens an den Beginn und suchen eine Ordnung *sub specie* dieses Vorgriffs. Dabei stehen die Vorgriffe bei den verschiedenen Philosophen untereinander durchaus in Konkurrenz. Husserl geht es wie in der Tradition um das Erkennen, Scheler und Plessner um den menschlichen Geist im Unterschied zum tierischen, Heidegger um das menschliche Leben. Die Perspektive weitet sich und nimmt bei Heidegger und Sartre den größten Umfang an. Dass die Perspektive die weiteste ist, bedeutet insbesondere, dass das menschliche Leben als eine Aufgabe erfasst wird, in der das Leben- und Handelnmüssen und nicht wie in der Tradition das Erkennen und Denken im Vordergrund stehen.

›Ontologie‹ bedeutet Seinsordnung (ontos / Sein, logos / Lehre) und sie wurde im 17. Jahrhundert in der Absicht erfunden, eine Art Registratur von allem ›Existierenden‹ zu erarbeiten. Das Ziel war dabei, alle auf der Welt vorkommenden Dinge und Prozesse in eine Übersicht zu bringen, die von entsprechend abstrakten Kategorien wie Dingen, Eigenschaften, Zahlen, Teilen und Ganzem usw. zu bilden waren. Abgesehen von den vorhersehbaren Schwierigkeiten, diese nicht überschaubare Fülle wertend zu ordnen, fiel dieses Projekt spätestens mit Descartes und Kant seinem naiven Realismus zum Opfer. Das Rot der Tomate ist keine Eigenschaft der Tomate, und wenn man diese Einsicht verallgemeinert, wird klar, dass man die Ordnung der Welt nicht einfach an der Welt ablesen kann, ohne dabei die Verbindung mit uns Erkennenden zu berücksichtigen. Im 20. Jahrhundert hat sich dann, über Brentano und Husserl, weiter die Einsicht eingestellt, dass diese Verbindung nach beiden Seiten verteidigt werden muss, also auch das Erkennen nicht ohne den realen Gegenstand gedacht werden darf. Die Verbindung beider ist diejenige der ›Intentionalität‹, und diese Verbindung mit allen Konsequenzen verstanden führte Heidegger dazu, das philosophische Erkennen als ontologisches zu fassen: als eines von den Strukturen (allgemeinen Dingen und Beziehungen) der Welt, einschließlich des Menschen und seiner Existenzweise. Die Eigenschaft der menschlichen Geisteszustände, intentional, auf etwas gerichtet, zu sein, ist eine ontologische Eigenschaft, sie liegt in der Welt und bildet die zentrale Grundstruktur der menschlichen Welt.

Eine unmittelbare Folgerung daraus, dass die Geisteszustände zuallererst reale Gegenstände zum Objekt haben, ergibt sich so, dass die Ontologie vom Menschen her entwickelt werden muss, denn in einem daraus folgenden Sinn ist die ganze Welt, alles, was ist, menschlich. Die Welt und die Menschen sind aufeinander abgestimmt, sie kommen nicht zufällig zugleich vor. Dennoch kommen sie auf unterschiedliche Weise vor. Heidegger und Sartre sagen, Menschen ›existieren‹, die Welt hingegen ist ›vorhanden‹. Menschen haben einen Bezug zu sich selbst, aus dem sich vieles Menschliche ergibt, weltliche Dinge, ein Stein, ein Baum, haben einen solchen Bezug nicht. Die Frage dieser Ontologie geht dann darauf, was Menschen darin auszeichnet, in einer Welt zu leben. Wie ist ihr Verhältnis zur Welt, wie ihr Verhältnis zu anderen Menschen und wie ist es zu ihnen je selbst? Weil sich so allgemein angesetzte Fragen unweigerlich mit einigen Wissenschaften überschneiden, so auch mit der Psychologie, muss die Frage weiter qualifiziert werden.

In der Tradition hat sich ein Philosoph, unter den genannten auch noch Husserl, einfach auf den Anspruch des ›Apriorischen‹ (›das Frühere von zweien‹) berufen und darauf verwiesen, dass die Psychologie als empirische Wissenschaft apriorische Grundlagen benötige, die sie selbst nicht liefern könne. Apriorische Urteile über Menschen sind solche, die vor der Erfahrung in und mit Menschen gelten; etwa nach Kants Muster, dass alle Körper ausgedehnt sind (gehört zum Begriff des ›Körpers‹ hinzu, vor der Erfahrung). Wenn man aber die menschliche Lebenssituation als Ausgangspunkt des Verstehens von allem Menschlichen wählen will, um alles Einzelne vom Ganzen her zu verstehen, dann macht ein solches Apriori keinen Sinn mehr – denn der Ausgangspunkt in den realen Menschen ist nun mal ein empirischer, also einer in der Erfahrung. Der Gegensatz zur Psychologie im wissenschaftlichen Verständnis läuft deshalb nicht über den Anspruch einer völlig anderen Erkenntnisqualität (Apriori), sondern über den eines anderen Zugangs, eines ganzheitlichen im Unterschied zu einem analytischen. Wenn man will, kann man das ein empirisches Apriori nennen, oder ein ontologisches oder ein existenzielles. Ohne die dahinter liegende Absicht zu verstehen, sagen diese Worte aber nichts.

Die Absicht ist, das menschliche Erkennen, Denken, Handeln, Leben, also alles an Menschen zu Beobachtende, aus einer menschlichen Eigenart, einer menschlichen Aufgabe, Problematik, einem menschlichen Drama heraus zu erklären. Dazu dient die Aufgabe als Vorgriff und viele einzelne Beschreibungen dienen als Beleg, Material und Darstellung. Weil typische menschliche Fähigkeiten und Erlebnisweisen dabei eine Rolle spielen und die Methode im möglichst genauen Beschreiben dieser Phänomene liegt, haben diese Teile der Ontologie große Ähnlichkeit mit psychologischen Analysen. Die wissenschaftliche Psychologie hat sich inzwischen in der philosophischen Literatur auch bedient und die Vorgehensweisen nähern sich einander an. Der methodische Prüfstein liegt aber darin, inwieweit sich die psychologischen Analysen in eine übergreifende Ontologie einfügen oder von ihr motiviert sind.

Für alle der genannten Autoren ist eine innere Gebrochenheit das zentrale Merkmal des menschlichen Wesens. Daraus ist schon erkennbar, dass sie es nicht als ihre Aufgabe sähen, etwa eine bloße Klassifikation menschlicher Fähigkeiten aufzustellen. Vielmehr geht es ihnen um den Nachvollzug einer inneren Dynamik, die Menschen aufgrund ihrer speziellen Eigenart eines Selbstbezugs zu verschiedenen Verhaltensweisen führt. Die ontologische Aufgabe besteht darin, mit einer existenziellen Kernthematik eine Analyse typischer menschlicher Erfahrungen zu verbinden. Heidegger und Sartre eignen sich am besten, um das zu veranschaulichen.

Beider Ausgangspunkt ist ähnlich, zumal sich Sartre am älteren Heidegger orientiert hat, ihre Ergebnisse aber sind nicht identisch und, je nach Detail, sogar sehr verschieden. Beide stehen im Bann früherer Philosophen (Kant bzw. Descartes), die sie meinen berücksichtigen zu müssen, ohne deren Mängel dann ganz überwinden zu können. Heidegger begibt sich in seiner Analyse der menschlichen Selbstfindung auf die Suche nach einem jenseitigen ›Sein‹, das allem vorhandenen ›Seienden‹, also den konkreten Dingen der Umwelt, irgendwie zugrunde und voraus liegt. Mit dieser Aufgabe befasst, ordnen sich einige menschliche Grunderfahrungen wie die Angst vor dem Tod oder die Sorge um das eigene Handeln im Kern dieser

Aufgabe zu. Weil das ›Sein‹ aber jenseitig bleibt, wird Heideggers Gesamtanalyse am Ende eine Art Theologie und er verliert das Interesse an der konkreten Existenz realer Menschen. Eigenartigerweise hatte er nie ein Interesse am Körper.

Sartre hingegen schildert den Ausgangspunkt als einen vollständig personeninternen. Ist Heidegger ein säkularer Theologe, so Sartre ein säkularer Atheist. Die menschliche Aufgabe ist ihm zufolge, zwischen zwei personalen Standpunkten eine Einheit zu finden oder den Widerspruch zwischen ihnen zu überbrücken: zwischen dem Bezug auf sich selbst als subjektiv Erfahrenes und dem Bezug auf sich als objektiv Existierendes. Man könnte es auch so ausdrücken: zwischen dem Gegensatz zwischen unserem zuinnerst Gefühlten und dem äußerlich an uns Zugänglichen. Diesen Konflikt benutzt er konsequenter als Heidegger, um menschliche Probleme wie Ehrlichkeit, das Körperverhältnis, die Freiheit, die Wahrnehmung der anderen, Liebe und Hass, den Besitz und den Tod zu interpretieren. Wie Heidegger sich mit dem Ausgangspunkt eines transzendenten Seins eine unerfüllbare Aufgabe gestellt hat, hat sich Sartre mit dem Descartes'schen Dualismus, den er mit dem anders gefassten Gegensatz nachbildet, ebenfalls ein nicht zu überwindendes Hindernis in den Weg gelegt. Die wichtigsten Teile in uns können nie ganz zusammenkommen, eine Erlösung gibt es nicht.

Diese Mängel im Blick können wir uns heute der Arbeiten dieser Ontologen aber dennoch fruchtbar bedienen. Sie sind die einzige Orientierungshilfe, die uns bleibt, und auch die beste Orientierung gegenüber der bloßen Psychologie. Mit ihr allein würden wir über die Orientierungslosigkeit in der Vielfalt nicht hinauskommen. Am Ende könnten wir die Fragen nicht nur nicht beantworten, sondern überhaupt keine stellen.

29

Gibt es ein Kriterium für Unsinn?

KURZE ANTWORT: Viele Hunde sind des Hasen Tod, nicht ein einzelner.

LANGE ANTWORT: Der Philosoph Harry Frankfurt hat vor einigen Jahren ein größeres Publikum mit einer Zeitdiagnose erreicht, über die er den Titel ›bullshit‹ hängte. Mit diesem Ausdruck wollte er eine Art des hochtrabenden Redens entlarven, die vorgibt, wichtig zu sein, aber nicht an der Wahrheit interessiert ist. Dieses ›bullshitten‹ ist, wenn es umfangreicher ausgeübt wird, für eine Gesellschaft gefährlich, soweit es Ausdruck eines um sich greifenden Desinteresses an Wahrheit ist. Ohne dieses Interesse können Meinungskonflikte nicht mehr ausgefochten werden, und ist das nicht mehr der Fall, schwelen sie weiter. Werden Meinungskonflikte zu öffentlich bedeutsamen Themen zunehmend unlösbar, gerät der soziale Zusammenhalt in Gefahr.

Seit Frankfurts Einführung ist das Wort auch im Deutschen für Zeitdiagnosen üblich geworden und wird auch mit dem neuen, angeblich ›postmodernen‹ Phänomen eines Desinteresses an Wahrheit verbunden. Autoreferentiell verleitet das Wort, wird es im Rahmen einer sachlichen Thematik ins Gespräch geworfen, selbst zu einem Bescheid wissenden Ausdruckstil, dem es mehr um Selbstdarstellung als um Wahrheit geht. Das ›bullshitten‹ (den Ausdruck möglichst genussvoll aussprechen) ist an eine verborgene oder bewusste Absicht des sozialen Auftrumpfens zuungunsten der Wahrheit gebunden und das entsprechende Produkt, ›bullshit‹, ist dann über diese Absicht zu erkennen.

In der akademischen Diskussion über Frankfurts Diagnostik hat der 2009 verstorbene kanadische Philosoph Gerald Cohen die ältere Version von ›bullshit‹ zu rehabilitieren versucht, die man am einfachsten mit ›das Sinnlose‹ wiedergeben kann. Während Frankfurts Diagnose an den Verlust des Wahrheitsinteresses gebunden ist, geht es Cohen um die gute alte Unverständlichkeit. Die Unverständlichkeit kann durchaus mit einer Wahrheitsabsicht der Sprecher einhergehen, so dass sie nicht unter Frankfurts ›bullshit‹ fällt. Manche unverständlich Redende und Schreibende sind sehr wohl an Wahrheit interessiert, erfüllen aber nicht die Voraussetzung dafür, eindeutig zu sagen, was es ist, das wahr oder falsch sein soll.

Ob man, wie Cohen selbst, beim alten ›Sinnlosen‹ jetzt ebenfalls von ›bullshit‹ reden muss, weiß ich nicht. Es verbietet sich deshalb, weil dem Sinnlosen der soziale Aspekt des Auftrumpfens fehlt, jedenfalls mit ihm nicht zwingend verbunden ist. Etwas umfassender ließe sich besser (im Deutschen) von verschiedenen Arten von Unsinn reden, und, diese beiden Varianten unterscheidend, von ›Wahrheitsunsinn‹ und ›Bedeutungsunsinn‹. Der Bedeutungsunsinn ist ein alter Bekannter, der eher Berufe interessiert, die das Reden und Schreiben in ihrem Kern umfassen. Das sind Kulturschaffende, Literaten, Journalisten, Wissenschaftler und auch Philosophen einer speziellen Art. Der Wahrheitsunsinn hingegen ist eine gesellschaftlich neue Erscheinung, was gerade Frankfurts ›bullshit‹ zu seiner großen Aufmerksamkeit verhalf.

Vor allem mit Trumps Präsidentschaft ist das strategische Lügen in der Öffentlichkeit zu einem wichtigen Teil der Politik geworden und seither vor allem vonseiten (und innerhalb) autoritärer Staaten nicht mehr wegzudenken. Letzteres war in der Geschichte sicher immer der Fall, aber heute ist es im Kontrast zwischen liberalen und nicht-liberalen Staaten besonders auffällig. Anders als bei der schlichten Sinnlosigkeit bewirkt der Wahrheitsunsinn, vor allem wenn er leicht erkennbar ist, eine Art Schock. In der Zeit, bevor er zu einer Mode wurde, ging man immer davon aus, dass erkennbar die Unwahrheit zu sagen sozial erfolglos sein müsse, weil das Interesse an Wahrheit allgemein verbreitet sei. Konfrontiert mit dem zunehmenden ›bullshitten‹ musste man das als Irrtum erkennen, der soziale Effekt ist auf verschiedene Weisen sogar erfolgversprechend, die Rolle von Wahrheit in der Gesellschaft scheint damit fragwürdig. Das hat man 1949, beim Erscheinen von Orwells *1984*, für die nähere Zukunft nicht für möglich gehalten.

Über eine Gefährdung der Wahrheit im Weiteren muss man sich aber, einzig aufgrund des Wahrheitsunsinns, wohl keine Sorge machen. Dieses strategische Umgehen mit Unwahrheit ist nichts anderes als das, ein beschränktes strategisches Vorgehen, das nur eine begrenzte Wirksamkeit haben kann, weil die Unwahrheit über Tatsachen längerfristig auf die Verbreiter zurückfällt. Ein zugunsten des Gegenteils zu vertretender ›Konstruktivismus‹ wäre in der dazu nötigen einfachen allgemeinen Form (›alles, was mit sozialer Macht als wahr behauptet wird, ist auch wahr‹) unglaubwürdig – weil erfolglos. Ein Schneeballsystem von finanziellen, sozialen oder politischen Anlagen bricht zusammen, wenn die Menge der Glaubensbereiten erschöpft ist; und bei Verlusten ernster Art ist sie erschöpfbar. Selbst autoritäre Herrscher, die mit der Bevölkerung eine Art Schneeballsystem-Spiel spielen, müssen ihnen gezogene Grenzen erkennen, wenn auch manchmal erst nach Jahren oder Jahrzehnten. Das Spiel kann ziemlich lange erfolgreich laufen.

Der Wahrheitsunsinn steht in der Nähe und in der Verbindung mit einer dritten Art von Unsinn, dem Drohensunsinn. Beide Arten sind eng verwandt und gehen teils ineinander über oder stützen sich gegenseitig. Ein Drohensunsinn liegt dann vor, wenn der Drohende entweder die Drohung rein faktisch nicht ausführen kann oder wenn sie ihm, ausgeführt, voraussichtlich selbst schaden würde. Kinder drohen unsinnig, wenn sie mit etwas drohen, das nur Erwachsene ausführen können. Erwachsene drohen in Wut gern mit etwas, wozu ihnen die Mittel fehlen, was dem Bedrohten aber nicht bekannt sein muss. Zumindest rational unsinnig ist es, mit etwas zu drohen, das selbstschädigend ist. Völlig sinnlos muss es aber nicht sein, weil es einem Drohenden wichtig sein kann, jemandem zu schaden, selbst wenn sein eigener Schaden dabei noch größer ist als derjenige des Bedrohten. In diesem irrationalen Drohen liegt deshalb eine reale Gefahr und eine tatsächliche Bedrohung.

Hatte Frankfurts ›bullshit‹ seine Faszination vielleicht noch durch einen erstmals bemerkten veränderten Umgang mit der Wahrheit erhalten, so muss man inzwischen erkennen, dass der Wahrheitsunsinn auch Bestandteil eines zunehmenden Drohensunsinns ist. Offensichtlich hängt der Drohensunsinn von Wahrheitsannahmen ab, er ist aber aufgrund der nötigen Rationalitätsprämisse beim Akteur schwerer einzuschätzen. Die internationale Politik lebt vom Drohen, und wann ein Drohen Unsinn ist, bietet jedenfalls umfangreichen Diskussionsstoff für die Medien. Ein Atomkrieg bedeutete zweifellos eine uferlose Selbstschädigung Russlands, ein Austritt aus oder eine Schwächung der NATO eine Selbstschädigung der USA. Dennoch lässt sich endlos darüber diskutieren, wie ernst Putins nukleare Drohung im Rahmen des Ukrainekriegs ist oder wie gefährlich Trumps Provokation für die Europäer wäre. Die Medien beziehen ihre Existenz aus dem Spiel mit möglichst großen Drohungen und deren vermeintlicher Gefahr. Es sieht ein wenig so aus, als wenn das Drohens-Bullshitten an die Stelle des inzwischen langweiligen, weil vertraut gewordenen Wahrheits-Bullshitten getreten ist.

Beide Verhaltensweisen sind soziale Pathologien, die sich nur sozial erklären lassen. Darin erfordern sie viel weniger Begriffsaufwand, als es beim Bedeutungsunsinn der Fall ist. Zumindest wenn wir an erkennbarer Wahrheit festhalten, bleibt das Erkennen, wann jemand absichtlich Unwahres sagt oder mit Unausführbarem droht, immer noch manchmal schwierig, aber es handelt sich nicht um eine Schwierigkeit mit den Begriffen ›Wahrheit‹ und ›Drohen‹. Beim Bedeutungsunsinn hingegen handelt es gerade darum, ob etwas Bedeutung hat, und damit auch darum, was Bedeutung ist. Wird das nicht (wie bei Linguisten) empirisch-deskriptiv gemeint, sondern normativ, dann sind Philosophen die sich dafür zuständig haltenden Fachleute. Nicht, was ist Bedeutung, sondern was sollte Bedeutung sein, was sind die richtigen Normen des Bedeutens! Allein aufgrund der Fragestellung liegt der Gedanke nahe, dass man zwischen ›richtiger‹/sinnvoller und ›unrichtiger‹/sinnloser Bedeutung unterscheiden können sollte und dass man dazu ein Kriterium zu formulieren habe. Weil die elementarste Bedeutungseinheit der Satz ist (nicht das Wort), ist Bedeutungsunsinn immer vorrangig Satz- oder Aussagenunsinn.

David Hume hat 1748 ein entsprechendes Kriterium am Ende seiner *Untersuchung über den menschlichen Verstand*, gleichsam als fanfarenhaften Abschluss, formuliert. Enthält ein theoretisches Buch keine Gedankengänge über Größe oder Zahl, Tatsachen und Dasein, dann könne man es getrost ins Feuer werfen. Die sog. ›Logischen Positivisten‹ versuchten im 20. Jahrhundert dasselbe, jetzt vorrangig auf die Wissenschaften bezogen und mithilfe der ihren Namen erklärenden, neu entwickelten symbolischen Logik. Ebenfalls konzentrierten sie sich auf das Gewinnen eines Kriteriums. Sie nannten es ›Verifikationskriterium‹, weil alle zu begutachtenden Sätze pyramidenförmig auf ›Beobachtungssätzen‹ in gleichsam laborhafter Qualität aufruhend am Ende ›verifiziert‹, bewahrheitet, werden sollten. Ähnlich wie Hume konzentrierten sie sich auf deskriptive Aussagen, also solche über Gegenstände in der Welt. Moral und Ästhetik hielten sie von vornherein für subjektiv und damit einer methodischen Rettung nicht bedürftig; sie galten als Ausdruck des Geschmacks oder sozialer Einflussnahme.

Beide Versuche, derjenige Humes 1748 und derjenige einer nicht gerade kleinen Menge von Logikern, Wissenschaftlern und Philosophen von etwa 1920 bis 1962, dem Erscheinen von Thomas Kuhns *The Structure of Scientific Revolutions*, waren faszinierend-intelligente Projekte, deren Scheitern man ähnlich wie beim Sozialismus nicht von vornherein erkennen konnte. Gescheitert aber sind sie, weil ihre Durchführung Ausdruck einer Erkenntnistheorie war, die sich beim Annäherungsversuch an das reale Erkennen als unzutreffend erwies. Das war mit einiger Peinlichkeit spätestens dann zu sehen, als sich die Naturwissenschaften selbst als mit dem vermeintlichen Ideal nicht vereinbar erwiesen – noch die ›härteste‹ Wissenschaft wäre am Ende vor ihrem eigenen Unsinn zu retten gewesen.

Tatsächlich war der Bedarf nach einem solchen Kriterium von vornherein ein rein extern ausgedachter, ein philosophischer Reinheitswunsch. Wissenschaftler verfügen bereits über wirksame Kriterien, wie sie die Scharlatane unter sich identifizieren. Dasselbe gilt für alle erfahrungsgesättigten Bereiche auch außerhalb der Wissenschaft. Im öffentlichen Leben, in Bereichen wie Politik, Werbung, Erziehung, Unterhaltung, ist tatsächlich eher der Frankfurt'sche ›bullshitter‹ unterwegs und wird als solcher auch erkannt, jedenfalls auf die Dauer. Bezüglich des Bedeutungsunsinns stehen sich aber die Philosophen und der Rest der Geisteskultur nach wie vor in einer gewissen Gespanntheit gegenüber. Die Literatur und Teile der Kultur- und Sozialwissenschaften entsprechen einer Absicht, die sich die Philosophen seit einiger Zeit abgewöhnt haben: Sie versuchen kreativ zu sein. Das ist etwas, mit dem sich Philosophen traditionell schwertun.

Frankfurt gibt in seinem Bullshit-Essay nicht genauer zu erkennen, welche methodischen Fahnen er als Philosoph hochhält, aber Cohen tut es dafür umso deutlicher. Sein Unsinnsinteresse gilt nicht der Politik oder dem Alltag, sondern der Philosophie selbst, und das in der Tradition der Logischen Positivisten. Dabei will er natürlich nicht das Verifikationskriterium erneuern, aber dennoch ein klares Kriterium der Sinnhaftigkeit artikulieren. Es lautet: In seiner Bedeutung sinnlos ist, was ›unaufklärbar unklar‹ und auch nicht suggestiv ist. Den Zusatz der Suggestivität hängt er an, um die vieldeutige, tiefgründige, aber eben auch kognitiv vage Dichtkunst nicht ausschließen zu müssen. Der mögliche Einwand gegen sein Kriterium der Unaufklärbarkeit liegt auf der Hand: Die Last des Urteils ›unaufklärbar‹ liegt beim Empfänger, während sie doch eher beim Sender liegen sollte. Und wie er selbst sagt, auch unaufklärbare Texte, wenn sie literarisch getönt sind, können suggestiv sein und retten dann vor dem Verdikt des totalen Unsinns. Aber kann tatsächlich ein ›bedeutungsvoller‹ Satz – bedeutungsvoll nicht nur beim Abgleich mit einem Lexikon als sprachlich korrekt – völlig aufklärbar sein?

In seinem Versuch, den überproportionalen Anteil sinnloser Philosophie speziell in Frankreich angesiedelt zu sehen, gibt Cohen den Grund an, wonach das in Frankreich umfangreicher philosophisch gebildete Publikum nach ›interessanter‹ Philosophie nachfrage und so einen bestimmten Stil aufrufe, der sich von der trockenen angelsächsischen Universitätsphilosophie unterscheide. Die Botschaft dabei ist: So würden philosophierende Hochstapler erzogen, während die Wahrheit nun leider oft langweilig sei und nur von denen ertragen würde, die für sie bezahlt werden. Diese Erklärung deutet auf den problematischen Hintergrund von Cohens ganzem Versuch hin, erneut ein Unsinnskriterium aufzustellen. Sie deutet nur darauf hin, explizit verteidigt wird sie nicht, weil sie selbstverständlich erscheint.

Gemeint ist eine Begriffsmetaphysik, die in der angelsächsischen Tradition des 20. Jahrhunderts überhandgenommen hat. Philosophie ist danach eine Wissenschaft, die mühsam begriffliche Beziehungen aufdeckt, ähnlich wie ein Biologe geduldig die Struktur einer Virusoberfläche studiert. Aber der Vergleich trifft einfach nicht zu, die Begriffe sind nicht ›da draußen‹, sondern werden durch unsere Sprachverwendung erzeugt. Sie sind auch nicht wie das Virus von uns getrennt, sondern sie sind Teil von uns. Wenn wir also Teile von uns entdecken, die ›langweilige Wahrheit‹ sind, dann haben wir wohl die falschen Teile entdeckt. Umgekehrt ist es ein gutes Zeichen, wenn eine Wahrheit interessant ist, denn sie erscheint dann in der richtigen Verbindung. Die Erwartung des französischen Publikums, angenommen, sie entspricht Cohens Diagnose, ist völlig in Ordnung, solange sie in Bezug auf die Sachen intelligent beantwortet wird.

Am Ende sollten wir auch die Vorstellung aufgeben, der Bedeutungsunsinn spiele in einer völlig anderen Liga als die beiden anderen Arten von Unsinn. Sicher spielen auch manche tiefgründigen Denker ein Schneeballsystem-Spiel mit ihren Lesern, und auch da kann es Jahre dauern, wie beim Diktator, bis die Nachfrage einbricht. Es gibt dann noch neue erfrischende Anwendungen für die Heidegger'sche Erfindung der ›Weltlichkeit‹ der Welt oder es gibt keine. Die autoritären Auftritte solcher Erfindungen sind ärgerlich, aber sie werden zu schnell unter Desinteresse begraben, als dass sie mit Prinzipien bekämpft werden müssten.

Ist, was man sagt, wichtiger, als wie man es sagt?

KURZE ANTWORT: Nein, und dass der Eindruck des *Was* vorherrscht, liegt daran, dass wir unsere frühe Kindheit nicht kennen.

LANGE ANTWORT: Die Vorstellung, wonach das *Was* wichtiger sei als das *Wie*, speist sich aus mehreren Quellen. Der konkrete Inhalt der medizinischen Diagnose ist wichtiger als die Art, in der sie vom Arzt vermittelt wird. Die Informationen des Bergführers scheinen wichtiger als die Arroganz, mit der er sie vorbringt. Wie der Kidnapper das Geständnis ablegt, ist nebensächlich, entscheidend ist, dass das Kind gefunden wird. Der Computernerd kann sich jede Laune herausnehmen, wenn er nur kreativ ist. Berühmte Fußballer erkennt man an der Körperhaltung, aber berühmt sind sie nicht deshalb, sondern aufgrund der erzielten Tore. Im Gegensatz zu all diesem: Am Hof Ludwigs XIV. waren die Manieren lebenswichtig.

Das aussagekräftigste dieser Beispiele ist der Kontrast der adeligen Gesellschaft zu der unseren. Während es am königlichen Hof um das schlaue Spiel mit den sozialen Hierarchien ging, hat sich in unseren heutigen Beziehungen die Effizienz ökonomischer oder technischer Art in den Vordergrund gedrängt. Wer nimmt nicht den Zynismus von Dr. House zugunsten einer genialen Diagnose in Kauf? Die sozialen Formen treten zurück hinter wissenschaftlichem und materiellem Erfolg. Alles das sollte einen dazu bewegen, *was* man sagt, als wichtiger einzuordnen, als *wie* man es sagt; denn das *Was* bezieht sich auf Tatsachen und Ergebnisse von Handlungen, das *Wie* auf die Art, wie sie herbeigeführt oder wovon sie begleitet werden. Das *Wie* ist ähnlich wichtig wie das *Was*, wenn es ein notwendiges Rezept ist für das *Was*. Die Bruchstücke in Dr. House's

Diagnose sind wichtig, wenn sich nur durch sie die richtige Diagnose ergibt. Die sie begleitenden Gemeinheiten gegenüber dem Patienten sind unwichtig, sie sind keine Fakten. Sie sind ein *Wie*, kein *Was*.

Was einem in dieser zeitgenössisch eingefärbten Lage ein mildes Unbehagen verursachen kann, ist der direkte Zwang zum Erfolg, auf Kosten aller sozialer Begleiterscheinungen. Aber vielleicht ist dieser Eindruck zu vorschnell und das Soziale spielt doch eine größere Rolle? Wenn wir uns die Frage nach der sozialen Bedeutung des *Wie* vorlegen, denken wir vielleicht zu schnell und zu eng entlang der Rolle der Höflichkeit, also einer sozialen Dreingabe, die zu haben gut ist, ohne dass sie lebenswichtig wäre. Man freut sich, wenn die Kassiererin einem mit dem Wechselgeld auch ein Lächeln schenkt – aber wichtiger ist dennoch, dass der gegebene Betrag stimmt. Das *Wie* des miteinander Kommunizierens auf Höflichkeit zu reduzieren oder (nur leicht erweitert) auf einen ästhetischen Stil, blendet freilich einen wesentlichen Bestandteil der sozialen Beziehungen aus – und zwar so weitgehend, dass die Wirksamkeit dieses Ausblendens selbst Fragen aufwirft. Wenn das *Was* für die ›Weltbeziehung‹ steht, so steht das Wie für die ›Sozialbeziehung‹, also die Beziehung der Kommunizierenden untereinander. Die Eigenart und Qualität der Sozialbeziehungen reduzieren sich – allgemeiner betrachtet – nicht eindeutig auf Höflichkeit, selbst wenn sie eine zentrale Rolle spielt. Denn: Trifft es im Allgemeinen zu, dass die Weltbeziehung wichtiger ist als die Sozialbeziehung? Sind nicht beide mindestens gleich wichtig?

Der Fehler liegt im Unterschätzen der Sozialbeziehung, die mit jedem Sprechen, und erweitert mit jedem sozialen Austausch, aufgerufen wird. Den genannten Beispielen entsprechend ist es nicht unpassend, die Ursache dieser sozialen Blindheit in einer Erfolgsfixierung zu sehen. Wer so fixiert ist, sieht im Sprechen vorrangig zweierlei: einmal ein Kommunizieren über Gegenständliches, wie die medizinische Diagnose, und zum anderen den Erfolg oder Misserfolg des Kommunizierens als einzigen dominanten Zweck. Hat der Patient verstanden, wie es um seine Krankheit steht? Kulturell sind wir darauf ausgerichtet, möglichst erfolgreich zu sein. Um die Schraube zu lösen, brauchen wir den richtigen Schlüssel und die nötige Kraft. Die Aktion ist gelungen, wenn die Schraube locker ist. Nach diesem Modell geht auch Dr. House vor. Um den Patienten zu informieren, nutzt er diagnostische Techniken und die sachliche Mitteilung. Das Verstehen und Akzeptieren aufseiten des Patienten entspricht der gelockerten Schraube. Die Ingenieurslogik (Gegenstand, Erfolg) ist extrem erfolgreich gegenüber der Natur, warum sie nicht auf Menschen erweitern? Der ungewöhnliche Erfolg der Fernsehserie belegt, dass viele Menschen das heute so sehen – für den Erfolg muss der Zuschauer doch eine Grundsympathie mit dem zynisch-erfolgreichen Hauptakteur teilen.

Erfolgreiches Handeln scheint dieselbe Struktur zu haben, ob man es mit Schrauben oder mit Menschen zu tun hat. Es benötigt einen außergewöhnlichen Denker, um den blinden Fleck in dieser sehr naheliegenden Analogie zwischen dem instrumentellen und dem sozialen Handeln nicht nur zu entdecken, sondern präzise vor Augen zu führen. Dieser außergewöhnliche Denker war der britische Philosoph John Austin, der in seinen 1955 gehaltenen Vorlesungen die entscheidende Kategorie eingeführt hat, mit der sich die Lücke benennen lässt – und damit natürlich auch allererst erkennen, in welchem Ausmaß man davor die Eigenart sozialer Handlungen ungenügend erfasst hatte. Am Beginn seiner Vorlesungen – unter dem Titel *How to do Things with Words,* wie man mit Worten handelt – stellt er mit einiger Verwunderung fest, dass er wohl der Erste sei, der etwas, das sicher auch anderen bereits aufgefallen ist, systematisch zu untersuchen begonnen hat. Von vielen Details abgesehen, bestand seine ›analytische Entdeckung‹ darin, zu sehen, dass wir im Sprechen mehr tun, als nur etwas über die Welt auszusagen und bei mindestens einem Hörer einen erwünschten Effekt zu erzielen. Im Sprechen ›tun‹ wir etwas, das über diese beiden Ziele hinausgeht. Das sichtbar und erforschbar gemacht zu haben, war die eigentliche Entdeckung Austins.

Den Lückenfüller benennt Austin mit zwei neuen Termini, die später zum Kern einer sich entwickelnden, allerdings auch bald wieder stagnierenden Disziplin werden, der Sprechakttheorie. Die Termini lauten ›performativ‹ und ›Illokution‹. Indem wir bestimmte Wörter benutzen, tun wir etwas über das reine

Sprechen hinaus: Wir vollziehen (›perform‹) eine bestimmte Handlung. Mit ›Ich warne dich‹ wird nicht nur gesagt, dass man warnt, man warnt auch. Mit so gut wie jeder Äußerung wird nicht nur etwas über die Welt ausgesagt (›Lokution‹) und wird nicht nur, häufig, eine Wirkung erzielt (›Perlokution‹), sondern eine bestimmte Handlung vollzogen, eine ›Illokution‹. Die Illokution oder die ›illokutionäre Rolle‹ unserer Äußerungen ist genau der Aspekt des Sprechhandelns, der *vor* Austin übersehen wurde, jedenfalls als systematische Kategorie. Dass man es übersehen konnte, lag vielleicht daran, dass man es unter die Perlokution, also den Effekt, einreihte. Dort gehört es aber nicht hin, weil die Illokution enger Bestandteil alles Sprechens mit anderen ist, während die Perlokution von den äußeren Umständen abhängt, die der Sprecher nicht vollständig kontrollieren kann.

Diese Unterscheidungen gegeben, liegt es auf der Hand, die ursprüngliche Frage nach dem Verhältnis von *Was* und *Wie* im Sinn des Verhältnisses von Lokution und Illokution zu interpretieren. Was jemand sagt, wäre dann etwas wie ›Der Hund ist bissig‹, und wie es jemand sagt, entspräche der Warnung, die mit der Aussage beabsichtigt ist. Denkt man zusätzlich an Lautstärke, Aufgeregtheit, Stimmlage, dann sind sie Teil der Warnung. Die Warnung entspricht dem *Wie*, weil man sagen kann, er sagt es warnend, um zu warnen, im Modus des Warnens, usw. Das ist, zugegeben, eine sehr erweiterte Interpretation des *Wie*, aber eben eine, die interessante Beobachtungen erlaubt, während die enge Interpretation anhand von Höflichkeit, Stimmlage usw. wenig zu erkennen gibt. Mit der Unterscheidung von Lokution und Illokution erhält man die Möglichkeit, die innere Verbindung zwischen dem Verwenden von Sätzen und den sozialen Beziehungen herzustellen und (wenn man will) im Einzelnen zu untersuchen.

Also mit diesem Hintergrund neu gefragt: Ist eine Lokution wichtiger als die illokutionäre Rolle, die damit verbunden ist? Austin war der Meinung, dass beide Hand in Hand gehen, also mit jeder Aussage auch eine bestimmte Rolle verbunden ist. Das ist vor allem deshalb plausibel, weil das reine Feststellen ebenfalls bereits eine Illokution ist, so dass jemand, der ohne weitere Absichten lakonisch sagt: ›Es regnet‹, eben feststellt, in der Regel gegenüber einer Hörerin, dass es regnet. Aber nicht nur kommen beide Elemente gemeinsam vor, nicht selten behebt die Illokution auch eine Mehrdeutigkeit der Lokution, über die Information hinaus, wozu die Äußerung eigentlich gemacht ist. Nicht immer, aber häufig, präzisiert die Illokution die Lokution; und nicht immer, aber häufig, ist die Illokution umgekehrt davon abhängig, was die Lokution sagt.

Wenn, übereinstimmend mit der Erfolgsfixierung, die Meinung herrscht, wonach die Lokution auch für sich selbst stehen könnte und von einem Gebrauch nicht abhängig sei, dann beruht das darauf, dass vom realen Reden in realen sozialen Zusammenhängen einfach ganz abgesehen wird. Sicher, ›Wasser ist H_2O‹ kann man verstehen, ganz unabhängig von einer konkreten Sprechsituation. Alle Sätze, die wir verwenden, sind über konventionelle Regeln gleichsam vordefiniert. Aber wie sie im konkreten Sprechen dann zu verstehen sind, das hängt vom konkreten Sprechen ab. Das scheint bei einem so elementaren Satz schwer vorstellbar. Aber im Kontext könnte ›Wasser‹ auch für ›Rose‹ stehen, wenn eine Variante von ›eine Rose ist eine Rose‹ beabsichtigt ist.

Übereinstimmend mit der Vernunft- und Erfolgsfixierung der modernen Philosophie – sie ist darin nur ein Spiegelbild der Gesellschaft – ist erklärbar, dass die Illokution auch von ihr lange Zeit übersehen wurde. Das *Was* ist eben wichtiger als das *Wie*. In der Lektüre Austins kam deshalb die Frage auf – seine Originalität zugestanden –, wieweit er tatsächlich der traditionellen Vorstellung von der Eigenständigkeit der Lokution in den Arm fallen wollte. Auch die Austin nachfolgenden Beiträger zur Sprechakttheorie hatten und haben die Tendenz, Illokution und Perlokution als pragmatische Erweiterungen einzustufen, die vielleicht besser von der Sprachanalyse in die Psycholinguistik abgeschoben werden können. Mit diesem Zug wird das traditionelle Gebiet ›Semantik‹ gegen nötige Revisionen geschützt und gleichzeitig werden die hinzu gefügten Funktionen für weniger theoretisch relevant erklärt. Dazu muss man wissen, dass die Semantik in der sprachphilosophisch erneuerten Philosophie seit der ›linguistischen Wende‹ die Königsdisziplin überhaupt ist, durch die ersetzt wurde, was früher Ontologie und Erkenntnistheorie hieß. Die Semantik vor einer – so muss man es im Grunde sehen – ›soziologischen Attacke‹ auf ihre Grundlagenfunktion zu bewahren, ist deshalb von großer Wichtigkeit innerhalb der Philosophie.

Nancy Bauer findet den Beleg dafür, dass Austin ein radikalerer Philosoph war, als ihm üblicherweise zugestanden wird, in der letzten Vorlesung von *How to do Things with Words*. Dort skizziert Austin die aus seiner Sicht anzugehende Arbeit mithilfe von fünf Klassen illokutionärer Rollen. Auch die Aussagen selbst lässt er nicht gleichsam vor den Toren der Sprachverwendung, sondern fasst sie im Rahmen einer eigenen Klasse von Illokutionen, die er ›Verdiktive‹ nennt (von verdict / Verdikt, Urteil). Auch mit den Urteilen machen wir Verschiedenes, so dass man erkennt, wie sozial abstrakt die Rede nur von Urteilen oder Aussagen ist. Der Weg zur Bedeutung von Urteilen oder Aussagen geht dann aus dem Erkennen, Feststellen, Diagnostizieren usw. hervor und steht nicht unabhängig davon fest. Auf diese Weise will Austin umgehen, was er polemisch einen ›Wahr-falsch-Fetisch‹ nennt.

In dieser Skizze werden zwei unterschiedlich anspruchsvolle Thesen sichtbar. Einmal die bereits angesprochene schwache These der gegenseitigen Abhängigkeit. Das *Was*, also unser weltbezogenes Reden, hängt im Allgemeinen vom *Wie*, also von unserem sozialbezogenen Reden ab. Die traditionelle Semantik sagte, dass die Bedeutung von Aussagen *einzig* von der Welt abhängt, nicht von den sozialen Beziehungen, und diese Vorstellung wird durch die wechselseitige Abhängigkeit von Lokution und Illokution schon einmal zurückgewiesen.

Man könnte Austins Polemik gegen die traditionelle Semantik aber noch ein Stück anspruchsvoller verstehen. Sie legt auch die starke These nahe, wonach das *Was* (das Beherrschen der Faktensprache) vom *Wie* (dem Beherrschen der Sozialsprache) nicht nur abhängt, sondern durch sie erst ermöglicht wird. Mit der starken These würde man sagen können: Nein, ganz im Gegensatz zur üblichen Vorstellung, wonach was man sagt, wichtiger ist, als wie man es sagt, *es verhält sich gerade umgekehrt*! Wie man es sagt, ist wichtiger, als was man sagt – dies richtig verstanden als eine allgemeine Behauptung über Bedeutungen und nicht als ein Accessoire der begleitenden Psychologie. Die starke These kann allerdings nicht so gemeint sein, dass die soziale Verwendung den Bedeutungsinhalt der Aussage vollständig determiniert, also der Weltbezug vollständig durch den Sozialbezug erschaffen wird – eine solche Vorstellung würde uns in die Welt der sprechenden Bäume und Naturgeister zurückversetzen. Deshalb sollte man die starke These besser als eine Einsicht der Entwicklungspsychologie verstehen, vielleicht in etwa so: Die Sozialbeziehung ermöglicht das weltliche Sprechen, das sich als solches dann aber von der Sozialbeziehung in Graden befreien kann.

Nicht überraschend hat die Sprechakttheorie, beginnend mit den Siebzigerjahren des letzten Jahrhunderts, auch die Entwicklungspsychologie in diesem Sinn inspiriert. Jerome Bruner insbesondere hat sich, in der Tradition von Piaget, dafür interessiert, in welcher Abhängigkeit der Sprachlernprozess bei Kindern in den ersten zwei Jahren vom sozialen Austausch mit der Mutter steht. Die thematischen Studien von ihm und seinen Kollegen belegen eine Abhängigkeit im Sinn der starken These des Ermöglichens. Dabei ist generell klar, dass die Lokution nicht einfach Abbildung der Illokution sein kann, denn beide Dimensionen von Sprechakten haben eine unterschiedliche Funktion. Was sich jedoch zeigt, ist erstens, dass in der Kommunikation zwischen Baby und Mutter Absichtsäußerungen des Babys dem Sprachlernen vorausgehen. Absichtsbekundungen, also Illokutionen, entwickelt das Baby in Form von Forderungen und Hinweisen, lange bevor es erste Worte lernt. Der dann einsetzende weltliche (deiktische) Sprachlernprozess findet im Rahmen einer wechselseitigen Kommunikation statt, in dem die Mutter ihrerseits die Nachahmung vom Kleinkind fordert. Der nachfolgende Lernprozess besteht, vereinfacht gesagt, in dem Lernen von sprachlichen Konventionen, die als Konventionen das Baby zunehmend von den wahrgenommenen Absichten der Mutter unabhängig machen.

Das Vertrauen auf die Konventionen ist es vermutlich, was uns erwachsene Sprecher zu der Ansicht verleitet, das *Was* des Sprechens sei zentral und das *Wie* eine nur leicht moderierende, im Grunde belanglose Zugabe. Dieser Eindruck ist so verallgemeinernd und oberflächlich wie die Konventionen selbst und natürlich falsch. In der konkreten Kommunikation werden die Konventionen oft deutungsbedürftig, und wir müssen dann im Grunde wieder das Rezept des Kleinkinds anwenden: Ausschau nach den Absichten der Partner halten, um zu erkennen, was sie meinen könnten.

Ist, was man sagt, wichtiger, als warum man es sagt?

KURZE ANTWORT: Darüber sagt uns die soziale Umgebung alles Nötige.

LANGE ANTWORT: Sowohl für den Vorrang des einen als auch des anderen lassen sich leicht Beispiele finden. Stellen wir uns nur die provozierend gemeinte Äußerung eines Präsidenten auf der politischen Bühne vor, dessen Absicht in keiner Weise damit verbunden ist, was er inhaltlich sagt. In diesem Fall ist seine Absicht (*Warum*) bedeutender als der Inhalt seiner Aussagen, für den nur gelten muss, dass er zum Provozieren geeignet ist. Ähnliches gilt, erfreulicher, für eine stammelnde Liebeserklärung, in der es kaum darauf ankommt, was man inhaltlich sagt, sofern nur die Absicht erkennbar ist. Beide Male ist, *was* man sagt, belanglos im Verhältnis dazu, *warum* man es sagt.

Wenn es so einfach wäre, würde man leichten Herzens in Prüfungen gehen. In Prüfungen ist auf dem Fragebogen oder im Essay entscheidend, was, und nicht warum man es sagt. Warum man es sagt, ist bestenfalls Teil der Begründung, wenn eine erwünscht ist. Das ist aber ein typisches Zeichen nur von diskursivem Reden, überwiegend bleiben die Motive eher im Hintergrund. Hat man in der Auktion die Hand gehoben, also ›ja‹ gesagt zu einem Angebot, dann ist der Kauf abgeschlossen und der Auktionator wäre etwas überrascht, würde man im Nachhinein sagen, man hätte eine ganz andere Absicht gehabt. Im Konfliktfall sagt der Richter, ›ja‹ ist ›ja‹, Ihre Absichten waren irrelevant. Oder bei kaum wieder gut zu machenden Beleidigungen. Zu sagen, man wollte das eigentlich gar nicht sagen, hilft im Nachhinein nicht wirklich.

Wir schauen also einem etwas verworrenen Zustand ins Auge. Manchmal ist, was man sagt, weniger wichtig, als warum man es sagt (Präsident); und manchmal gilt gerade das Umgekehrte (Auktion). Lässt sich aus diesem Gegeneinander ein Reim machen? Gibt es eine erkennbare Logik in diesen Beispielen, aus der sich dann möglicherweise eine entschiedenere Antwort auf die Frage finden lässt? Ohne weiteren Kommentar stellt sich die Frage wohl auch als die nach einem Ratschlag. Soll ich eher auf meine Worte achten oder eher darauf, warum ich überhaupt etwas sage? Das wollen wir natürlich am Ende wissen. Zu einem Ratschlag kommen wir aber, wenn überhaupt, nur über die Wüste des tatsächlichen Sprechens und vielleicht über eine Weisheit, die sich tiefer in ihr verbirgt. Die geeignete Disziplin, die man dazu in Anspruch nehmen kann, ist wieder die Sprechakttheorie. Denn anders als die Linguistik interessiert sie sich für die Sprachverwendung im Allgemeinen, im Unterschied zu den vielen Einzelsprachen und ihren Eigenheiten. An der Sprachverwendung im Allgemeinen lässt sich vielleicht etwas Tieferes zum *Was* und *Warum* in Sprechakten erkennen.

Das einfachste Element auf der Seite des *Warum* (etwas Sagens) ist die Absicht, genauer die Absicht hinter einem einzelnen Sprachbeitrag oder, im Anschluss an Austin, einem Sprechakt. Eine Absicht liegt dann vor, wenn der Sprecher die Verantwortung für das Gesagte übernimmt; er (sie) muss kein gesondertes Absichtsbewusstsein haben, um eine Absicht zu haben. Die Absichten stecken in allem, was wir tun, indem wir es tun und es nicht einfach geschieht. Motive und Wünsche sind breiter angelegte Einstellungen, die sich in speziellen Absichten manifestieren. Von ihnen sehen wir hier ab, indem wir annehmen, dass sie in den Absichten korrekt zum Ausdruck kommen.

Die Absicht des Präsidenten wie des Liebeserklärers sind beide den Sprechakt dominierende Absichten. Beiden geht es darum, ihre Absichten kundzutun. Dabei sind ihre Absichten unterschiedliche. Die Absicht des Präsidenten ist eine strategische, er will nicht unbedingt seine Hintergedanken offenlegen, sondern bei den politischen Gegnern etwas bewirken; die Absicht der Liebeserklärung ist davon verschieden, der Sprecher will sich erklären und nicht vorrangig etwas bewirken. Man könnte die eine Absicht als ›strategische‹, die andere als

›authentische‹ bezeichnen. Gemeinsam ist diesen absichtsgesteuerten Sprechakten, dass die Sprecher erwarten, dass sie mit dem Kundgeben ihrer Absicht etwas erreichen. Das erwartete Ergebnis kann je nach sozialem Kontext sehr verschieden sein. Herrscht im Hintergrund ein Machtgefälle, dann kann das Kundgeben der Absicht allein bereits das Ergebnis herbeiführen; ist der Hintergrund sozial gesehen eher egalitär, kann es um eine bloße Mitteilung oder ein Angebot gehen.

Nun zu Prüfungen, Auktionen und Beleidigungen. Wie entsteht bei ihnen die Wirkung? Erinnern wir uns an Austins Bemerkungen zu Sprechakten. Austin unterscheidet die Lokution (›es wird gleich regnen‹) von der Illokution (›ich empfehle einen Mantel‹). Die einfache Auffassung, der auch Austin selbst anhing, geht dahin, dass die Sprachverwendung auf beiden Ebenen durch Konventionen geregelt ist. Konventionelle Regeln liegen dem einzelnen Sprechakt im kollektiven Gedächtnis voraus und werden von den Sprechern beherrscht und angewandt. Wenn sie die Regeln annähernd gleich gut kennen, verstehen sie sich. Die Regeln ermöglichen das Verstehen dadurch, dass sie im einzelnen Akt die Beliebigkeit des Verstehens reduzieren. Die Regeln für ›Es wird gleich regnen‹ schließen aus, dass man Sonnenschein vorhersagt; und das im Ton des Sprechens angedeutete ›Pass auf!‹ schließt aus, dass damit empfohlen, gegrüßt, kritisiert, missbilligt usw. wird. Wenn sich Unklarheit illokutionärer Art einstellt, kann das performative Verb explizit nachgelegt werden. Spätestens dann schlägt die Konvention völlig zu: ›Ich warne Dich, es regnet gleich!‹ kann kein Gratulieren oder Beglückwünschen sein. Wenn das Sprechen aber derart von Konventionen durchdrungen ist, bleibt kein Spielraum für Absichten.

Dass das nicht für alle Sprechakte gilt, hat in Kritik an Austin vor allem Peter Strawson hervorgehoben. Er unterscheidet neben stark- auch minimal konventionelle Akte, bei deren Vollzug es auf die Absichten ankommt. Stark konventionell geregelte Sprechakte sind eng mit einer Institution, einem rechtlich geregelten Akt oder einem Beruf verbunden – wie bei den Äußerungen von Richtern, Priestern, Käufern, Gutachtern, Arbeitgebern, Ärzten usw. Weder der Priester noch der Standesbeamte, noch die Heiratskandidaten selbst haben einen Spielraum darin, wie sie sich sprachlich innerhalb der Prozeduren verhalten sollen – wollen sie nicht aus der jeweiligen Prozedur völlig ausbrechen. Entsprechend der Unterscheidung zwischen psychologischer und sprachlicher Authentizität ist deshalb das ›ja‹ vor dem Beamten keine authentisch-sprachliche Kommunikation, sondern ein Sichfügen in eine Konvention. In diesen Rollen und Akten schließt die Konvention eine Beteiligung mit persönlicher Note einfach aus. Das ist im Fall des Heiratens vielleicht etwas überraschend.

Man könnte einwenden, dass die Anforderung an authentisches Sprechen sowieso zu hoch gehängt wird. Die Forderung läuft ja fast darauf hinaus, dass jemand nicht authentisch kommunizierte, wäre er nicht so kreativ tätig wie ein Literat. Ganz so dramatisch verhält es sich nicht. Das Kriterium für authentisches Sprechen liegt einzig darin, den im Sprechen offengelegten eigenen Absichten eine erkennbare Rolle in dem einzuräumen, was man sagen will. Das kann man verhindern oder zumindest minimieren, indem man stark konventionell geregelte Sprechakte spricht. Wenn ein Arbeitgeber zu dem von ihm zu Entlassenden in einer rein juristischen Sprache spricht, dann unterdrückt er seine Absichten, die er hingegen sichtbar werden ließe, erwähnte er die Zwänge, in denen sich seine Firma gerade befindet. Der Zug zum konventionellen Sprechakt ist in solchen Gesprächen naheliegend, weil mit ihm in kürzester Zeit Klarheit geschaffen wird. Aus den Schwierigkeiten der Firma kann der Arbeitnehmer nicht direkt seine Entlassung folgern; aus einem Sprechakt des Entlassens hingegen sofort. Ähnlich formales Reden tritt auch in den persönlichen Gesprächen meist an dem Punkt ein, in dem der Sprecher seine Entscheidung gefällt hat und zu erkennen geben will, dass an ihr nicht zu rütteln ist: Kaufentscheidungen unter Ehepaaren, die Diagnose des Arztes oder Rechtsanwalts, die Trennungsabsicht des Partners.

Das konventionelle Reden kann die Absicht selbst übertöpeln und Ergebnisse schaffen, die nicht gewollt waren. Vielleicht wollte der Priester eigentlich sagen: ›Leider kann ich euch nicht trauen‹, wurde aber von einer Sprachgewohnheit überrumpelt und hat gegen seine Absicht dennoch getraut. Ähnliches passiert uns beim Versprechen, Beleidigen, Danken, Herausfordern. Wir sind dann nicht ganz im Bilde darüber, was wir eigentlich sagen wollen, aber sagen dennoch etwas, das wir im selben Moment bedauern. Je nach Härte der Konvention ist es dann unterschiedlich schwer rückgängig zu machen. Die Verbindung mit den Absichten bildet dabei eine Wasserscheide: Die Wette gilt auch dann, wenn man nicht die Absicht hatte, sie einzugehen. Die Beleidigung wird entschuldbar, wenn glaubhaft wird, dass sie nicht der oder der Absicht entsprach. Manche Sprachkonventionen sind wie Verträge, nicht einseitig zu lösen. Andere sind flexibel und verhandelbar.

Konventionen und Absichten sind also die zwei entscheidenden Faktoren, aus denen heraus die Bedeutung des Sprechens festgelegt wird. Auf der Suche nach einer umfassenden Theorie haben in der Sprachphilosophie die ›Intentionalisten‹ und die ›Konventionalisten‹ einen Disput über den Vorrang des einen oder anderen Faktors geführt. Dieser Disput ist unentschieden, denn beide haben für den von ihnen hervorgehobenen Teil gute Belege. Die Intentionalisten haben hervorgehoben: Die Absichten sind deshalb zentral, weil es der wesentliche Punkt für eine gelingende Kommunikation ist, dass die Hörerin erkennt, was ihr der Sprecher zu erkennen geben will. Angenommen, der Sprecher verbeugt sich oder sagt ›konnichiwa‹, dann ist die Kommunikation gelungen, wenn die Hörerin erkennt, dass es die *Absicht* des Sprechers ist, sie mit der Verbeugung oder mit ›konnichiwa‹ grüßen zu wollen. Ohne die Absicht geht es beim Kommunizieren nicht.

Die Konventionalisten haben darauf hingewiesen, dass das zwar richtig ist, aber die ungewöhnliche Effizienz der menschlichen Kommunikation nicht möglich wäre, würden dabei nicht konventionelle Regeln berücksichtigt, mit denen das Erkennen der Absichten automatisiert werden kann. In der effizienten sprachlichen Kommunikation kommen beide Elemente zusammen: Weil die Hörerin die Konvention für ›konnichiwa‹ kennt, erkennt sie die Absicht des Sprechers, sie zu grüßen. Die größte Effizienz entsteht bei den stark konventionellen Akten, denn bei ihnen treten die Absichten weitgehend in den Hintergrund und die Ergebnisse werden, wie in der Auktion, automatisch erzielt.

Beide Aspekte sind typisch menschlich und stehen für etwas, das Menschen ausmacht. Auf der einen Seite die Eigenart, mit sozial anderen ein Erkennen in den Absichten zu erreichen. Wie Präsident und Liebeserklärer zeigen, müssen diese Situationen nicht unbedingt erfreulich sein. Sie sind aber immer mit einer Vertrautheit der sozialen Situation verbunden, was ja auch erst ermöglicht, dass die Absichten erkannt werden. Die Absichten können strategische oder authentische sein, in beiden Fällen sind persönliche Kontakte nötig. Das gilt sogar für den Präsidenten, die Mitpräsidenten in seiner politischen Nachbarschaft sind seine politischen Familienmitglieder.

Aber so eng wollen wir nicht immer mit anderen in Kontakt kommen. Sprechend muss es auch möglich sein, verbindliche Ergebnisse mit Fremden zu erzielen, die dennoch Fremde bleiben. Konventionen haben dabei den Effekt (vor allem John Searle hat das behandelt), soziale Orientierungen in die Welt zu bringen, die ohne Konventionen nicht bestünden, sondern immer erst mühsam entwickelt werden müssten. Eine Kaution wäre ohne die bekannten Regeln nicht möglich. Searle hat diese Beobachtung auch hochgerechnet zu dem Fazit, dass ohne Konventionen Gesellschaften im uns bekannten Sinn nicht möglich wären – ausgehend von der folgenreichen Konvention, die gelten muss, um gegen ein kleines Stück Papier im Tausch eine wertvolle Ware herauszugeben. Der Vorgang ist unglaublich: Ich stecke ein Stück Plastik in ein Gerät und erhalte dafür einen Diamantring!

Einander erkennen und einander binden, sich offenbaren und sich festlegen, etwas mitteilen und etwas vereinbaren, Absicht und Konvention sind die beiden zentralen Elemente der Kommunikation. Ein praktischer Ratschlag, das eine oder andere zu bevorzugen, lässt sich aus dieser Arbeitsteilung nicht ableiten. Außer vielleicht: Die soziale Umgebung wird einem sagen, was gerade entscheidend ist.

Wie ernst muss man das Denken nehmen?

Fritz Zimbrich gewidmet

KURZE ANTWORT: Es kann eine Drohung bedeuten ebenso wie eine Hoffnung.

LANGE ANTWORT: Derjenige, der unseren heutigen Gebrauch des Worts ›Denken‹ vermutlich am stärksten beeinflusst hat, war Kant. Dabei hat er das Wort nicht neu erfunden, aber ähnlich einem wild wuchernden Busch auf eine spezielle Weise beschnitten. Beschneiden heißt in diesem Fall abgrenzen, und darum hat sich Kant besonders bemüht. Seinem geschärften Begriff nach umfasst das Denken dreierlei, ein bewusstes Verhältnis zu Begriffen, ein Urteilen und ein Folgern oder Schließen. Denken ist nicht identisch mit Wahrnehmen, Erkennen oder gar Bewusstsein. Alles dies können oder haben auch Tiere. Denken ist eine bewusste Tätigkeit mit einem Ziel, weshalb Denken anstrengend sein kann. Das Ziel ist die Suche und Verwendung der angemessenen Begriffe, das gut begründete Urteilen und das Erforschen der Konsequenzen, die aus einem Urteil folgen. Was diese drei Bestandteile des Denkens gemeinsam haben, ist ein Bearbeiten von Erkanntem, meist Wahrgenommenem, Gehörtem oder Geglaubtem. Das Denken operiert mit und auf einem ›Erkenntnismaterial‹, das mehr oder weniger gut, mehr oder weniger brauchbar sein kann. Weil das, wie es scheint, beliebige Ausmaße annehmen kann, wäre es doch prima, wenn das Denken von sich aus Hinweise gäbe, wie zu denken sei. Tut es das?

Wenn es nur so beschrieben wird, dann nicht. Der evolutionäre Vorteil des Denkens besteht darin, dass es keine Grenzen hat. Dennoch hat es, wie eben gesehen, eine Form. Und die Grenzen in dieser Form darf man nicht unterschätzen. Das Bewusstsein von Begriffen trägt als Erstes dazu bei, dass wir uns von der unmittelbaren Wahrnehmung und Situation lösen und ein Stück zurücktreten. Denn Begriffe bedeuten, wie Kant nicht müde wird zu betonen, einen Schritt ins Allgemeine und damit Vergleichbare. Begriffe ordnen die Phänomene und bedeuten eine Voraussetzung für Theorien. Dabei führen Begriffe selbst schnell zu einer Hierarchie, von Philippas Kindergeburtstag heute zum Kindergeburtstag im Allgemeinen, zum Zeitbewusstsein von Kindern, zu Zeit usw. usw. Mittels Begriffen kann sich das Denken unbegrenzt von der Gegenwart lösen und ein eigenes Gebiet erschaffen. Dabei führt es für das Urteil die Aufgabe ein, den Prozess wieder umzukehren; denn im Urteilen muss in der Regel der allgemeine Begriff auf eine besondere Situation angewandt werden. Das erfordert ein besonderes Geschick, das Aristoteles *phronesis* und Kant Urteilskraft genannt hat. Das Abstrahieren und das Anwenden sind zwei gegenläufige Tätigkeiten, die beide beherrscht werden wollen. Perfekt beherrscht sie nur diejenige Denkende, die beide beherrscht, denn die Abstraktion bleibt nur unter Kontrolle, wenn das Konkrete nicht aus dem Blick gerät, und die Anwendung ist nur stimmig, wenn die Abstraktion im Hintergrund anwesend bleibt.

Was das Denken von sich aus fordert, ist also ein Beherrschen beider Bewegungen. Dabei scheint das generalisierende Anwenden wichtiger als das einzelne Anwenden. Dass diese Rose außergewöhnlich ist, kann man nur sagen, wenn man viele Rosen kennt. Damit man viele Rosen kennt, muss man einen generellen Begriff von Rosen haben, also viele Sorten in einem Beet versammelt haben. Das Erkennen verhilft dazu, dem Blumenfreund begegnen viele Rosen. Der Aufstieg zum Allgemeinen ist einfacher als der Abstieg zum Besonderen. Jedes Besondere ist im Schnittpunkt von vielem Allgemeinen, mit einem bloßen Sammeln ist es nicht getan, sondern etwas Neues ist nötig. Deshalb ist die Urteilskraft herausgefordert, eine Entscheidung zu treffen. Das Abstrahieren, die erste und einfachste Operation des Denkens, tendiert immer dazu, schematisch und inhaltslos zu werden. Es verliert gern seinen Gegenstand.

Denken ist nicht Wahrnehmen und Erkennen. Denken ist Innehalten und Denken *über*, oder Nachdenken, Denken *danach*. Das verschafft dem Denken seine typisch menschliche, den Menschen von Tieren unterscheidende Qualität, aber es trennt die Denkenden und das Denken vom durchschnittlichen Leben, das vorrangig Erkennen und Handeln ist. Wer erkennt oder handelt, muss nicht zugleich denken, weshalb es möglich ist, jemand gedankenlos erkennend oder gedankenlos handelnd zu nennen. So wie bisher beschrieben, ist das Denken operational, instrumentell und universell. Es arbeitet unter Vorgaben, diese gegeben universell, aber eben abhängig von den Vorgaben, als eine etwas weiter gefasste Logik, die dem Denkenden gegenüber neutral bleibt.

Ein solcher instrumenteller Denkbegriff trifft zwar zentrale Eigenschaften, die Denken bei Menschen ermöglicht, aber er bringt auch einige Verwirrungen hervor. Dieser Denkbegriff lässt verständlich werden, wie sich Menschen im Unterschied zu Tieren von ihren Gegenständen distanzieren können. Das Denken schafft einen Freiraum gegenüber dem Wahrgenommenen und ermöglicht, es zu ordnen und Weiteres zu planen, sowohl Erkennen wie Handeln. Diese Fähigkeit fehlt Tieren. Eine Verwirrung entsteht aber daraus, dass eben diese Fähigkeit auf Kosten der Integration des Gedachten geht. Wenn das Denken instrumentell und damit von Voraussetzungen abhängig ist, kann es nicht integrieren. Das Gedachte kann nicht eins sein.

Hannah Arendt gewann ihr Interesse am Studium des Denkens als menschlicher Fähigkeit in ihrem Spätwerk aufgrund ihrer Erfahrung im Eichmann-Prozess. Wie sie in ihrem epochemachenden Begriff ›Banalität des Bösen‹ zu fassen versuchte, war die wesentliche Erklärung von Eichmanns Handeln eine besondere Gedankenlosigkeit. Der Ausdruck ist geeignet, weil man bei Eichmann und ähnlichen Tätern, wie etwa dem Auschwitz-Kommandanten Rudolf Höss, den Eindruck hat, sie wüssten nicht eigentlich, wovon sie reden oder was sie getan haben. Die Kluft zwischen ihnen und uns ist nicht damit wiedergegeben, dass sich Ansichten, Ideologien, Theorien gegenüberständen. Diese Täter sind auf eine zu benennende Weise geistig behindert. Sicher sind sie in ihrer Empathiefähigkeit eingeschränkt; aber darin sind sie mehr gelenkt als vollständig unfähig. Gelenkt sind sie durch Denken – und andererseits sind sie gedankenlos, zum Denken nicht fähig. Ein so paradoxer Zustand lässt sich mit dem instrumentellen Denkbegriff nicht vereinbaren. Gerade nach diesem Begriff waren die zentralen Täter des Holocaust höchst effektive Organisatoren, also auch höchst effektive operationale Denker. Wenn Denken nur diese Art Denken ist, kann man aus ihm keine gerechte Gesellschaft erwarten. Die weiteren psychologischen Fähigkeiten, die dann noch einspringen könnten (Empathie, Mitleid, Loyalität), sind nicht so universell wie das Denken.

Arendt sucht deshalb Hilfe bei einem Philosophen, dem es weniger um abstrakte Theorien geht als um lebensnahe Orientierung, um Frömmigkeit, Glück, Freundschaft, Gerechtigkeit, nämlich bei Sokrates. Auf den ersten Blick ist freilich nicht zu sehen, worin er mehr zu bieten hat. Das Hauptmerkmal des Denkens ist, dass es unterbricht, und auch Sokrates unterbricht das Reden der athenischen Mitbürger, indem er sie dazu herausfordert, ihre Verständnisweisen zentraler Begriffe zu überprüfen. Nicht überraschend halten ihre konventionellen Ansichten einer kritischen Probe nicht stand, allerdings kann Sokrates sie, soweit sie nicht genervt die Szene verlassen, am Ende keines Besseren belehren. Die sokratischen Dialoge enden alle aporetisch. Auch am typischen Verlauf der Dialoge sieht man nicht so leicht, wo bei ihnen mehr als ein instrumenteller Begriff des Denkens am Werk wäre. Sokrates scheint es wesentlich darum zu gehen, geeignete Definitionen zu finden und Widersprüche aufzuzeigen. Was hätte dieser Sokrates, kann man sich fragen, gegenüber Eichmann oder Höss schon ausrichten können, wäre er mit ihnen in eine Diskussion geraten?

Aber Sokrates denkt nicht nur operational, das zeigt Arendt anhand zweier seiner berühmten Thesen im Dialog *Gorgias*: ›Es ist besser, Übel zu erleiden als Übel zu tun‹ und ›Alles andere ist für mich weniger wichtig, als dass ich mit mir übereinstimme‹. Das sind zwei gehaltvolle und etwas mysteriöse Sprüche, die ausführlicher erläutert werden müssten, als es hier möglich ist. Der zweite ist der wichtigere, weil er den entscheidenden Schritt andeutet, das Denken als operationale Fähigkeit in den Denkenden hinein zu erweitern. Was im operationalen Begriff leicht übersehen wird, ist die Notwendigkeit, dass es in ihm *jemanden* gibt, der denken muss und der sich in das Denken, weil es ein Tun ist, dabei einbezieht.

Dass Denken reflexiv ist, bedeutet, dass es jemanden im Denken gibt, auch dass er oder sie sich aus dem Gegenstand des Denkens nicht heraushalten kann, besonders, wenn der Gegenstand auf praktische Dinge gerichtet ist – wie beispielsweise, welche Menschen in die Gaskammern zu transportieren sind. Einbezogen ist die persönliche Haltung im Denken nicht pauschal über bestimmte Voraussetzungen, die persönlich verschieden sein mögen, sondern weil das Denken in seinen einzelnen Schritten – als eine willentliche Tätigkeit – immer von Entscheidungen abhängig ist. Diese Entscheidungen können mehr oder weniger bewusst, mehr oder weniger persönlich, mehr oder weniger kreativ sein. Folgen sie dem Üblichen oder dem Erwartbaren, ist das Denken gedankenlos und der Denkende unterliegt einem Mangel im Denken. Diesen in den Denker hinein erweiterten Begriff des Denkens muss man den ›existenziellen‹ nennen. Ein perfekt operationaler Denker kann ein mangelhafter existenzieller sein. Eine solche Kombination begegnet einem im Berufsleben eigentlich fortwährend, wenn auch mangels Macht glücklicherweise ohne die Konsequenzen der NS-Taten.

Den versuchten Übergang vom operationalen zum existenziellen Begriff des Denkens kann man auch bei Kant finden. Der operationale Begriff herrscht vor in seiner theoretischen Philosophie und durchzieht noch weite Teile der praktischen, also seiner Begründung der Moral. Das moralische Denken wird in der *Grundlegung zur Metaphysik der Sitten* in großer Dichte als eine Art moralischer Logik entwickelt, und obwohl Kant sehr bemüht ist, das ›moralische Gesetz‹ in seiner Geltung und Wirkung mit dem einzelnen Akteur zu verweben, bleibt eine tiefe Kluft zwischen dem Gesetz und den persönlichen Antrieben bestehen, wo eigentlich eine Revision nötig gewesen wäre. Wie wir persönlich mit dem Gesetz verbunden werden sollen, außer in blindem (offiziell: ›vernünftigem‹) Gehorsam, bleibt ungeklärt. Dabei eröffnet sich bei Kant eigentlich konkreter als bei Sokrates ein Diskussionsfeld dazu, was das moralische Denken fordert – der Kategorische Imperativ hat konkrete Pflichten zur Folge. In einem sehr weiten Sinn lassen sich Kant und Sokrates an diesem Punkt aber ineinander überführen. Arendt hält sich dabei mehr an Sokrates, im Gehalt vager als Kant: Als Denkender, so ich ein Denkender bin, muss ich in ein ›Gespräch mit mir‹ eintreten, und wenn ich ein Mörder bin, muss ich mit mir als Mörder leben. Weil das unangenehm ist, morde ich lieber nicht – oder ›erleide ich lieber Übel, als Übel zu tun‹ (z. B. nicht einen Freund zu töten, wenn unter Todesdrohung dazu gezwungen). Bei so einfachen Entscheidungen mag das klar sein, aber bei der großen Mehrzahl von Situationen ist offen, worin das zu vermeidende Übel genauer besteht.

Innerhalb des zum eigentlichen Jerusalemer Prozess vorgängigen Verhörs Eichmanns wurde mit einigem Erstaunen bemerkt, dass er den Kategorischen Imperativ richtig wiedergeben und sich sogar in gewisser Weise zu Recht als ›Kantianer‹ bezeichnen konnte. Das Verhör stand gleichsam an der Schwelle zu einer philosophischen Diskussion, als er dem Kantischen Imperativ den ›Rassenimperativ‹ gegenüberstellte, worauf der verhörende Offizier aber nicht weiter einging. Ein sattelfester Kantianer wäre in einer solchen Diskussion einigermaßen gewappnet gewesen. Er hätte sich auf die Autonomie als Fähigkeit, ›sich des eigenen Verstandes zu bedienen‹ (›Was ist Aufklärung?‹) berufen können, hervorhebend, dass darin gerade das Defizit der Täter liegt. Alle NS-Täter waren extrem autoritätsgläubig. Eichmann demonstriert das selbst, wenn er zu seiner Verteidigung das konforme Verhalten der ihm weit überlegenden Akademiker in der Wannseekonferenz schildert. Auch wenn das strategisch vorgebracht wurde, seine fortwährende Berufung auf die SS-Hierarchie war nicht gespielt, sondern ernst gemeint.

Weil das Verharren im rein operationalen Denken immer leichter ist, sollten wir etwas mehr über das existenzielle Denken wissen. Das Paradox ist nicht so klar beantwortet, wie auf der einen Seite zwischen Denken und Erkennen/Handeln unterschieden werden kann, auf der anderen Seite das Denken nicht nur in mir stattfindet, sondern *mein* Denken ist. Wenn es gefühlt mein Denken ist, entsteht für mich auch Verantwortung, aber ist es dann noch Denken? Funktioniert die Unterscheidung zum Erkennen und Handeln noch, die typisch sein soll für Denken? Arendt versucht das Rätsel so zu lösen, dass es nur die ungewöhnlichen Konflikte sind, in denen wir Denken und Handeln verbinden (unter dem ›Wind des Denkens‹), also das Denken vollständig zu unserem Denken machen.

Damit fällt sie allerdings auf das operationale Modell wieder etwas zurück, in dem es nur die so oder so akzeptierten oder gewählten Annahmen einer Denkaufgabe sind, die das Denken als persönlich ausweisen. Stattdessen ist das Denken durchweg, in seiner Struktur, persönlich. Es ist darin persönlich, dass sein Verlauf nicht intern determiniert ist, sich etwa die Lösung eines Problems allein aus der Art des Problems zwingend heraus ergäbe, wie immer der Denkende sich dazu verhält. Vielmehr, beginnend mit der Ablehnung oder Veränderung des Problems, stellt sich an jedem Zwischenschritt ein Zwang zum Entscheiden, oder Unterlassen, wohin, wie und ob der Gedanke weiter führen soll. Im theoretischen Denken sind die Inhalte und Folgen für den Denkenden weitläufig, aber vorhanden, während sie im praktischen Denken den Denkenden gleichsam vor sich selbst bringen – und vor die anderen, für die es Folgen hat. Der Denkende wird seinem Umfeld sichtbar darin, wie (und nicht nur was) er denkt. Darin liegt kein Unterschied gegenüber derselben Qualität beim Handeln.

Die existenzielle Seite des Denkens verstehen hilft, den Abstand zwischen Denken und Handeln etwas zu verringern. Besonders darauf geht die Frage, wie ernst man das Denken nehmen soll. Eher handeln als denken oder eher denken als handeln? Wenn wir im Denken unserer Person ebenso verhaftet sind wie im Handeln, verabschieden wir uns im Denken und Nichtdenken nicht von uns. Das Nichtdenken kann gut oder schlecht sein: schlecht bei den dann noch grausameren Tätern, gut bei den gut Handelnden. Weil das Denken nicht persönlich unabhängig ist, kann man, wie Arendt sicher gehofft hat, von ihm keine Revision der Täter erwarten. Vielleicht ist es so, dass manche Monster, dächten sie nach, ihr Monströses erkennen und es lassen würden. Eine Garantie gibt es dafür aber nicht. Wenn das Denken persönlich ist, kann es das Monströse, bewusst gemacht, auch verteidigen und sogar verstärken. Aus einem Partyrassisten entsteht vielleicht ein beschämter Durchschnittsbürger, aber vielleicht auch ein überlegter Rassist. Vertrauen können wir nur darauf, dass die Zahl der Monsterpersönlichkeiten gering ist, in der Mehrzahl sind wir einfach nur Verwirrte mit Hass und Mitgefühl, Angst und Hilfsbereitschaft. Unter solchen Voraussetzungen, und nur unter ihnen, kann uns das Denken besser machen, uns selbst und die anderen.

Wenn man nicht weiß, was real ist, gibt es einen Weg, zur Realität zu kommen?

KURZE ANTWORT: Ja, aber am Ende ist nur der Weg selbst die Realität.

LANGE ANTWORT: Wie kommst du nur darauf, wir wüssten nicht, was real ist? Wir rennen täglich an das, was real ist! Wenn ich den Bus verpasse, weiß ich hinreichend, was real ist!

Das ist freilich eine ziemlich vieldeutige Intervention, die (in der Philosophie) sowohl Futter für Realisten wie Pragmatisten abgibt. In der Philosophie hat sich am Beginn des 20. Jahrhunderts mit den amerikanischen Pragmatisten eine Bewegung gefunden, die aus der Unzufriedenheit angesichts endloser Diskussionen über Wahrheit ein ›Praxiskriterium‹ festlegte: ›Real ist, was hilft‹. Der scharfsinnige Bertrand Russell hat dagegen schon früh die realistische Gegenstimme erhoben, ohne natürlich den Reiz des Praxiskriteriums zum Verschwinden zu bringen. Denn natürlich gilt: Muss denn alles, was als ›real‹ gelten soll, auch praxistauglich sein? Was ist der Nutzen der realen Entfernung Erde – Mond? Und selbst wenn wir das Kriterium in die Frage hineinzwängen: Wird die Entfernung geringer, wenn man den Mond aufgrund besserer Technik schneller erreichen kann? Kann die Realität (also das, was Realität sein soll) unseren Absichten unterworfen werden, anstatt dass wir Menschen uns in unseren Absichten nach der Realität strecken? Wenn Ersteres möglich wäre, wie kommt es dann, dass einem der Bus doch ab und zu davonfährt? Natürlich, wie das Spiel mit Begriffen so ist, gegen solche Einwände gibt es auf abstrakter Ebene immer gedankliche Manövrierräume. Die Verhältnisse werden ungreifbar und diffus, wenn man sie nur allgemein genug ansieht. Dieser Tendenz sollten wir hier aber nicht nachgeben.

Im kurz besichtigten philosophischen Drama ist das eigentliche Problem schon sichtbar. Menschen mit wenig Geduld und Zeit, die wir meist sind, interessiert uns an so unüblich allgemeinen Fragen tatsächlich der Nutzen, den eine Antwort haben könnte. Das haben die Pragmatisten, eigentlich philosophische ›Aussteiger‹, gut erkannt. Sollen andere über das Nutzlose grübeln! Auf unser Tun und unsere Wünsche zurückzugehen, ist ganz naheliegend, ja unvermeidbar, denn wir handeln und wünschen während des ganzen Lebens. Nicht zu umgehen also, einerseits. Aber andererseits ist darin auch bereits das Misslingen verborgen, weil die Gefahr immer naheliegt, etwas Gewünschtes an die Stelle des Realen zu setzen. Im Verhältnis zwischen Männern und Frauen sagt man manchmal, wir können nicht mit ihnen und nicht ohne sie. Der Spruch verweist darauf, dass die tatsächlichen Dinge (die Realität?) irgendwo zwischen den beiden einfachen Varianten liegen könnten. Wäre dem analogen Diktum ›Man kann nicht mit Realität und nicht ohne‹ eine ähnliche Einsicht abzugewinnen? Nach einer gängigen Vorstellung von Realität scheint das Unsinn. Realität ist schlicht wie Sauerstoff, man kann nicht ohne Sauerstoff, oder etwa doch?

Wenn man sich verfahren hat, ist der beste Rat, einen Schritt zurückzugehen. Der erste Schritt zurück ist, die Allgemeinheit der Frage aufzugeben. Allgemein ist die Frage (›Was ist real?‹) nicht zu beantworten, im allgemeinsten Sinn ist die Realität nie zu haben. Damit ist gemeint, dass es nie völlig sicher ist, ob das Gras grün ist. Vielleicht wurde es gerade angemalt oder jemand hat mir farbige Kontaktlinsen eingesetzt? Der Wissenschaftstheoretiker Karl Popper hat das auf den Ratschlag gebracht: Versuche, was du für real hältst, zu widerlegen – wenn du dich dabei längere Zeit anstrengst und es weiter gilt, ist es wahrscheinlich real! Aber eben nur wahrscheinlich. Das ist ein guter Ratschlag, aber auch nur ein sehr allgemeiner. Abgesehen davon geht er ohne weiteres von der Annahme aus, dass man die Realität uneingeschränkt kennen lernen will. Aber ist das wirklich so? Nicht einmal bei Wissenschaftlern, an die sich Popper mit seinem Ratschlag wendet, ist das immer der Fall. Der Betrug in der experimentellen Forschung ist kein unbekanntes Phänomen. Die Forscher haben dann andere Ziele als die, eine

– jedenfalls kurzfristig – nutzlose Realität kennen zu lernen, sie erschaffen eine kurzfristig nützlichere. Und leider, wie schon erwähnt, scheint die Realität häufig ganz nutzlos, was für eine Forscherkarriere nicht hilfreich ist.

Von der allgemeinen auf eine konkretere Ebene heruntergestuft, hat der Fingerzeig der Pragmatisten doch wieder einen Sinn. Der Nutzen bringt uns auf die Fährte zur Realität. Gut, nicht gültig für alle Realität, also alles, was sich in der Welt zuträgt, aber warum soll uns die Rückseite des Monds beschäftigen, jedenfalls solange wir sie nicht betreten können? Warum sich mit dem Nutzlosen abgeben, wenn es Nützliches in Fülle gibt? Und der Fingerzeig von Popper ist sinnvoll, wenn man ihn praktisch fasst. Für die Realität muss man arbeiten, weil man sie nicht geschenkt erhält. Und Arbeit bedeutet Arbeit am subjektiven Ende, in der Wissenschaft an den Hypothesen und Geräten, subjektiv, an den Wünschen und Hoffnungen. Wann sind die Wünsche realitätsfähig, wann die Hoffnungen realistisch?

Die mit Abstand größte Schwierigkeit, die eigenen Wünsche zu kontrollieren, zeigt sich in der Liebe. Erstens ist nicht klar, ob es nicht besser ist, manchmal Illusionen zu behalten, als sie aufzugeben. Und zweitens ist nicht klar, wie man Illusionen erkennen kann. Irgendwie fallen beide Punkte zusammen. Es ist in der Regel nicht gut, Illusionen in Bezug auf vergangene oder fiktive, nur rein mögliche Lieben zu behalten, weil sie daran hindern, eine neue Liebe zu finden. Auch nur in der Regel, denn eine Situation, in der eine neue Liebe unwahrscheinlich ist, ist nicht unmöglich. Dann ist die Illusion besser als die einsame Realität. Für eine potentielle oder als solche geglaubte Liebe in der Gegenwart ist es nicht leicht, eine Illusion zu erkennen, weil die Beziehung kein unveränderbarer Stein ist. Es gibt Situationen, in denen man gezwungen wird zu erkennen, wie der andere wirklich ist. Der unauflösbare Streit sonntagnacht in der Küche, der Flirt mit Fremden am Terminal, die Weigerung, eine Rechnung zu bezahlen, die erneute Lüge – hier auf Popper zurückzugreifen hilft, um die brutale Tragik dieser Situationen in Komik zu verwandeln, ihnen den Todesstoß zu nehmen, der in ihnen steckt. Worauf man am stärksten gebaut hat von allem im Leben, erweist sich als Treibsand. Verzweiflung in Gelassenheit zu verwandeln ist dann ein Zeichen von Realitätsliebe. Verlorene Menschenliebe in Realitätsliebe umzuwandeln, dient am Ende auch den Menschen, beginnend mit einem selbst.

In der Wissenschaftstheorie, ins Licht gebracht von Thomas Kuhn, gibt es den Ausweg der ›Epizykeln‹. Man kann an einer Hypothese gegen den Widerspruch im Experiment bewusst festhalten, indem man die Hypothese mit Ausnahmen anreichert. Wissenschaftliche Theorien ›sterben‹ nur über längere Zeit oder erholen sich wieder. Die Wissenschaft ist so menschlich wie die Liebe. Beziehungen, wenn sie tief sind, sterben nicht am Flugzeugterminal, auch wenn der Urlaub vielleicht zu Ende ist. Sie sterben über längere, manchmal erst über sehr lange Zeit. Oder sie erholen sich wie Theorien. Wenn der Vergleich hinkt, dann vor allem deshalb, weil die Realität der anderen Person nicht ähnlich hart ist wie der Gegenstand einer Naturwissenschaft. Manche Menschen sind ähnlich hart, aber die meisten eher nicht, ihre Realität ist veränderbar. Ebenfalls nur über lange Zeit, eine Zeit, die sich zu geben nicht einfach ist. Und im Unterschied zur Naturrealität muss man mit der Realität eines anderen Menschen nicht zwingend leben. Man kann Menschen und Realitäten gegeneinander vertauschen, was nicht immer, aber manchmal geboten ist. Man merkt hier schon, wenn man seine Erfahrungen Revue passieren lässt: Bündige Botschaften gibt es nicht. Nur, wie man in der Demokratie sagt: Verfahren.

Wie in der Demokratie fragt das Verfahren auch beim möglichen Ende der Liebe: Ist die Harmonie mit dem Grundprinzip noch vereinbar, dass wir in der Beziehung Gleiche sind? Wie weit kann man dem anderen entgegenkommen, ohne sich selbst zu verraten? Das Erstaunliche an diesem Kriterium ist sicher nicht die ähnliche Härte des Rückzugs auf die Gleichheit, sondern dass das Erkennen der Realität des anderen von diesem Rückzug abhängt. Denn wir kennen die Realität des anderen ja nie völlig sicher. Vielleicht ist er änderbar, vielleicht täuschen wir uns selbst, vielleicht unterliegen wir immer noch einer Illusion? Das alles ist sumpfiges Gelände, der oder die andere ist nie völlig greifbar. Der einzige Haltepunkt, wenn es um das weitere Zusammenleben geht, ist man selbst. Allerdings nicht man selbst wiederum als Illusionssubjekt, sondern in moralischer Hinsicht, genauer minimal-moralischer Hinsicht. Nicht meine Obsession für Apnoetauchen, sondern mein Beharren auf Selbstachtung in Gleichheit zählt. Demokratie basiert auf Freiheit und Gleichheit, die politischen Ergebnisse sind welche durch Verfahren auf Grundlage dieser Prinzipien. Was in der Politik funktioniert, sollte auch in der Liebe helfen.

Nicht dass sich da nicht auch ein großer Graben auftäte. Die Liebe spielt im Inneren voneinander immer tiefer Erkennenden, die Politik spielt im Äußeren einander Unbekannten. Deshalb sind die Regeln für beide Bereiche nicht dieselben, ist der Umgang mit der Realität nicht derselbe und ist die Realität nicht dieselbe. Ein folgenreicher Unterschied liegt im möglichen Wissen voneinander, denn das in der Politik sehr beschränkte Wissen bringt notwendig Maximen des Handelns unter Risiko ins Spiel und damit optimistische oder pessimistische Einstellungen. Darüber, wie die ›Realität‹ der meisten Menschen als gegenseitig unbekannt Handelnder beschaffen ist, gibt es keine beweisbare klare Erkenntnis, weshalb den Einstellungen eine entscheidende Rolle zukommt. Im realen Leben entsteht die zusätzliche, ansatzweise auch in der Liebe sichtbare Dynamik, dass Unsicherheit zu weiterer Unsicherheit führt. Für die Außenpolitik wird das das ›Sicherheitsdilemma‹ genannt. Wenn ein Staat militärisch aufrüstet, dann verleitet er andere Staaten nicht dazu, weniger, sondern ebenfalls mehr zu rüsten, und das ohne klares Ende. Wenn die Realität der anderen Staaten auch davon abhängt, wie man ihnen begegnet, worin besteht sie dann?

Die amerikanischen politischen ›Realisten‹ in der Außenpolitik (am bekanntesten Henry Kissinger) nennen sich so, weil sie aus dem Umstand, wonach man die Absichten anderer Staaten nicht sicher erkennen kann, die Folgerung ziehen, ihnen bis zum Beweis des Gegenteils eine reine Machtpolitik zu unterstellen. Das Gegenteil wird schon deshalb nicht leicht bewiesen, weil Machtpolitik auf der einen Seite eben Machtpolitik auf der anderen nach sich zieht. Die Vorstellung von der Realität der anderen beruht also auf einer Einstellung, einer Erwartung, die auf das maximal schlimme Ende des Umgangs mit ihnen blickt, nicht auf das maximal gute Ende. Zwischen beidem muss man sich entscheiden, und der realistische Ratgeber hat recht, dass es geboten ist, das Schlimmste zu verhindern, wenn es um sehr Schlimmes geht. Das ist in den internationalen Beziehungen der Fall, denn die Staaten sind die potentiell mächtigsten und aggressivsten Akteure von allen. Für die Beziehungen zwischen Staaten ist es deshalb sehr sinnvoll, ihre Realität gegenseitig als bedrohlich anzusehen und nicht, wie man sich wünschen möchte und nicht selten wunschgetrieben auch hofft, als friedliebend und gerechtigkeitsorientiert. Die Realität der Staaten ist unangenehm, die Methode, das zu erkennen, liegt im eben beschriebenen Weg. Weil Unangenehmes unangenehm zu erkennen ist, benötigt es manchmal erst einen Krieg, um sich auf diese Spur zu begeben.

Man weiß nie, was die Realität ist, auch wenn man diese Einsicht im Alltag üblicherweise verdrängt. Man hat sie immer schon verdrängt, weshalb einem der Gedanke, die Realität sei nicht gegeben, zunächst abstrus erscheint. In der Philosophie hatte Popper gegen die sogenannten Logischen Positivisten, die an der Alltagsevidenz festhalten wollten, einen leider nur fachsimpelnd nachvollziehbaren Sieg errungen. (Eines seiner zentralen Argumente war die ›Unvermeidbarkeit der Dispositionsprädikate‹, also die Offenheit bezüglich dessen, wie sich bestimmte Eigenschaften realisieren. Und Menschen sind durchdrungen von gerade diesen Eigenschaften.) Manche Philosophen ziehen daraus auch die unverblümte Konsequenz, dass es ›Realität nicht gibt‹. Auch das ist Fachsimpelei, die man besser vermeidet, denn sie bestreiten nicht, dass einem der Bus davonfährt, sie eröffnen nur ein besonderes Sprachspiel, einen speziellen Epizyklus. Die weniger schockierende Folgerung ist, dass es Realität gibt, dass wir sie aber nicht definitiv erkennen können und auf Methoden angewiesen sind, mit ihr nützlich umzugehen. Es gibt, sagt diese Folgerung, einen Weg, um zur Realität zu kommen, einen besseren und einen schlechteren. Anders als der scharfsinnige Russell in seinen sehr konkreten Einzelbeispielen gegen die Pragmatisten annahm, ist nicht jede Einzelerkenntnis je für sich erfolgsgesteuert, aber unser Erkennen in seinen großen Linien ist es und dabei sehr verschieden in einzelnen Bereichen des Handelns und Lebens.

Allgemeine Fragen und Begriffe haben die Tendenz, metaphorisch zu werden. Realität denkt man sich leicht als eine Art harte Wand, eine aufragende Fläche ähnlich einem Gebirge, an das man hingelangen muss. Wittgenstein sprach vom Felsen, an dem sich ›der Spaten zurückbiegt‹. Auch Popper dachte etwa so. Wenn das Bisherige stimmt, sind wir aber selbst Teil der Realität und das Unverrückbare der Realität, nach der alten Metaphorik, ist vielmehr das Geflecht, in dem wir uns bewegen, wenn wir die vermeintliche Wand, den Fels, erreichen wollen. Real ist nicht die Wand, sondern die Bewegung in und mit uns. Real sind die Enttäuschung, der Schmerz, die Einsicht in die Illusion, aber auch die Entscheidung, der Neubeginn und die Hoffnung auf die Zukunft.

Nachwort: Eine Reise zum Ozean

Akademische Philosophen sind meist etwas peinlich berührt, wenn Nichtphilosophen von ihnen Auskünfte zu dem erwarten, was sie in ihrer Sprache Lebenssinn nennen. Meist sind solche Anfragen auch mehr Smalltalk als ein tiefes Interesse, denn den meisten ist schon klar, dass die Vokabel ›Lebenssinn‹ einen philosophischen Ton anschlägt, mit dem das Reden fast nur noch in Phrasenhaftes abdriften kann. Vermutlich ist die Frage, wird sie reflexhaft gestellt, der Ausdruck eines spontanen Wunsches, das Leben könnte einfach sein und durch eine knappe Botschaft erhellt werden. Jedenfalls verfällt der Fragende nicht dem Trübsinn, wenn der Philosoph seine Unzuständigkeit erklärt und ihn vielleicht an einen Theologen oder Psychologen verweist. In dem entsprechenden Essay 1 habe ich die Frage deshalb etwas zu erden versucht. Die angebotene Alternative zum gesuchten ›großen Sinn‹ ist der leicht zu findende kleine Sinn: Wenn Du wirklich Sinn suchst, dann schau doch erst einmal, was das Leben am Boden so anbietet! Es gibt kein lieferbares Paket, wo ›Lebenssinn‹ draufsteht.

Im Gespräch habe ich entdeckt, dass diese Botschaft nicht verstanden wird, oder jedenfalls nicht befriedigt. Das ist nachvollziehbar. Auch bei den kleinen Dingen braucht man eine Orientierung, nicht alle kleinen Dinge sind gleich gut. Auch wenn man einsieht, dass es den überwölbenden Lebenssinn nicht gibt oder er nur katastrophal verfolgt werden kann, hilft es nicht, auf die entgegengesetzte Seite zu springen und den Sinn im Beliebigen suchen. In jedem Fall braucht man Ersatzbegriffe oder Ersatzziele, die vor der Beliebigkeit schützen – wenn nicht aus der Perspektive eines dringlich Suchenden, so zumindest von außen. Hilfreich scheint dazu der Begriff ›immanente Transzendenz‹, den Ernst Tugendhat in Anschluss an Nietzsche benutzt. (Er drückt auf andere Weise die Unterscheidung zwischen immanenten und transzendenten Fragen aus, die ich im

Vorwort erwähne.) Der Lebenssinn kann nicht mehr in einem menschlichen Jenseits gesucht oder gefunden werden, sondern nur innerhalb der menschlichen Lebensumstände. Das mag, spricht man es einmal so aus, selbstverständlich erscheinen, aber angesichts einer langen Tradition der Metaphysik ist uns nicht immer durchsichtig, inwieweit Kunst, Moral, Erkenntnis, Liebe, Philosophie einzig menschlich immanente Phänomene sind. Wir tendieren immer schnell dazu, sie als etwas Eigenständiges zu verklären und damit nach Gott wieder ein Instrument des Entfremdens und Unterdrückens einzuführen.

Lebenssinn hat eine passive und eine aktive Seite. Man kann das Leben, menschliches Leben generell oder das eigene, wie eine Story ansehen, die man lesen kann und der man Informationen entnimmt. Die Story, der Sinn, ist dort im Leben und man liest ihn aus der Geschichte ab. Aber natürlich stehen wir in der Regel aktiv im Leben und wollen uns in ihm verhalten, oder es jedenfalls versuchen. Oder erfahren, was wir können oder nicht können, wollen oder nicht wollen, einmal vorausgesetzt, wir kennen die Story. Der allgemeine Teil der Story ist der Gegenstand dessen, was man philosophische Anthropologie nennt. In ihr werden die ›Lebensumstände‹ für Menschen im Allgemeinen behandelt. Dass sie allgemein sind, bedeutet, dass alle, oder jedenfalls fast alle, von ihnen betroffen sind. Alle Menschen kennen Schmerzen und Langeweile. Im Unterschied zur biologischen Anthropologie steht die philosophische aber bereits vor dem Problem, vor dem auch alle Menschen stehen, die von ihr eine Aufklärung erwarten: Während die biologischen Eigenschaften natürlich vorgegeben und nur begrenzt veränderbar sind, sind die menschlichen Eigenschaften auf Veränderung hin angelegt. Schmerzen kann man begrenzt beeinflussen, im Kern bleibt die Schmerzfähigkeit; Langeweile kann man gut oder schlecht finden, und man kann sie anders als Schmerzen auch völlig aufheben. Menschliche Eigenschaften jenseits der biologischen sind fließend und müssen deshalb verstanden werden. Mit den Lebensumständen sind gerade diese Eigenschaften gemeint, und sie besser zu verstehen, ist der erste Schritt beim Lebenssinn.

Dabei gilt es zwei Missverständnisse von vornherein zu vermeiden. Einmal das Missverständnis, dass die Lebensumstände, beginnt man ernsthaft über sie nachzudenken, völlig unbekannt wären. Natürlich kennt man Langeweile, und man kennt praktisch alles, was sich unter ›Lebensumstände‹ aufzählen lässt, ansonsten wären es ja keine Lebensumstände. Gerade dass man mit ihnen wohl vertraut ist, macht sie ja erst zu Lebensumständen im durchschnittlichen Sinn. Ein völlig neu erscheinender Umstand verdankt seine Neuigkeit bestenfalls einem bisher unbekannten Begriff oder einer neuen Annäherung. Von einer philosophischen Anthropologie völlige Neuigkeit zu erwarten, wäre deshalb ein Fehler. Ein zweiter Fehler läge darin, aus diesem Umstand der Vertrautheit zu folgern, dass einem die Lebensumstände bereits verständlich sind. Sie sind einem bekannt, aber nicht verständlich. Heidegger nennt die Lebensumstände (er spricht von der Existenz) ›ontisch‹ am nächsten, aber ›ontologisch‹ am fernsten. Damit will er sagen, dass wir, gerade weil sie uns alltäglich vertraut sind, ihren Sinn eigentlich nicht kennen.

Mit diesem begrifflichen Gegensatz ging bei Heidegger eine ausführlichere Argumentation einher, mit der er glaubte zeigen zu können, dass den Vertrautheiten des Alltags eine zweite Ebene des ›eigentlichen‹ Lebens gegenübergestellt werden könnte, in dem der ›Sinn des Seins‹ in Form der Zeitlichkeit entziffert wird. In Konkurrenz zur Religion war das ein Versuch, die immanente Transzendenz des Lebens anzugeben; ähnlich wie bei der Religion war es ein teleologischer Versuch, der Lebenssinn sollte sich durch eine einzige Dimension, die Zeitlichkeit, erklären lassen. Heidegger hat selbst ziemlich schnell erkannt, dass sein Versuch nicht durchführbar war, er hat aber keine befriedigenden, offiziellen Konsequenzen daraus gezogen (ähnlich wie später aus seiner Naziverwirrung). Eine naheliegende Konsequenz ist, das Projekt eines ›Sinns von Sein‹ zwar zu behalten, es aber lebenspraktisch, pluralistisch und persönlich zu verstehen. Statt ›den‹ Sinn von Sein zu suchen, sucht man dann den Sinn vieler einzelner Lebensmöglichkeiten innerhalb der typisch menschlichen Lebensumstände.

Heidegger spricht von den ›Strukturen‹ des Seins, und da er das Sein nur über die Einzelmenschen zugänglich sieht, von den Strukturen der Existenz (der Seinsweise von Menschen).

Von Strukturen zu reden, ist plausibel, denn nicht alles im Leben ist gleich geeignet, dem Leben einen Sinn zu geben. Dann ist aber erklärungsbedürftig, was mit Strukturen gemeint ist. Unter dem Zwang, es hier auf eine sehr knappe Weise und ohne Rückhalt bei den dafür wichtigsten Autoren auf den Punkt zu bringen, scheint mir zutreffend: Die ontologischen Strukturen sind zugrundeliegende menschliche Eigenschaften, mit denen sich thematisch relevante Erfahrungen untereinander verbinden und ordnen lassen. Diese Eigenschaften decken sich nicht direkt mit der Alltagserfahrung, sondern müssen gefunden werden, um die Alltagserfahrung auf eine neue Weise sinnvoll erscheinen zu lassen. Ontologische Eigenschaften sind Erklärungs- und Sinnkerne, mit denen sich unsere Alltagserfahrung in drei Dimensionen ordnen lässt. Diese drei Dimensionen sind drei Arten von Beziehungen von uns zu anderem: Von uns zur natürlichen und künstlichen Welt, von uns zu den Mitmenschen und von uns zu uns selbst. Ontologische Erklärungen erhellen unsere menschliche Art des Erkennens der Umwelt, unser Zusammensein mit den Mitmenschen und unsere Beziehung, auch Erkenntnis, zu und von uns selbst. Die menschliche Existenz umfasst diese drei Arten von Beziehungen, wobei sich keine als die anderen dominierend aufdrängt.

Die voranstehenden Essays sind nicht mit dem Plan einer philosophischen Theorie geschrieben worden, sondern gehen immer von einem bekannten Lebensproblem aus. Das ist eine im Rahmen der philosophischen Literatur eher unübliche Vorgehensweise. Sogar die an den Lebensproblemen interessierten Philosophen, wie die Existenzialisten und die philosophischen Anthropologen, entwickeln zuerst eine Theorie und wenden sie erst danach mehr oder weniger reichhaltig auf die vorphilosophischen Interessen an. Die umgekehrte Vorgehensweise sollte, hoffentlich, lebenspraktisch interessanter sein, erkauft das aber mit einem philosophischen Eklektizismus. Im Grunde nicht überraschend, hat sich schnell herausgestellt, dass die heutige, insbesondere die angelsächsische Philosophie für die Lösung der philosophischen Probleme des Alltags kaum eine Hilfe anbietet und dass eine Hilfe nur in den beiden erwähnten Traditionen zu erwarten ist. Beide gelten heute der Tendenz nach oft als überholte Zeiterscheinungen, Sartre noch mehr als Heidegger. Das im Einzelnen zu erklären, ist hier unmöglich. Eine allgemeine Tendenz, die sich auch in den Essays selbst ausdrückt, ist aber erwähnenswert.

In den Essays hat sich herausgestellt, dass die Relevanz des Körpers in der philosophischen Entwicklung nach Descartes entweder stark auf- oder abgewertet wird. Descartes hat die Philosophie auf eine körperferne Bahn geschickt, von der sie erst der frühe Husserl, Heidegger und alle von ihm Beeinflussten wieder befreit haben. Die Notwendigkeit einer solchen Befreiung und damit die Notwendigkeit der Ontologie als philosophischer Grunddisziplin ist aber bis heute nicht breit akzeptiert, ja nicht einmal erkannt. Darin liegt eine zentrale Erklärung, warum die übliche Philosophie zu den Lebensproblemen des Alltags wenig zu sagen hat: Diese Probleme sind nun einmal nicht solche des Erkennens und Begründens, sondern solche des Körpers und der körperlichen Existenz in einem durchschnittlichen menschlichen Leben. Und erweitert sind sie Probleme vieler materieller und werthafter Alltagsdinge, an denen sich diese Existenz spiegelt und ohne die sie nicht möglich wäre.

Es gibt keinen ›ewigen Kanon‹ immer gleichbleibender philosophischer Probleme, sondern es gibt nur solche einer bestimmten Kultur, einschließlich derjenigen des Alltagslebens. Descartes war und ist der Repräsentant unserer, vor allem naturwissenschaftlichen Kultur und seine nachhaltige Wirkung ist an deren anhaltende Bedeutung gebunden. Unser Alltagsleben ist jedoch keine wissenschaftliche Forschungsabteilung, sondern eine Gegenwelt, in der sich nicht nur, und nicht einmal vorrangig, Erkenntnisprobleme stellen. Unsere Alltagserfahrungen, werden sie ontologisch gelesen, sind historisch universeller als die moderne Wissenschaft. Über sie haben wir Gemeinsamkeiten mit Menschen *vor* dem 17. Jahrhundert, mit denen der Antike und vermutlich den ersten Menschen überhaupt.

Einem Kenner der gegenwärtigen akademischen Philosophie mag diese Schilderung etwas willkürlich und unzutreffend erscheinen. Trifft man in der herrschenden Diskussion nicht auch auf Themen, die solche einer philosophischen Anthropologie sind: wie Handlungstheorie, Willensfreiheit, Geist und Selbstbewusstsein? Und übersehe ich nicht den aktuell riesigen Bereich der angewandten und theoretischen Ethik, in der es um lebensnahe praktische Fragen geht, nicht um wertfreie Erkenntnis? Kaum zu bestreiten ist, dass das gegenwärtige Fach eine große Vielfalt von Einzelthemen umfasst, die man aufgrund ihrer Zersplitterung und Spezialisierung kaum mehr überblickt. Darin liegt aber weniger eine erfreulich kreative Vielfalt als vielmehr ein systematischer Mangel.

In einzelne Teilthemen zerschlagen gewinnen Dinge wie Handlung, Wille, Geist, Bewusstsein eine Eigenständigkeit, der ihre Abhängigkeit von einem Akteur und dessen Perspektive in den Hintergrund drängt. Mit einer Unterscheidung von Heidegger: Diese Teile einer Ontologie der Person werden nur als ›vorhandene‹ gesehen und nicht in ihrer ›Zuhandenheit‹ für einen Akteur. Akteure und ihre Eigenschaften existieren aber nicht als ›vorhanden‹, ähnlich wie Bäume oder Stühle, wie umgekehrt die nicht-personalen Dinge nicht unabhängig von den Akteuren, ihren Sichtweisen und Interessen existieren. Kurzum, die Spezialisierung macht blind gegenüber dem zentrierten Zusammenhang in der realen Welt.

Für die Ethik bedeutet die Kompartmentalisierung das Schaffen einer normativen Welt von Werten, Geboten, Rechten, deren Abhängigkeit von den empirischen Eigenschaften von Menschen außer Blick gerät. In dieser normativen Welt ist alles an Menschen normativ geformt, die Wünsche und Ängste gehorchen den Normen, die Interessen unterliegen den Werten, die Drohungen und Gewalttaten sind nur Gegenstand von Diskursen. Die normative Welt der Ethik und Politik hat sich von den biologischen, psychologischen und pathologischen Antrieben abgehängt und artikuliert das Rechte und Gute in einer ontologisch isolierten Sphäre. Die Herkunft dieser eindimensional normativen Ethik aus der Erkenntnistheorie ist leicht zu erkennen. Menschen werden als normativ vollständig zähmbar unterstellt, alle Antriebe können und müssen normativ bereinigt, ihre Konflikte normativ geregelt werden. Das Rechte und Gute ist allein aus sich heraus erkennbar, es bedarf keiner schmutzigen Voraussetzungen und kann dennoch alle queren menschlichen Eigenschaften in eine Ordnung bringen. Alles regelt sich allein durch normatives Erkennen.

Unter den Themen in diesem Buch spielen moralische Fragen eine geringe Rolle. Das liegt nicht daran, dass sich moralische Konflikte im Alltag nicht fortwährend stellten. Im Gegenteil ist der westliche Lebensalltag seit einigen Jahrzehnten in vieler Hinsicht – Umwelt, Tiere, Konsum, Einwanderung, Krieg, Armut, Biomedizin – auf eine Weise moralisierend aufgeladen, dass ein Vergleich mit der christlichen Reglementierung im Mittelalter nicht mehr abwegig scheint. Im Unterschied zum Mittelalter fehlt jedoch eine autoritative Institution, die Moral mit Gewalt durchsetzt, so dass die Moral eine Form der gegenseitigen sozialen Kontrolle geworden ist. Umso mehr benötigen auch die moralischen Forderungen ein Hintergehen in den sozialen und persönlichen Raum der Lebensinteressen. Die Frage nach dem korrekten Umgang mit Ehrlichkeit ist ein Paradigma: Statt die Korrektheit von Ehrlichkeit als sozialer Norm zu begründen, sollte man herausfinden, was einem Ehrlichkeit persönlich bedeutet, um dann zu entscheiden, inwieweit man ehrlich in einer unehrlichen Umgebung leben will. Nähert man sich der Moral nicht über die Ontologie, unterwirft man sich, ohne es zu erkennen, einem sozialen Zwang. Kennt man hingegen unsere Existenz, beantworten sich viele moralische Fragen von selbst. Und mehr noch: Ontologische Einsicht erübrigt, den sozialen Zwang der Moral zunehmend steigern zu müssen. An einer ›ethischen Beratung‹, in der dieser Zwang heute zum Ausdruck kommt, wollen sich diese Essays nicht beteiligen.

›Alltagsphilosophie‹, weil keine eingeführte Disziplin, sagt von sich aus wenig, wozu das Philosophische gut sein soll und was seine Methode ist. Nach Sokrates, unserem immer hörenswerten Gewährsmann, geht es darum, zu ›prüfen‹, was das Leben erst lebenswert macht. Fragt man dann weiter, ›warum?‹, sind Sokrates und Plato nicht allzu auskunftsfreudig. Irgendwie unterstellen sie einen metaphysischen Drang nach Wissen, aber wenn man den nicht bereits empfindet, ist die Auskunft wertlos. Vielversprechender scheint mir, an Vergleiche mit der Musik und der Literatur anzuknüpfen. Aus platonischer Sicht sind solche Vergleiche eher abwegig, was im Kontrast zu Platons rein kognitiver Philosophie eher für sie spricht. Musik und Literatur versetzen einen im günstigen Fall in einen Zustand der intensiven Lebendigkeit, und Lebendigkeit heißt dann eine gefühlte Verbindung mit der Welt, die einem verdeutlicht, dass man im Durchschnitt nicht vollständig lebt, sondern abgelenkt ist.

Abgelenkt ist man durch Aufgaben und Tätigkeiten, Sorgen und Ängste, die wichtig sind, aber den Lebenshorizont, wie immer notwendig, verengen. Musik und Literatur führen aus diesen alltäglichen Nischen heraus und bringen einen vor offene Lebensmöglichkeiten und vor sich selbst. Die Musik schafft das arational und deshalb grenzenlos über Gefühle, die Literatur bereits in rationalen Bahnen über Empathie mit Geschichten und ihren Protagonisten. Die Philosophie ist in der misslichen Lage, auf diese beiden Zugänge verzichten zu müssen, aber doch mehr anstreben zu wollen als nur Einsicht, vergleichbar einem mathematischen Beweis. Weil Gefühl und Empathie der Philosophie eher fremd sind, verwundert auch nicht, dass kein geringer Teil der Philosophie eine Art Mathematik darstellt.

Sicher, etwas einsehen, eine Ordnung erkennen, Rätsel lösen können schafft auch ein Gefühl der Lebendigkeit, zumindest in schwacher Form. Handelt es sich dabei nur um ein intellektuelles Problem, etwa kombinatorischer Art, ist es eher Erleichterung gegenüber möglichem Versagen oder gar ein Wohlgefühl der Selbstbestätigung, in der Nähe von Freuden über ein vorteilhaftes Geschäft. Das Extrem auf der anderen Seite wird sichtbar anhand der Diskussion zwischen Romain Rolland und Freud über das ›ozeanische Gefühl‹. Rolland hatte ein Gefühl der unbegrenzten Verbundenheit mit der Welt als Kernmotiv für religiösen Glauben genannt und Freud hat im ersten Kapitel von *Das Unbehagen in der Kultur* eine kritische Replik aufgenommen. Freud erklärt dieses Gefühl bei Erwachsenen als eine Regression auf den frühkindlichen Zustand vor Einsetzen des Realitätsprinzips, in dem das Kleinkind noch kein Ichbewusstsein ausgebildet hat und alles überhaupt Wahrnehmbare sich selbst zulegt. Dieses primäre Ichgefühl hat sich bei vielen Erwachsenen im Hintergrund neben dem umgrenzten Ichbewusstsein erhalten und kann bei Gelegenheit wieder aktiviert werden.

Freud steht sowohl dem tatsächlichen Ausmaß des primären Ichgefühls im Erwachsenen wie der Nützlichkeit seines Wiedererweckens in einem ozeanischen Gefühl kritisch gegenüber; noch weniger hält er es (wie Rolland) für den Ursprung religiöser Energien. Nicht überraschend bekundet er auch, das Gefühl in ihm selbst nicht entdecken zu können. Andererseits gesteht er zu, dass alle früheren Entwicklungszustände erhalten bleiben und die Möglichkeit zum ozeanischen Gefühl eher die Regel als eine Ausnahme darstellt. Wenn wir Freuds Entwicklungsthese im Wesentlichen akzeptieren und verschiedene Grade der Intensität des Gefühls einräumen, dann erhellt das die Euphorie beim Hören (oder Erzeugen) von Musik und beim emphatischen Lesen (oder Schreiben) von Literatur. Die Regression ins Vorrationale bei der Musik deckt sich ganz besonders mit Freuds Entwicklungspsychologie.

Alltagsphilosophie ist weder Musik noch Literatur, aber zwei Analogien lassen sich jetzt immerhin nennen, um von ihr mehr als nur rationale Einsicht zu erwarten. Mit der Religion teilt die Philosophie die unbegrenzte Verbindungfähigkeit. Alles kann in Frage gestellt, als gegeben bezweifelt, als wertlos verurteilt, als bedeutend erwogen, als interessant beleuchtet, kurz als bedenkenswert erweckt werden. Wie auf dem Ozean gibt es keine Grenze nach einer Seite, es sei denn die nach dem *ego cogito*. Damit ist die freilaufende Phantasie an einer Stelle, dem Ich, verankert und anders als bei der Musik, und auch anders als bei der Empathie, an ein Ego geknüpft, das sich gedanklich aus seiner Gewohnheitsnische herauszuargumentieren versucht. Die Regression ist zunächst eine gedankliche, die vertraute Gewissheit soll eingeschränkt werden. Aber bereits in der Bereitschaft, dafür offen zu sein, muss mehr enthalten sein als gaffende Neugier, Neugier nicht gegenüber den neuesten Automodellen, sondern Neugier gegenüber einer vermeintlichen Plattitüde oder vermeintlich Irrelevantem. Diese eigenartige Neugier ist erklärungsbedürftig, und der Regressionswunsch zu einem vertieften Halt in der Welt ist dazu einleuchtend.

Sicher, diese Erklärung ist spekulativ. Der gewohnte Halt geht ja zunächst verloren oder ginge verloren, würden die Fragen so ernst genommen, dass ihre Nichtbeantwortbarkeit eine lebendige Option wäre. Dass das nicht geschieht, belegt die existenzielle Bedeutungslosigkeit unseres einseitig rationalen Umgangs mit solchen Lebensfragen. Der Nachdenkende gerät nicht ins Schwitzen, wenn er auf Descartes' Zweifel keine Antwort kennt; er vertraut seinem Atem und der Stabilität des Bodens. Deshalb ist es ein längerer Weg, anders als über Musik, dass sich die vertiefte Lebendigkeit, gar ein ozeanisches Gefühl über der Alltagsphilosophie einstellt. Neben Musik oder Literatur, der Klettertour oder einem Marathon ist es aber ein möglicher Weg, der einige Vorteile hat. Die philosophische Euphorie ist nachhaltiger als die musikalische, lehrreicher als die literarische, ungefährlicher als das Klettern und schweißfreier als das Laufen. Nichts anderes hätte, wäre er anwesend, sicher auch Sokrates gesagt.

Literatur

Vorwort

Martin Heidegger, *Sein und Zeit*, Tübingen 1967, S. 12. Stanley Cavell, *Die Unheimlichkeit des Gewöhnlichen und andere Essays*, Frankfurt 2002, Essay 2. Sigmund Freud, *Das Unheimliche* (orig. 1919). E. T. A. Hoffmann, *Der Sandmann*, Stuttgart 1991 (orig. 1816). David Foster Wallace, *Das hier ist Wasser / This Is Water*, Köln 2012, S. 9 (orig. 2009). Sokrates betont an fünf Textstellen der Verteidigungsrede, dass ihm Weisheit im Sinne vollständig gesicherten Wissens fehlt: Platon, *Apologie*, 21d–22a, 22d. Hannah Arendt: »Das Hauptmerkmal des Denkens ist …«: Über den Zusammenhang von Denken und Moral, in: *Zwischen Vergangenheit und Zukunft*, München 1994, S. 133. »Der Wind des Denkens offenbart sich …«: ibid. S. 155. – Für eine Kurzgeschichte zu Weihnachten s. Raymond Carver, Ein ernstes Gespräch, in: ders., *Wovon reden wir, wenn wir von Liebe reden*, München 1989, 1994. – Die Priorität des Fragens ließe sich in eine Theorie des Selbst hinein verlängern. S. dazu Jean-Paul Sartre, *Das Sein und das Nichts. Versuch einer phänomenologischen Ontologie*, hg. v. T. König, Reinbek 1991 (orig. 1943), S. 82 (Zush. Fragen und Freiheit).

Im Spiegel

1 Susan Wolf, *Meaning in Life and Why it Matters*, Princeton 2010. Albert Camus, *Der Fremde*, Reinbek 1994 (orig. 1942); *Der Mythos von Sisyphos*, Hamburg 1959 (orig. 1942). Thomas Nagel, Das Absurde, in: *Letzte Fragen: Mortal Questions*, Hamburg 2014 (orig. 1979).

2 Mancur Olson, *Die Logik kollektiven Handelns: Kollektivgüter und die Theorie der Gruppen*, Tübingen 1968 (orig. 1965). Anton Leist, Why Participate in Pro-Environmental Action? Individual Responsibility in Unstructured Collectives, in: *Analyse & Kritik* 2/2014 (https://www.analyse-und-kritik.net).

3 John Locke, *An Essay Concerning Human Understanding*, 1690, II. xxvii. 6–25 / *Ein Versuch über den menschlichen Verstand*, Stuttgart 2020. (»as far as this consciousness can be extended backwards to any past action or thought, so far reaches the identity of that person«, II. xxvii, 9). Marya Schechtman, *The Constitution of Selves*, Ithaca / London 1996. Stories, Lives, and Basic Survival: A Refinement and Defense of the Narrative View, in: Daniel D. Hutton (ed.), *Narrative and Understanding Persons*, Cambridge 2007. Galen Strawson, Against Narrativity, Ratio 16, 2004, 428–52. Das erwähnte Buch ist: Galen Strawson, *Things that Bother Me. Death, Freedom, the Self, Etc.*, New York 2018. Jean-Paul Sartre, *Der Ekel*, Reinbek 1982/2022 (orig. 1938). Mit der Frage, inwieweit *Der Ekel* als Kritik des narrativen Lebens tauglich ist, beschäftigt sich: Ben Roth, How Sartre, Philosopher, Misreads Sartre, Novelist: *Nausea* and the Adventures of the Narrative Self, in: A. Speigh (ed.), *Narrative, Philosophy and Life*, Dordrecht, 2015.

4 Gaston Bachelard, *Poetik des Raumes*, München 1960 (orig. Paris 1957). Henry David Thoreau, *Walden oder Leben in den Wäldern*, beliebige Ausgaben (orig. 1854).

5 Jean-Paul Sartres berühmte Rede ›Der Existenzialismus ist ein Humanismus‹ (orig. 1946) enthält alle Kernaussagen seiner frühen Freiheitstheorie, in: *Der Existentialismus ist ein Humanismus*, Reinbek 2019. Die Cartesianische Freiheit, ibid. (orig. 1946). *Das Sein und das Nichts*, op. cit., Vierter Teil, Erstes Kapitel. Dagfinn Føllesdal, Sartre on Freedom, in: P. A. Schilpp (ed.), *The Philosophy of Sartre*, La Salle/ Ill. 1981. Sartres Selbstkorrektur wird von ihm geschildert in einem Interview: Itinery of a Thought, *New Left Review* 1/1969. Zu Selbstverletzung bei Sartre: *Der Ekel*, Reinbek 2022 (orig. 1938), Roquentin: S. 159f; *Zeit der Reife*, Berlin 1988 (orig. 1945), Ivich-Mathieu S. 258f. Sartres Freiheitsidee ist 20 Jahre vorher von Heidegger vorweggenommen worden, der ihr allerdings nicht dieselbe zentrale Rolle einräumte: *Sein und Zeit*, Tübingen 167 (orig. 1927), 128f., 129, 271.

6.1 Rene Descartes, *Meditationen über die Grundlagen der Philosophie*, orig. 1641. Platon, *Phaidon*, bel. Ausgaben (Sämtliche Werke Rowohlt, Bd. 2 / Sämtliche Dialoge, Meiner, Bd. 2). Thomas Nagel, *Wie ist es, eine Fledermaus zu sein?* Stuttgart 2016 (orig. 1974). Eintrag ›Qualia‹ in der *Stanford Encyclopedia of Philosophy*. https://plato.standford.edu. John Searle ist nicht untypisch für einen Philosophen der analytischen Tradition, der das Körper-Geist-Problem umfänglich darstellt und danach einfach eine Eigenschaft des Gehirns erfindet (Emanation), mit der es gelöst werden soll. S. John Searle, *Die Wiederentdeckung des Geistes*, Frankfurt 1996 (orig. 1992). Searles Absicht war allerdings, den Geist als Thema überhaupt wieder zu rehabilitieren, nachdem er über die Dominanz der Sprachthematik für längere Zeit als philosophisch belanglos zurückgestuft worden war.

6.2 Helmuth Plessner, Lachen und Weinen, in: *Philosophische Anthropologie*, hg. v. Günther Dux, Frankfurt 1970. (Plessner gehört im weiteren Sinn der phänomenologischen Schule Husserls an; wie er vertreten Sartre (*Das Sein und das Nichts*) und Merlau-Ponty (*Die Phänomenologie der Wahrnehmung*, Berlin 1966 (orig. 1945)) die korrektive Lösung. Merleau-Ponty zeigt die Unfähigkeit der dualistischen Tradition (Physiologismus, Psychologismus) beispielhaft am Erklären von Phantomschmerzen (Erster Teil §§ 2–6). Im heute dominanten angelsächsischen Mainstream ist die Phänomenologie unbekannt oder gilt als Teil der Psychologie. Peter Bieri, Was macht das Bewusstsein zu einem Rätsel? In: Wolfgang Singer (Hg.), *Gehirn und Bewusstsein*, Heidelberg, S. 172–280. Bernhard Waldenfels, *Das leibliche Selbst. Vorlesungen zur Phänomenologie des Leibes*, Frankfurt 2000. Hubert Dreyfus ist dafür berühmt, dass er die humanoiden Grenzen der künstlichen Intelligenz aufgrund ihrer Körperlosigkeit erklärt hat: *What Computers Can't Do. A Critique of Artificial Reason*, New York 1972.

7 Martin Heidegger, *Sein und Zeit*, op. cit. § 45ff. Stefan Heidenreich, *Geburtstag. Wie es kommt, dass wir uns selbst feiern*, München 2018.

8 1629 hat Descartes seine *Meditationen* geschrieben. Der Übergang von WS 0 zu WS 1 ist das Thema von § 46 in Teil 2, Wahrgenommene Welt von Merleau-Ponty, *Phänomenologie der Wahrnehmung*, op. cit. David Chalmers, *The Conscious Mind. In Search of a Fundamental Theory*, Oxford 1997, hat das Zombie-Gedankenspiel in die Diskussion gebracht und damit dem Cartesianismus erneut dazu verholfen, wieder ernst genommen zu werden. – Eine Darstellung verschiedener Ansätze zum Problem der Fremdwahrnehmung, einschließlich des phänomenologischen, gibt Søren Overgaard, The Problem of Other Minds, in: s. S. Gallagher / D. Schmicking (eds.), *Handbook of Phenomenology and Cognitive Science*, Berlin 2010, 255–282. – Milan Kunderas berühmter Roman *Die unerträgliche Leichtigkeit des Seins* (dt. 1984) enthält ein »Kleines Verzeichnis unverstandener Wörter« unter den Protagonisten der Geschichte. Donald Davidson hat das zwischenmenschliche Verstehen als Triangulation, ein Begriff beim Landvermessen, beschrieben: Die beiden Sprecher bilden ein Dreieck des Abgleichens von Bedeutungen mit dem gemeinsam gemeinten Gegenstand. S. Donald Davidson, *Subjective – Intersubjective – Objective*, Oxford 2001, Essays 7 und 8. Über seinen Lehrer Quine bleibt Davidson allerdings einer behavioristischen Terminologie verhaftet, weshalb er die Dreiecksbeziehung als Stimulus-Response-Geschehen schildert.

9 Der ›Minimalismus‹ ist eine aktuelle Erscheinungsweise mit so vielen Facetten, dass ein Überblick unmöglich ist. Er reicht von Entrümpelungshilfen über minimalistischen Hausbau zum Leben in der Natur mit Selbstversorgung. Die vorhandene umfangreiche Literatur bewegt sich auf der Ebene praktischer Ratschläge, wie die durchschnittliche westliche Lebensweise einfacher gestaltet werden kann. Heike Derwanz (Hg.), *Minimalismus. Ein Reader*, Bielefeld 2022. Der ästhetische Minimalismus hat dabei eine starke Teilbedeutung, die sich allerdings gegenüber vielen anderen Erscheinungen neutral oder widersprüchlich verhält. Sich ästhetisch minimalistisch einzurichten, ist nicht unbedingt mit Nachhaltigkeit verbunden und in Großstädten sicher nicht mit Selbstversorgung. Eine verallgemeinernde Diskussion des Minimalismus in vier Dimensionen bietet Kyle Chayka, *The Longing for Less. Living with Minimalism*, New York 2020. – Michael Balint, *Angstlust und Regression. Beitrag zur psychologischen Typenlehre*, Stuttgart 1960 / Reinbek 1976. Balint benutzt für die Unterscheidung der beiden Charaktertypen die von ihm erfundenen Neologismen *Philobat* (assoziativ von Philos gleich Freund und Akrobat) und *Oknophil* (assoziativ von okneo gleich zögern, anklammern). Diese Terminologie, obwohl hilfreich, hat sich ihrer Umständlichkeit wegen nicht wirklich durchgesetzt.

10 Einen Überblick zur Moralphilosophie des Lügens gibt Alasdair MacIntyre unter Truthfulness and Lies (Essays 6 und 7), in: Alasdair MacIntyre, *Ethics and Politics. Selected Essays, Vol. 2*, Cambridge 2006. Kathi Beier, *Selbsttäuschung*, Berlin 2010. Zu Wahrheit und Politik: Hannah Arendt, Wahrheit und Politik, in: *Wahrheit und Lüge in der Politik*, München 1967 (2017) (orig. 1967). John Mearsheimer, *When Leaders Lie: The Truth about Lying in International Politics*, Oxford 2013. Kants Ausführungen zur Ethik sind am deutlichsten in der *Grundlegung zur Metaphysik der Sitten* (1785), Erster Abschnitt, Akademie-

Ausgabe 402–404, und Metaphysik der Sitten, Teil 2: *Metaphysische Anfangsgründe der Tugendlehre* (1797), AA 429–431. Kants Beharren auf einem ausnahmslosen Befolgen des Lügenverbots ist enthalten in ›Über ein vermeintes Recht aus Menschenliebe zu lügen‹, in dem er Benjamin Constants Rechtfertigung der Notlüge angreift: AA 301–314 (1797). Neuere Darstellungen sind: Sissela Bok, *Lying: Moral Choice in Public and Private Life*, 1999; und Brad Blanton, *Radikal Ehrlich: Verwandle Dein Leben – Sag die Wahrheit*, 2015 (orig. 1994). Lars Svendsen, *Philosophie der Lüge*, Wiesbaden 2022.

11 Hannah Arendt, *Vita Activa, oder Vom Tätigen Leben*, München 1967 (orig. 1958). Max Weber, *Die protestantische Ethik und der ›Geist‹ des Kapitalismus*, div. Ausgaben (orig. 1920). Die Ethiker als Calvinisten: Andrea Veltman, *Meaningful Work*, Oxford 2016. Ruth Yeoman et al. (eds.), *The Oxford Handbook of Meaningful Work*, Oxford 2019. Eine aktualisierte Darstellung der Geschichte der Arbeitsethik gibt Elizabeth Anderson, *Hijacked. How Neoliberalism Turned the Work Ethics against Workers and How Workers Can Take it Back*, Cambridge 2023. N. Slutskaya / A. M. Game, Dirty Work: Physical, Social and Moral Taint, in: Lisa Herzog / Benedicte Zimmermann (eds.), *Shifting Categories of Work*, New York / London 2023. David Graeber, *Bullshit Jobs: Vom wahren Sinn der Arbeit*, Stuttgart 2020. Bertrand Russell, *In Praise of Idleness, and Other Essays*, London / New York 2004 (orig. 1935).

12 Georg Henrik von Wright, *Erklären und Verstehen*, Frankfurt 1974. Epikurs Spruch zur Bedeutungslosigkeit des Todes ist enthalten in seinem *Brief an Menoikeus*. Eine knappe Argumentation zum Tod als Übel in Anschluss an Epikur, die das Vorenthalten möglichen Lebens als Lösung sieht, die mögliche Lebensspanne allerdings nur biologisch interpretiert, findet sich in Thomas Nagel, *Letzte Fragen: Mortal Questions*, op. cit. Sartre behandelt den Tod in *Das Sein und das Nichts*, 914–950. Die Unterscheidung zwischen einer subjektiven und einer objektiven Sicht auf den Tod stammt ursprünglich von Heidegger, *Sein und Zeit*, in dessen Tradition sich Sartre schreibend sieht. Zu Heideggers Todestheorie: Paul Edwards, Heidegger and Death: A Deflationary Critique, in: *The Monist* 59. 1, 161–186. Die Unterscheidung scheint zunächst trivial, hat aber große Relevanz für die praktische Haltung zum Tod. Sartres Freiheitsbegriff im Frühwerk wurde, auch von ihm selbst, massiv kritisiert und gilt allgemein als praktisch unangemessen. Wenn das auch im Allgemeinen zutrifft, gilt es nicht für die Todessituation, in der die radikale Vereinzelung eintritt, die Sartres Begriff gerade zugrunde liegt. Für eine Diskussion des Zusammenhangs von Freiheit und Situation s. Sonia Kruks, *Situation and Human Existence*, London/New York 1990, bes. Kap. 1–2.

Unter Menschen

13 Roger Ebert, https://www.rogerebert.com/reviews/the-elephant-man-1980.

14 Kant, *Grundlegung zur Metaphysik der Sitten*, op. cit: »Im Reiche der Zwecke hat alles entweder einen Preis oder eine Würde. Was einen Preis hat, an dessen Stelle kann auch etwas anderes als Äquivalent gesetzt werde, was dagegen über allen Preis erhaben ist, mithin kein Äquivalent verstattet, das hat eine Würde« (GMS 434). Simone de Beauvoir, *Das andere Geschlecht. Sitte und Sexus der Frau*, Rowohlt 2022 (orig. 1949).

15 Die historischen Texte der amerikanischen Unabhängigkeitserklärung von 1776 und der Erklärung der Menschen- und Bürgerrechte 1789, die der Verfassung von 1791 vorangestellt wurde, lassen sich problemlos im Internet finden. Ebenso der Text der *Allgemeinen Erklärung der Menschenrechte* 1948. Das Standardwerk zu den Umständen seiner Entstehung ist Johannes Morsink, *The Universal Declaration of Human Rights: Origins, Drafting, and Intent*, Philadelphia 1999. Viele Hinweise zur Entwicklung der Menschenrechte seit 1948 bietet Arnd Pollmann /Georg Lohmann (Hg.), *Handbuch der Menschenrechte*, Springer 2012. Ein kritischer Historiker gegenüber den Menschenrechten ist Samuel Moyn, *The Last Utopia. Human Rights in History*, Cambridge/Mass. 2012. Eine für mich kongeniale Stimme ist Michael Ignatieff, *Die Politik der Menschenrechte*, Hamburg 2002. Zur Anwendung des Prinzips der Selbstbestimmung auf Situationen möglicher Unterdrückung ist John Stuart Mills *Über die Freiheit*, 5. Kapitel, einschlägig und Ausgang vieler Kommentare in der angelsächsischen Literatur. Einen Überblick findet man unter dem Stichwort ›Paternalism‹ der *Standford Encyclopedia of Philosophy*. Mill verwirft die Möglichkeit, freiwillig einen unbegrenzt bindenden Vertrag der Sklaverei einzugehen, was zu Unrecht als Widerspruch zu seiner Kritik des Paternalismus angesehen wurde. Der zukünftige Sklave kann nicht vorhersehen, was er in seinem Leben unter der Sklaverei will. Deshalb ist eine freie Entscheidung für bindende Sklaverei unmöglich, wenn Freiheit darin besteht, das zu tun, was man will. Mills Bemerkungen zur Polygamie (Kap. 4) bei den Mormonen lässt sich überraschend auf die heutige Situation in Afghanistan übertragen.

16 Alfred C. Kinsey et al., *Das sexuelle Verhalten der Frau*, Frankfurt 1963 (orig. 1953). Immanuel Kant, *Eine Vorlesung über Ethik*, hg. v. Gerd Gerhardt, Frankfurt 1990, VII. 10: Von den Pflichten gegen den Körper in Ansehung der Geschlechtsneigung. Barbara Herman, Ob es sich lohnen könnte, über Kants Auffassung von Sexualität und Ehe nachzudenken, in: *Deutsche Zeitschrift für Philosophie* 43(6), 1995, 967–988. Andrea Dworkin, *Intercourse*, New York 1987. Merleau-Ponty, *Die Phänomenologie der Wahrnehmung*, op. cit., Erster Teil: §§ 25–28. L'Homme et L'Adversite, in: *Signes*, Paris 1960 (orig. 1951). Roger Scruton, *Sexual Desire. A Philosophical Investigation*, London 1986. Jean-Paul Sartre, *Das Sein und das Nichts*, op. cit., Dritter Teil, drittes Kapitel. Skye Cleary, *Existentialism and Romantic Love*, London 2015.

17 Roger Scruton, *On Hunting*, London 1999; *Green Philosophy: How to Think Seriously about the Planet*, London 2014. Bernhard Schlink, *Heimat als Utopie*, Frankfurt 2000.

18 Michael Balint, *Die Urformen der Liebe*, München 1988. Platon, *Symposion*, bel. Ausgaben. Sartre zu Liebe und Begierde, in: *Das Sein und das Nichts* op. cit., 641–663, bes. 656–8; 669–719. – Sartres in Details hellsichtige Diskussion leidet darunter, dass die Ontologie die Psychologie erdrückt, also die Widersprüche zwischen Begriffen für real genommen werden. In einfachster Form sieht er die Unmöglichkeit von Liebe und Begehren darin begründet, dass sie den anderen als Subjekt und Objekt gleichzeitig erfordern, was unmöglich ist. – Beauvoir bleibt demgegenüber auf der Seite der Psychologie und vermeidet damit Sartres Beziehungsnihilismus. S. *Das andere Geschlecht*, op. cit., zu einer Schilderung ›authentischer Liebe‹, S. 829, und die geschlechterdifferente Erfahrung der Beziehung von Sex und Liebe, S. 806f. Ein kulturell symptomatisches Unverständnis der angelsächsischen Philosophie gegenüber Liebe zeigt sich darin, dass sie Liebe in der Regel über moralische Gründe (Moral und Gründe) verstehen will und damit grotesk verfehlt. S. beispielhaft Harry Frankfurt, *Gründe der Liebe*, Berlin 2014.

19 Sigmund Freud, *Zur Einführung des Narzissmus*, orig. 1914. Guntram Knapp, *Narzissmus und Primärbeziehung*, Berlin 1988. – Michael Balint, *Die Urformen der Liebe und die Technik der Psychoanalyse*, Frankfurt 1981 (orig. 1965). Dies ist eine Sammlung von Artikeln Balints, die in die 30er Jahre zurückreichen. Im Kontext wichtig sind die Studien zur primären Objektliebe und zur Mutter-Kind-Beziehung. – Otto Kernberg / Hans-Peter Harmann (Hg.), *Narzissmus. Grundlagen – Störungsbilder – Therapie*, Stuttgart 2006.

20 Jean-Paul Sartre, *Das Sein und das Nichts*, op. cit. 4. Teil, Kap. 1. G.W.F. Hegel, *Phänomenologie des Geistes*, bel. Auflagen (orig. 1807), B. Selbstbewusstsein: Selbständigkeit und Unselbständigkeit des Selbstbewußseins; Herrschaft und Knechtschaft. Francis Fukuyama, *The End of History and the Last Man*, New York 1992, Teil 3. Jonathan Haidt, *The Righteous Mind. Why Good People are Divided by Politics and Religion*, New York 2013.

21 Ernst Tugendhat, *Anthropologie statt Metaphysik*, München 2010, 111ff. Tugendhat ist nicht der typische wissenschaftliche Atheist, wie etwa Richard Dawkins, *Der Gotteswahn*, Berlin 2016. Daniel Dennett, *Den Bann brechen. Religion als natürliches Phänomen*, Berlin 2916. – Zu Wittgenstein und Religion: Hans Julius Schneider, *Religion*, Berlin 2008. – William James erwähnt das Beispiel des Sprungs über eine Felspalte in seinem Artikel The Will to Believe (1899): William James, *Der Wille zum Glauben*, Ditzingen 2022. James ist außerdem berühmt für seine Studie *Die Vielfalt religiöser Erfahrung*, Frankfurt 1987 (orig. 1901), in der er den zu seiner Zeit originellen Weg gegangen ist, Religion nicht von Überlieferung oder theologischen Prinzipien her zu studieren, sondern von der unter Gläubigen verbreiteten Erfahrung. – Rorty kritisiert James' Zwiespalt als Pragmatist und als Empiriker anhand seines eigenen Werkzeug-Pragmatismus: Richard Rorty, Religious Faith, Intellectual Responsibility and Romance, in: R. A. Putnam (ed.), *The Cambridge Companion to William James*, Cambridge 1997. – Den typischen Konflikt zwischen religionsbedingter Verweigerung von Bluttransfusion und Lebensgefahr schildert literarisch Ian McEwan, *Kindeswohl*, Zürich 2015. – Brian Leiter ist der Meinung, dass das Achten von Gläubigen aufgrund der epistemischen Isolation gegen Kritik nicht über bloßes Tolerieren hinausgehen kann: Brian Leiter, *Why Tolerate Religion*? Princeton 2013, Kap. 4.

22 Hubert Dreyfus / Sean Kelly, *Alles, was leuchtet: Wie große Literatur den Sinn des Lebens erklärt*, Berlin 2015 (orig. 2011). Hubert Dreyfus / Sean Dorrance Kelley, Saving the Sacred from the Axial Revolution, Inquiry 54. 2, 195–203, 2022. – Donald Davidson, *Wahrheit und Interpretation*, Frankfurt 1990, Essays 9 und 10. (orig. 1984) – Herman Melville, *Moby-Dick, oder der Wal*, München 2011 (orig. 1851).

23 Pierre Bourdieu / Jean-Claude Passeron, *Die Illusion der Chancengleichheit*, Stuttgart 1971. Simone de Beauvoir, *Das andere Geschlecht*, op. cit., Erstes Buch, Erster Teil I: Die biologischen Gegebenheiten. Sheryl Sandberg, *Lean in: Frauen und der Wille zum Erfolg*, Berlin 2015.

24 Judith Thomson, Eine Verteidigung der Abtreibung, in: Anton Leist (Hg.), *Um Leben und Tod*, Frankfurt 1990. Peter Singer, *Praktische Ethik*. Dritte Auflage, Stuttgart 2013, Kap. 6 (orig. 1980). Anton Leist, *Eine Frage des Lebens*, Frankfurt 1990. Norbert Hoerster, *Abtreibung im säkularen Staat*, Frankfurt 1995 (2. Aufl.). Anton Leist, Gegen die Suche nach dem ›moralischen Status‹, in: Wolfgang Lenzen (Hg.), *Wie bestimmt man den ›moralischen Status‹ von Embryonen?* Paderborn 2003, 164–183.

25 Zum Verfall des Konservativismus: Thomas Biebricher, *Mitte/Rechts. Die internationale Krise des Konservativismus*, Berlin 2023. Zwei aktuelle Verteidigungen der Pornographie in Deutschland sind Paulita Pappel, *Porno Positiv*, Berlin 2023 und Mandita Oeming, *Porno: Eine unverschämte Analyse*, Hamburg 2023. Anders als Pappel versucht Oeming auch eine theoretische ›feministische‹ Verteidigung der Pornographie. Die wichtigste Kritikerin von Pornographie als weiblicher Unterdrückung in den Achtzigern war in den USA Andrea Dworkin, in Deutschland Alice Schwarzer. Nancy Bauers Kommentar zur Pornographie findet sich in *How to do Things with Pornography?* Cambridge/Mass. 2015, Kap. 1. Selbstachtung bei John Rawls: *Eine Theorie der Gerechtigkeit*, Frankfurt 1975, § 67. Tristan Taormino ist eine ›feministische‹ Porno-Regisseurin, die als Darstellerin mit Analsex begonnen hat. https://de.wikipedia.org/wiki/Tristan_Taormino.

Auszeit

26 Alasdair MacIntyre, *Der Verlust der Tugend. Zur moralischen Krise der Gegenwart*, Frankfurt 1987 (orig. 1984). Martin Heidegger, *Sein und*

Zeit, op. cit., Erster Teil, erster Abschnitt (›In-der-Welt-sein‹). Arthur Lovejoy, *The Revolt against Dualism*, London 1930. Richard Rorty, *Der Spiegel der Natur. Eine Kritik der Philosophie*, Frankfurt 1981, Kap. 1. John Rawls, *Justice as Fairness: Political not Metaphysical*, Philosophy & Public Affairs 14 (3), 1985. Jean-Paul Sartre, Eine fundamentale Idee der Phänomenologie Husserls: Die Intentionalität, in: *Die Transzendenz des Ego. Philosophische Essays 1931–1939*, Reinbek 1982 (orig. 1939). S. auch Angaben in 28.

27 Richard Rorty, Zur Lage der Gegenwartsphilosophie in den USA, *Analyse & Kritik* 3, 1981, 3–22 (erhältlich auf analyse-und-kritik.net). Die philosophische und juristische Literatur zum Begriff und Grundgesetz-Artikel Menschenwürde ist inzwischen nicht mehr überschaubar. Manfred Baldus, *Kämpfe um die Menschenwürde. Die Debatten seit 1949*, Berlin 1916. M. Brandhorst / E. Weber-Guskar (Hg.), *Menschenwürde. Eine philosophische Debatte über Dimensionen ihrer Kontingenz*, Berlin 2017. Ralf Stoecker, *Theorie und Praxis der Menschenwürde*, Leiden 2019. Ralf Konersmann, *Die Unruhe der Welt*, Frankfurt 2015.

28 Martin Heidegger, *Die Grundprobleme der Phänomenologie*, Frankfurt 1975, 2005. Darin eine Erklärung zur Intentionalität: 79–107, 223–231. Husserls Theorie der Intentionalität und deren Übernahme und Erweiterung durch Heidegger und Sartre ist komplex und umstritten. Die Literatur dazu ist umfangreich. S. Stichwort Phenomenology in der *Stanford Encyclopedia of Philosophy*. Ernst Tugendhat, *Anthropologie statt Metaphysik*, op. cit., Artikel 1 und 2. Zu einer Ganzes-Teil-Interpretation der Anlage von Sartres *Das Sein und das Nichts* s. Matthew C. Eshleman, On the Structure and Method of *Being and Nothingness*, in: *The Sartrean Mind*, M. C. Eshleman / C. L. Mui (eds.), London 2020.

29 Harry Frankfurt, *On Bullshit*, Princeton / New Jersey 2005. David Hume, *Eine Untersuchung über den menschlichen Verstand*, bel. Ausgaben (orig. 1748). Alfred J. Ayer, *Sprache, Wahrheit und Logik*, Stuttgart 1970 (orig. 1936). Gerald A. Cohen, Complete Bullshit, in: *Finding Oneself in the Other*, Princeton / Oxford 2013.

30 Die klassische Studie Austins ist *Zur Theorie der Sprechakte*, Stuttgart 1972 (orig. *How to do Things with Words*, Oxford 1962). S. zur Einführung von ›performativ‹ S. 27, von ›Illokution‹ / ›Perlokution‹ S. 114–

7. Die Polemik zur traditionellen Semantik findet sich auf S. 163–5, das Programm für zukünftige Forschung in Vorlesung 12. – Nancy Bauer, *How to do Things with Pornography*, op. cit. Zu ihrer Verteidigung eines ›radikalen Austin‹ gegen die Tradition S. 95–106. Bauer unternimmt es allerdings nicht, die starke These mit oder ohne Austin zu verteidigen, so dass ich vermute, dass sie nur die schwache These der gegenseitigen Abhängigkeit von Lokution und Illokution vertritt. – Jerome Bruner hat über 40 Jahre zum Spracherwerb geforscht. Einschlägig für den Einfluss der Sprechakttheorie s. The Formats of Language Acquisition, in: *American Journal of Semiotics* 1(3), 1982.

31 Beispiele für strategische Äußerungen, die von vornherein erkennbar nicht inhaltlich ernst gemeint und deshalb von getrennten politischen Absichten gesteuert sind, liefern in der europäischen Politik regelmäßig die Präsidenten Macron und Orban. Analog alle reinen Machtpolitiker, wie Putin oder Lawrow. – Austin, *Zur Theorie der Sprechakte*, op. cit. S. 120: »Halten wir fest, dass der illokutionäre Akt eine konventionale Handlung ist: eine Handlung, die als eine getan wird, die unter eine Konvention fällt.« – Peter Strawson, Intention and Convention in Speech Acts, in: *Logico-linguistic Papers*, London 1971. H. P. Grice, Meaning, *Philosophical Review* 67, 1957. John Searle, *Sprechakte. Ein sprachphilosophischer Essay*, Frankfurt 1971, 54–83.

32 Immanuel Kant, *Kritik der reinen Vernunft*: Begriffe und Regeln als Instrumente der Urteilskraft: »Urteilskraft (ist) das Vermögen, unter Regeln zu subsumieren« (B 171) »Die allgemeine Logik enthält gar keine Vorschriften für die Urteilskraft, und kann sie auch nicht enthalten. ... Urteilskraft aber ein besonderes Talent sei, welches gar nicht belehrt, sondern nur geübt sein will. Daher ist diese auch das Spezifische des so genannten Mutterwitzes, dessen Mangel keine Schule ersetzen kann.« (B 172) Differenz Denken/Erkennen: B XXVI–VII, B 146–8. – Die Lenkbarkeit der Empathie durch Autorität und Ideologie ist Thema von Simon Baron-Cohen, *The Science of Evil. On Empathy and the Origins of Cruelty*, New York 2012. – Hannah Arendt, *Vom Leben des Geistes, Teil 1: Das Denken*, München 1971. Über den Zusammenhang von Denken und Moral, in: *Zwischen Vergangenheit und Zukunft*, op. cit. bes. 147–155. Zu den Folgen des Verlusts von Integrität durch inneren Widerspruch s. Arendt, *Über das Böse*, München 2007, 77–80. – Zu Eichmann als ›Kantianer‹: Hannah Arendt, *Eichmann in Jerusalem*, München 1965, S. 174f. Bettina Stangneth, *Eichmann vor*

Jerusalem, Reinbek 2014, 284–293 (»Eichmann, ... das zeigen schon die Aufzeichnungen aus Israel, konnte schlagkräftig argumentieren« (287)). Arendt irrte sich in der Persönlichkeit Eichmanns, aber ihre Formel vom Bösen ist bis heute relevant. Ähnlich Arendt, Über das Böse, op. cit. 101, Für eine Verteidigung und Anwendung s. Bettina Stangneth, *Böses Denken*, Reinbek 2016. Zum Verhör von Eichmann: Avner Less, *Lüge! Alles Lüge*!, hg. v. B. Stangneth, Zürich 2012, 110–185. Der Großteil der Diskussion zu Arendts Eichmann-Buch ging und geht über die potentiellen Folgen ihrer Banalitätsthese für die moralische und rechtliche Verurteilbarkeit von Eichmann sowie beliebiger aktueller Täter und Taten. Eine erhellende Darstellung dazu gibt Erik Lundestad, Hannah Arendt and the Problem of Responsibility: The ›Eichmann‹ Controversy Revisited, in: *History of Philosophy Quarterly* 33. 4, 2016, 375–393. Ähnlich: Susan Neiman, Banality Reconsidered, in: S. Benhabib (ed.), *Politics in Dark Times. Encounters with Hannah Arendt*, Cambridge 2010. – Immanuel Kant, *Grundlegung zur Metaphysik der Sitten*, 1786, 411 (Meiner S. 30) zum ›vortrefflichen Sulzer‹.

33 William James, *Der Pragmatismus. Ein neuer Name für alte Denkmethoden*, Hamburg 1994 (orig. 1907). Bertrand Russell, William James's Conception of Truth, in: *Philosophical Essays by Bertrand Russell*, London 1966/2009. Karl Popper, *Logik der Forschung*, Tübingen 1971 (orig. Wien 1934). Thomas Kuhn, *Die Struktur wissenschaftlicher Revolutionen*, Frankfurt 1976 (orig. 1962). *Stanford Encyclopedia of Philosophy* zum Politischen Realismus. Ludwig Wittgenstein, *Philosophische Untersuchungen*, beliebige Ausgaben (orig. 1953), § 217: »Habe ich die Begründungen erschöpft, so bin ich nun auf dem harten Felsen angelangt, und mein Spaten biegt sich zurück. Ich bin dann geneigt zu sagen: So handle ich eben.«

Nachwort

Ernst Tugendhat, *Anthropologie statt Metaphysik*, op. cit, S. 15. Martin Heidegger, *Sein und Zeit*, op. cit. S. 16. Für einen Versuch, die ›analytische Handlungstheorie‹ aus ihrer begrifflichen Isolation herauszuführen, s. Anton Leist (ed.), Action in Context, Berlin 2012. Sigmund Freund, *Das Unbehagen in der Kultur*, Kap. 1, div. Ausgaben (orig. 1930).